U0458459

封面题签 ◎ 集民国元老、书法大师于右任先生字

刘绍唐 主编

民國人物小傳

第一册

上海三联书店

出版说明

　　《民国人物小传》原由台湾传记文学出版社出版，从 1975 年 6 月至 1999 年 10 月，共出 20 册。

　　《民国人物小传》依据各种历史文献资料，从不同的视角，简要介绍了活跃在国民党统治时期的一些有影响的历史人物的一生，对研究和了解中国近现代历史及人物有一定的参考价值，有鉴于此，本社决定引进台湾传记文学出版社的版权，出版该书的简体字版。

　　关于《民国人物小传》的编辑体例，在该书第一册《编者的说明》和《征稿简约》中有如下的叙述：1. 在写作与取材上，特别着重每个传主的基本资料（basic facts）亦即具体史实，而避免任何空洞的褒贬之词。2. 小传内容包括籍贯、生卒年月、学历经历、重要成就及著述等基本情况。所写人物，无论在朝在野，各行各业，一以有贡献、有影响者为限，现尚健在者不收录。3. 该书文章来源是读者投寄的稿件和《传记文学》社自己整理的资料，执笔者包括《传记文学》的作者和读者、历史学家、传主的后人或亲友等。因而每篇小传之后，除该社自行整理者之外，均注明执笔者姓名及参考资料名称，以示负责。

　　《民国人物小传》简体字版基本保持了原书的本来面貌，仅对不符合大陆出版惯例的文字作了技术处理，大致有：删除含有诬蔑性文字的内容；删除部分中共人物的小传；1949 年以后一律用公元纪年，台湾当局相关部门称谓、职务称谓加引号；对存在明显错讹的内容及文字或作删除、或作改正。

《民国人物小传》每篇传文的执笔者由于各自的写作立场，对传主的评价以及对史料的取舍运用等都体现了一定的倾向性，本社出版《民国人物小传》是为了向广大读者提供发自不同视角的多元化历史参考资料，因而本简体字版基本保持传文的原貌，但这并不表明本社对所有传文的内容均表赞同，相信广大读者在使用该书时也能有自己的价值判断。

目 录

丁文江（1887—1936）

丁文江，字在君，笔名宗淹。江苏泰兴人。生于清光绪十三年三月二十日。年十五，由父挈往谒泰兴县知县龙璋，龙睹其文，大感叹异，许为国器，纳为弟子，并力劝游学，资助东渡日本。一年半后，吴敬恒自英函留日同学劝前去留学，乃赴英，于苏格兰之葛拉斯哥大学攻读，一九一一年动物学及地质学双科毕业。归国后参加北京学部游学毕业生考试，得"格致科进士"。

民国三年二月，奉令在云南四川步行调查矿藏为时一年，曾作路线地质图，采集甚多化石，其研究报告《云南东川铜矿》，载于民国四年十一月远东评论，后又撰《漫游散记》刊于独立评论。五年地质调查所成立，任第一任所长，悉力擘划，成为中国科学史一重要光荣部门。又推动印行地质学调查专门刊物，八年出版《地质汇报》及《地质专报》。十七年作西南大规模之地质旅行，用严格之科学方法绘制地质及地形图，惜未及发表。十九年起任北京大学地质学系研究教授三年，二十三年应蔡元培请任中央研究院总干事，二十五年一月五日，因一氧化炭中毒病逝湖南长沙，享年四十九岁。

文江对国家社会责任心重，为尽其供献，于民国十一年与友人创办努力周报，对当前问题作积极建议。努力第四八、四九期发表《玄学与科学》一文，影响当时思想界甚大，又于十五年五月为践孙传芳"驱奉援苏后请帮忙"之约，出任淞沪商埠总办，为时仅八阅月，而建立"大上海"之规模及由外人手中为国家争回甚多权利，字林西报于其殁后为作社论，题为《一个真正的爱国者》。其著作散见于独立评论、努力周报、大公报星期论文、科学杂志、中国地质学会会志等重要报刊，单行本有《徐霞客年谱》（与《徐霞客游记》同印）、《中国官办矿业史略》、《动物学》、《扬子江下流之地质》（英文，原书名为"Geology of Yangtze Estuary Below Wu-hu"）、《矿政管见附修改矿业条例意见书》（与翁文灏合著）、《第一次中国矿业纪要》（与翁文灏合著）、《民国军事近纪》、《外资矿权史资料》、《中国分省新图》（与翁文灏、曾世英合纂）、《中华民国新地图》（与翁文灏、曾世英合纂）等。（参考：胡适《丁文江的传记》、《丁文江这个人》。）

丁惟汾 （1874—1954）

丁惟汾，字鼎丞，山东日照人。父为清季宿儒，精研古韵，著有毛诗正韵行世。幼读书，厌弃帖括业，究心世务。时当满清末叶，愤政治不纲，毕业保定师范后，赴日深造，入明治大学，适国父在日京创同盟会，闻风慕义，毅然加盟，旋奉命为山东同盟会主盟人，与山东同志创晨钟周刊于东京，复联国内同志，兴学组织，创山东公学于济垣，创东牟公学于烟台，创震旦公学于青岛，以鼓吹革命，树立始基，不数载而革命思潮遍播齐鲁。辛亥春，被派回济，密组机关部，武昌起义，促鲁抚孙宝琦独立，孙首鼠两端，既成而变。为迅谋事功，立赴沪与黄克强晤商，偕胡瑛至烟台，驱清吏王传炯，以胡为都督，作武汉声援。清帝退位，共和告成，同盟会改组，被选为山东省党部理事，以临时省议会议员兼法政专门学校校长。国会成立，膺选众议院议员。及袁世凯谋帝制自为，褫夺民党议员证书，国会解散，乃悄然归里。迨筹安会起，潜赴上海，与十七省国会议员通电讨袁，旋赴青岛，集合同志在潍县周村分途发难，迨袁氏毙命，始告结束。民国六年，黎元洪受督军团之胁迫，再度解散国会。又随国父至广东，召集非常国会，为非常国会议员。国父去广州，奉命留粤。八年，应国父命回上海，联络各地青年，发行北方周刊。九年秋，随国父回粤，非常国会会议举国父为中华民国大总统，决定北伐大计，派其返沪，联络北方党员兼山东支部部长，筹划接应。十一年六月，奉国父命，策划政治兼主联络北方之青年。十二年夏，曹锟迫逼黎元洪退位，乃离京赴津，与议员覃振、杭辛斋等二十一人发离京宣言，声讨曹锟。是年冬，复奉国父命，设北方执行部于北京，秘密宣传革命。并于青岛创办胶澳中学，培植革命青年。十三年一月国民党改组，被选为中央执行委员。

及北伐军兴，赴粤任中央常务委员、青年部部长兼中央政治委员会委员，并被推为国民政府委员；以专力党务，辞未就职。赴南京，积极赞助蒋公，成立中央党部，组织国民政府，办理清党。奠都南京后，被推为中央常务委员，仍兼青年部部长，继任宣传部部长、训练部部长兼政治会议委员、国民政府委员。十六年秋建议中央在南京成立国民党中央党务学校，总裁蒋公担任校长，惟汾任校务委员兼主训育工作。中央党校嗣于十八年改组为中央政治学校，仍继任校务委员，并于十八年兼任教育长。

十八年南北统一，引退让贤，一意著述。二十年胡汉民辞中央党部秘书长，共推其代理，旋辞去。其后大局粗定，请中央明令褒扬山东殉国同志。并成立山东烈士公葬筹备委员会，及山东党史编纂委员会，建烈士公墓于济南千佛山麓，博访遗族，搜采事迹，成山东党史若干卷。廿一年任国民政府监察院副院长，旋亦辞去。卢沟桥事起，受任国防最高委员会委员，兼任中央抚恤委员会主任委员。

抗战胜利，制宪国民大会开会，被选为主席团，对于宪法多所主张。行宪后被选为监察院监察委员，由国民党选聘为评议委员，总统蒋公聘为总统府资政。旋以监察委员不宜兼任公职，辞去资政，专任监察委员。中原板荡，渡海来台，杜门颐养，然犹关心国事，不废丹铅。因幼承家学，故邃于古韵，中年以后，奔走革命，暇辄博稽群籍，辨章音读，时与章太炎、刘申叔、黄季刚等往复商讨，探研益精，而刜获亦益多。其著述已整理成书者曰：《毛诗解故》、《毛诗韵聿》、《尔雅识名》、《尔雅古音表》、《方言译》、《俚语证古》，计六种，凡五十余万言。一九五四年五月十二日病逝台北，享年八十一岁。（参考：《丁鼎丞先生纪念集》。）

丁开嶂 （1870—1945）

丁开嶂，字小川，原名作霖，后更名开嶂，河北丰润人，清同治九年九月廿五日生。京师大学堂第一班毕业，奏奖文科举人。光绪甲午，国父立兴中会于海外，鼓吹排满，开嶂闻风景从。及日俄开战于东三省，乃化名开山与同学江苏朱锡麟，奉天张榕，潜赴关外，联络绿林中有志之士，创"抗俄铁血会"，到处袭扰俄军，大小百余次，俄军病之，卒以败绩，事详当年上海大陆报《马贼仇俄记》。翌年复组织"华北救命军"于边外，传檄国内，要求清室召还维新通臣，立停科举，革除弊政，速定宪法，北方之有革命武力实自此始。光绪卅二年入同盟会，其年改救命军为"革命铁血会"，从事革命工作愈力。辛亥三二九广州起义失败，开嶂闻而大愤，走北京津保，会北方诸同志。策划起义，拟乘清军秋操，京城虚无兵，操场虚无弹，举义京畿，以铁血军发难，南方志士必望风响应。鄂都督黎元洪，特派代表胡鄂公北上，促开嶂迅就铁血会军长职，统筹大计。旋成立军部于天津法租界，指挥榆关内外革命运动。迨滦州起义，开嶂率部往援，至雷庄，阴夜间，与敌兵遇，挥师击之，敌不知铁血军多少，辟易数里而退，旋敌炮兵至，开嶂知势难抵御，全军返。是役都督王金铭遇害，铁血会诸将遂举开嶂为铁血会行军都督，再图举事。至是入会者愈众，开嶂即召集各部将领，齐集天津，开军事会议，计划大举，并票举开嶂为中华民国军政府北部民军暂时大元帅，督燕辽诸地军事。即日组织帅府，部署已周，静待发动，不料清廷侦知肘腋将变，大事不可为，乃于除夕前五日下诏逊位，而共和告成。共和后经中央临时稽勋局核颁开国头等九鼎勋章，任同盟会本部评议员。民七南下谒国父于上海，国父以北方革命重责相勉。九一八沈阳事变后著论《收复东北大计划》一书。翌年国府召开国难会议于洛阳，聘开嶂为议员。民国卅四年八月七日病逝，享年七十六岁。国府明令予以褒扬。（丁迈鸿稿。参考：《中华民国开国五十年文献》第一编第十二册《革命之倡导与发展》第三四一页、《革命人物志》第一集第三二页。）

于右任 （1879—1964）

　　于右任，原名伯循，字右任，后以字行。别署刘学裕，笔名计有：神州旧主、骚心、大风、剥果、太平老人等。陕西泾阳人。清光绪五年三月二十日生于三原县东关河道巷。二岁失恃，父商蜀未归，乃依伯母房太夫人，寄居杨府村外家。七岁入塾从三水老儒第五氏读，家贫有时不得盐食，房太夫人以教以养，其保抱诲训之迹，终身每言伯母，辄为之感泣。十一岁入名塾师毛班香私塾读书。十七岁以案首入学。叶尔恺学使观风关中，目为西北奇才。其为文重经世义理，而不尚章句。廿五岁以第十名登乡举，受任商州中学堂监督。因刊行《半哭半笑楼诗草》，讥议时政，陕甘总督升允以"逆竖倡言革命大逆不道"入奏，缉符已至，方赴会试开封，亡命上海，得免，由马良（相伯）护持入震旦学院。震旦罢课，即与离校同学创办复旦公学。后留日诸同志以取缔风潮归国，即与筹设中国公学。二十八岁赴日本谒国父于东京，加入同盟会，归国后，在上海不畏压迫，再接再厉创办神州、民呼、民吁、民立诸革命报纸，大声疾呼，为民请命，民立报尤为辛亥前后革命活动的重镇，因此而荣膺中国近代报业史上"元老记者"之尊称。民国肇建，任交通部次长，代理部务。七年，以书生负乡邦重望，返陕主持靖国军，治兵三原，与北洋军阀苦斗五年，不仅表现了坚苦卓绝的奋斗精神，也奠下西北革命之基础。十一年与叶楚伧等创办上海大学。十四年，国父北上，加派右任等为北京政治委员会委员。十五年国民军败，走莫斯科，假道俄蒙誓师五原，重建国民联军以解西安之围，并于翌年率部出关，与北伐之师会于郑州。国民政府建都南京，任国府委员、常务委员、中国国民党中央常务委员、军事委员会常务委员。十七年任审计院院长，廿年任监察院院长，廿七年任国防最高委员会常务委员，行宪后膺选监察委员，复被推任院长。前后长院凡卅四载，对于现代监察制度的建立和监察权的行使，有极大的贡献，因被尊为监察之父。一九六四年十一月十日病逝荣民总医院，享年八十有六。右任躯干岸伟，美须髯，望之如神仙中人。文章诗词，大气磅礴，俱挟革命之风雷，自幼即勤习草书，书法雄奇，寰宇叹赏，所著"标准草书"以为改良文字之倡，人谓许氏说文后之第一书。自国民革命统一全国，国有大事几无役不从。其著作有：《右任诗存》、《右任文存》、《右任墨存》、《牧羊儿自述》（后改名《我的青年时期》）等，尚未辑印之散篇诗文，为数仍甚可观。（邱奕松稿。参考：《于故院长墓表》、刘凤翰《于右任年谱》。）

王　瀣（1871—1944）

王瀣，字伯沆，一字伯谦，号无想居士，晚自号冬饮，学者称冬饮先生。世居江苏溧水，明末迁南京，寓东门仁厚里，但有所撰述，辄自署溧水王瀣。生于清同治十年。幼颖甚，读书数遍成诵。十八岁，从父执同里高子安问学，昕夕过从，古学由是大进。靳春黄翔云主南京钟山书院，前往肄业，一试为案首，乃为述学问之要。其所交游，如陈伯严、俞恪士、文道希、王木齐、钟山辈，率皆海内胜流。伯严尤钦重之，使子女执经问业；衡恪、寅恪等均成为当世名学者，多本于瀣之教导。

清末，尝一为上海某书局编书；南京陆师学堂监督俞恪士征为教习；嗣又为两江师范学堂教习。民国成立，任南京图书馆事，抑首善本书库，学问造诣益深。

民国四年，婺源江易园长南京高等师范学校，延为主讲。自是二十余年，南高改为东南大学，又并南京各专门学校，换名第四中山大学、江苏大学，最后正名中央大学，在校循循善诱，久于其任，亲承指授而有名于时者颇多。二十六年春，猝中风疾，口不能言，目熟视不能睹。抗战军兴，中央大学从国府迁重庆，以病不获与。十二月，南京陷，坚贞守道，嚼然不污。三十三年九月二十五日病卒，享年七十有四。

瀣学问淹贯，生平丹黄不离手，造述颇富，然不喜存稿。其学凡三变，弱冠肆力于辞章，壮岁究心于经世之学，四十以后，出入于佛老，以圣贤自期。尝曰："以佛治心，以老保身，以周经世，以孔教人。"欲用是以鼓舞来学，而恢宏其志业。综其旨要，实以宋明理学为归，非漫为和会诸家也。遗著有《冬饮庐文稿》、《冬饮庐诗稿》、《冬饮庐词稿》、《冬饮庐藏书题记》、《冬饮庐读书记》等行世，后又重编题曰《王冬饮先生遗稿》。此外尚有《读四书私记》、《经略台湾事纂》、《王氏族谱》、《清四家词选》、《离骚九歌辑评》等。

民国三十四年，国民政府为彰儒硕，特于八月十八日明令褒扬。（参考：何广棪《王瀣先生及其遗著》。）

王士珍 (1861—1930)

　　王士珍，字聘卿。河北正定人。九岁入塾。十六岁习弓马，次年考入正定镇标。数年充队官，移驻山海关。光绪十一年入天津武备学堂。甲午中日战起随叶志超赴牙山、平壤助战，失败走义州。光绪二十二年应袁世凯召练新建陆军于小站，充督操营务处会办、工程营管带、德文学堂监督等职。次年冬赴日本阅操。庚子拳乱，随袁在山东参谋全省军务。光绪二十八年袁督直，任步兵第一协统领，兼理全军操防营务处，次年晋升北洋常备军左镇翼长，旋任练兵处军学司正使、调军司正使，兼第六镇统制官。彰德秋操，任军令司正使，充总参议，旋署陆军部右侍郎。光绪三十三年六月授江北提督，兼理盐漕事务。辛亥武昌革命军起，清廷署为湖广总督，旋调陆军大臣。民元年袁任大总统，居乡。民三年夏，入北京任陆海军统率办事处坐办，模范团筹备处长，授陆军上将。四年任陆军总长。五年转参谋总长。六年冬任北京政府国务总理兼陆军总长。次年春去职。十一年任北京政府德威上将军。十五年五月被推为京师临时治安会长、京师救济联合会长。十七年七月复被推为京师治安维持会长。十九年七月一日卒于北平，年七十。（蒋永敬稿。参阅：尚秉和《正定王公行状》。）

王以哲（1896—1937）

　　王以哲，字鼎方，吉林宾县人，清光绪二十二年（一八九六）八月生。民国二年入读吉林省立旧制中学，六年毕业。七年考入保定军官学校八期，十一年毕业，即任东北军士教导队中尉排长，次年夏升该队第二营七连连长；于连长任内，编辑《步兵操典详解》，十三年冬升任第三营营长。十四年十一月郭松龄倒戈，张作霖乃以教导队学生为基干，扩编为补充旅，以王瑞华（当时任教导队总队长）为旅长，以哲遂升为八团团长。十五年补充旅改编为二十七旅，以哲乃调任该旅三十九团上校团长，十五年冬调任镇威第三四方面联合军团司令部卫队上校队长，十六年六月任陆军暂编二十四师少将师长，同年冬调升陆军暂编第十九师中将师长，十七年十二月改编为东北陆军第一旅任中将旅长，二十年一月改编为陆军独立第七旅，仍任中将旅长。民国二十年"九一八"事变，陆军独立第七旅自沈阳北大营撤出后，即调驻北平。二十一年十月，第七旅旅长由戴联玺接充，以哲则调任北平绥靖公署第一处中将处长，二十二年二月调任陆军第六十七军军长，辖陆军第一百零七师、一百十师、一百十七师、炮兵第八旅及工兵团。参加古北口、滦东长城抗日战役。迨《塘沽协定》成立后，第六十七军驻防河北廊房、落垡一带。二十三年三月调驻河南之潢川、商城一带，担任豫鄂皖边区"剿匪"工作。二十四年春该军调赴陕西商县，是年秋又调赴延安（肤施）一带，实行"清剿"，不幸该军百十师何立中师长率两团兵力，于甘泉附近大小劳山一带，遭遇数倍敌军包围，激战七昼夜，该师长以下官兵，全部阵亡。

民国二十五年，西安事变发生，不久迅即解决，张学良护送蒋委员长回京，东北军仍驻西北待命。中有激烈分子，如：陈昶新、高福源、杜维纲、孙鸣九等，自称为"主战派"，主张中央必须释张学良回西安后，再接受编调，以哲此时主持东北军大计，力主和平解决，不料此种苦心，未为激烈分子所谅，于民国二十六年二月二日，由孙鸣九派其连长于文俊，将以哲刺杀于西安寓所，年仅四十一岁。编有《步兵操典详解》及《韩光第将军遗集及讲话语录》等书。（王盛涛稿。参考：王铁汉《东北军事史略》。）

王正廷（1882—1961）

王正廷，字儒堂，浙江奉化人，父际唐为圣公会牧师，母施氏。民前二十九年生于奉化。六岁居宁波入小学，十岁赴上海入中英学校习英文。越四年，考取北洋大学预科凡三载，升入北洋大学正科，值庚子拳匪作乱，北洋大学被德军占领，辍学返沪。民前十年，进海关服务，于海关工作，有所不满。遂重返天津，随原在北洋大学任教之坎特教授（Percy H. Kent）研习法律。翌年赫德博士（Lavington S. Hart）在天津创设中英书院，任英文科主任，仍随坎特习法律。一九〇四年，湖南高级中学在长沙成立，膺聘为英文科主任，未几受中华基督教青年协会总干事白乐门（Fletcher S.

Brockman）之邀，赴日本东京为五千余留日学生筹设中华基督教青年协会分会，遂往任事。会既组成，决定赴美继续深造，一九〇七秋入密歇根大学二年，明年转入耶鲁大学。一九一〇年毕业，以成绩优异获斐裴卡（Phi Beta Kappa）金钥。续在耶鲁大学研究院研究。一九一一年丁父忧，未及修毕硕士学位，奔丧回国，适值辛亥革命前夕，即追随国父从事革命，革命成功，为临时大总统府外交部议和参赞。民国元年北京政府成立，出任唐绍仪内阁之农商部次长，其时总长陈其美留沪未到任，遂兼代部务。七月，唐内阁总辞，即返沪。继白乐门为中华基督教青年协会总干事。二年四月代表浙江省当选为参议院议员，并被推为参议院副议长（议长为张继）。七月张继离京，遂代理议长，因政务丛脞，辞卸青年会总干事，并举荐余日章继任其事。民三第一次大战爆发，经数度努力，终于民国六年国会中通过加入协约国方面参战，七年被派赴华府与美政府洽商派国军三师参战，未有定议，德国投降。八年奉派为中国代表团团员赴巴黎，因和约内有关德国在山东之权益，中国代表团拒绝签约，年终返国，在外交部颜总长惠庆领导下继续办理与华府之交涉。十一年奉派为鲁案善后督办，与日本公使洽商归还德国在山东之权益，经一年之努力，终获协议，胶济铁路、山东矿权以及青岛邮政均返还中国，十二年青岛依约归还中国，正廷被任外交总长。未几，因取消治外法权之建议未被内阁接受而辞职。翌年再任外交总长，虽顺利达成关税自主，仍以内阁未接纳取消治外法权之议而辞职。十四年新阁成立，同意取消治外法权之主张，乃三度出任外交总长并兼财政总长，但不久内阁又改组，其时值军阀割据，被任命为陇海铁路督办，正廷鉴于全国公路短少，遂于上海创立全国道路协会，提倡兴建新型公路以补铁路之不足。十六年国民政府在南京成立，四膺外交部长，在任三年半，终与各国协议取消治外法权，日本为最后同意之一国，但其军人拒绝接受此种新情况，以致一再创造事变，终至导发八年之中日战争。二十五年奉派驻美大使，二十七年终辞职回国。留驻重庆，以迄胜利。其间曾兼任中国红十字会会长、交通银行董事、菲律宾交通银行董事长、太平洋保险公司董事长，于青年会事务仍时指导，居恒提倡体育，国人奉为坛坫，迭次代表中华民国出席世界体育会议，三十八年大陆失守，先期至香港，以一九六一年撄疾逝世，年七十有九。（李猷稿。参考：王正廷自撰之英文事略。）

王光祈（1892—1936）

王光祈，字润玙，一字若愚，四川温江县人。生于清光绪十八年，民国二十五年一月十二日客死于德国波恩，享年四十五岁。

氏系遗腹子，幼依寡母生活，九岁入读私塾，十四岁考入四川高等学堂，毕业后入北京中国大学攻读法律，民国七年卒业。时第一次世界大战未停，俄国初革命，国内军阀互哄无虚日，因与友人曾琦（慕韩）、周太玄、李大钊等发起组织"少年中国学会"，出版《少年中国》、《少年世界》两月刊，介绍新知识与新学说，及鼓励少年"奋斗、实践、坚忍、俭朴"诸信条。

九年四月，赴德留学，专攻音乐，期"以音乐再造中华民族"。留德十六年中，著作以音乐部分为多，计有《西洋音乐与诗歌》、

《西洋音乐与戏剧》、《欧洲音乐进化论》、《中国音乐史》、《东方民族之音乐》、《翻译琴谱之研究》、《对谱音乐》、《西洋制谱学提要》、《东西乐制之研究》、《各国国歌评述》、《德国国民学校与唱歌》、《西洋乐器提要》、《音学》等十余种。

氏之天才甚高，除音乐著述外，尚著有国防丛书：计《国防与潜艇》、《空防要览》、《经济战争与战争经济》、《德英法战时税政》等书。其他译著有《辛亥革命与列强态度》、《三国干涉还辽秘闻》、《西藏外交文件》、《库伦条约之始末》、《李鸿章游俄记事》、《美国与满洲问题》、《德国人之婚姻问题》、《瓦德西拳乱笔记》等。德文著述有《中国古代之歌剧》。（参考：《王光祈先生纪念册》、左舜生《王光祈先生事略》。）

王国维 （1877—1927）

王国维，初名国桢，字静安，亦字伯隅，号观堂，又号永观，于清光绪三年十月廿九日（一八七七年十二月三日）生于浙江省海宁县。幼通敏，好读书，且负才名，年十六入州学，与同郡陈守谦、叶宜春、褚嘉猷交好，号称海宁四才子。年十八，应乡举，不中式，遂自此绝意于科名。及甲午中日战败，康有为、梁启超鼓吹变法维新，始知世有所谓新学。于是北游上海，入罗振玉所创办之东文学社，是为与罗氏结识之始。在学社专习日文、英文，喜读西洋哲学书籍，尤爱叔本华、尼采、康德之说。光绪二十七年东渡日本留学，习物理、数学、英文等科，留半年以病归国。自是以后，遂为独学之时代。于治哲学之外，兼治文学，于诗词戏曲无不穷究，著《人间词话》与《宋元戏曲史》等书，是为近代认识通俗文学价值，开创平民文学风气的第一人。

辛亥革命成功后，随罗氏东渡日本，居留五年，每日精读十三经注疏、史记、前后汉书、三国志，并涉猎罗氏大云书库所藏古籍、彝器及金石拓本，于是兴趣由文学转向古器物古文字学，应用西洋实证的科学方法，以地下新发现的实物，以返求于我国的经史旧典，而卒不为旧典所束缚。其间曾助罗氏编辑齐鲁封泥集存，考释金石甲骨文字、流沙坠简，又著《宋代金文著录表》、《国朝金文著录表》、《简牍检署考》等书，皆足以"转移一时之风气，而示来者以轨则"。扩展文字学研究的新领域。罗氏又介绍与海内外学者如国人沈曾植、柯劭忞，法之伯希和，日之内藤虎次郎等往返书翰论学，于是名扬中外。民国五年春返国，居上海，为英人哈同编广仓学宭学术丛编，凡两年，月出一册，每册皆有其新著，如《殷卜辞中所见先公先王考》、《续考》、《殷周制度论》、《三代地理小记》、《汉魏博士考》、《魏石经考》、《史籀篇疏证》、《尔雅草木虫鱼释例》等都是。其所用方法的缜密，可谓已极考据家之能事。此后担任仓圣明智大学教授，为乌程蒋汝藻编藏书目录，于古今秘本，世传善本，辨审之精，校勘之勤，为近世所仅见。民国十年，取前所发表的论文，删繁挹萃，编为《观堂集林》二十卷。

民国十二年春，应清逊帝之命来北平，为南书房行走，负责检点内府藏器、书籍，于是所见益博。先于十一年受聘为北京大学研究所国学门校外通信导师，十四年任清华学校研究院教授，乃又转其治学方向，于后此的两三年中，专治辽金元边疆民族史地，著有

《蒙古史料四种校注》、《金界壕考》、《南宋人所传蒙古史料考》、《萌古考》、《西辽都城虎思斡耳朵考》等文。此一转变，乃纯受沈曾植的影响，沈为他一生所唯一最佩钦的人。

民国十六年六月二日，自沉于北平西郊颐和园之昆明湖，享年五十一岁。

其一生治学，绝不死守一个方面，每当研究某一问题到一个段落时，即转入另一方向，所以常常保持着恒远而勃发的兴趣。其所以能有多方面的成就，道理即在此。（节录：王德毅《记海宁王国维先生》。）

王统照 （1900—1958）

王统照，字剑三，笔名有容庐、韦佩、提西、桀者、筏山等。山东历城人。生于清光绪二十六年（一九〇〇）七月。七岁丧父，由母亲聘一塾师在家完成初小课程。民国三年九月考入济南山东省立第一中学，九年七月毕业，八月考进北平中国大学，十三年夏毕业后，即到上海真如暨南大学教国文。二十三年游历欧洲，翌年回国，写有《欧游散记》一书。二十六年十一月上海沦陷，因家中人口众多，无法迁移后方，乃化名"王洵如"，住于吕班路一白俄人家。三十三年冬返回青岛乡下。抗战胜利后，国立山东大学于三十五年十一月复校，校长为赵畸（太侔），统照应邀任文学院长。一九五八年九月病逝大陆，年五十九岁。

民二暑假时，统照曾以文言章回体写一长篇《剑花痕》，约二十回，为其最早期的创作。八年十一月一日《曙光》杂志创刊，发表了白话文处女作。十年一月四日文学研究会在北平成立，发起者共十二人，其中郑振铎、耿济之、瞿世英及王统照均为曙光社社友。此时作品，大多刊在会刊《小说月报》。十二年六月一日文学研究会北平分会又创《文学旬刊》附于晨报副刊，由王统照、孙伏园主编。十三年四月印度诗人泰戈尔来华，由徐志摩、王统照、瞿世英、林徽因等担任招待翻译诸事。二十四年统照欧游回国后，继郑振铎、傅东华之后接编当时水准最高的文艺杂志《文学》月刊。《文学》月刊创刊于二十二年七月一日，由文学社同人发起，统照为社友之一，编委除郁达夫外，余均为前文学研究会会员，《文学》至二十六年八月停刊，后改出卅二开小册出版，未及一年又停。统照之著作有：（一）长篇：《一叶》（十一年，商务）、《黄昏》（十八年四月，商务）、《春花》（二十五年十二月，良友；三十七年五月晨光版改名《春华》）。（二）短篇：《春雨之夜》（十二年，商务）、《霜痕》（二十年，新中国）、《王统照短篇小说集》（二十六年六月，开明）、《银龙集》（三十六年，文化生活）。（三）散文：《北国之春》（二十二年，春雨）、《片云集》（二十三年十月，生活）、《王统照散文集》、《青纱帐》（二十五年，生活）、《听潮梦语》（二十六年，北雁）、《欧游散记》（二十八年，开明）、《去来今》（二十九年一月，文化生活）。（四）诗集：《童心》（十四年二月，商务）、《这时代》（二十二年，自刊）、《山雨》（二十二年九月，开明）、《她的生命》（二十三年，生活）、《夜行集》（二十四年，生活）、《繁辞集》（二十八年，世界）、《江南曲》（二十九年四月，文化生活）、《横吹集》。（五）剧本：《死后的胜利》（十四年，商务）。（秦贤次稿。参考：李立明

《王统照的一生事略》、谢冰莹《爱国诗人王统照》。）

王凤喈（1896—1965）

　　王凤喈，湖南湘潭人，祖籍江西安福。生于光绪廿二年十月十日。六岁从父读四子书；越三年入养正学堂，仍从父受学；又于暇时自行研读凤洲纲鉴。继就读菱溪小学、昭潭小学。后升入湘潭中学。民国五年毕业后投考北京高等师范学校，以国文系第一名录取；抵京后改入英语系。八年五四运动发生时，加入中国国民党。次年夏毕业后返湘任湖南私立明德中学英语讲席。十一年任湖南省第一师范教育学科讲席。十四年秋被推为长沙私立晨光大学校长。十五年秋当选为长沙市党部执行委员。十六年追随吴敬恒等筹设国立劳动大学于上海江湾，提倡劳动教育并被聘为教务主任。十九年赴美入芝加哥大学研究教育心理学，历时三年得哲学博士学位。廿三年返国任国立中央大学教育系教授。廿四年任中央政治学校教授兼教务副主任、教育系主任。其后曾任湖南省参议员及教育厅长。三十八年五月，力辞湖南教育厅长，转赴广州，任职教育部；继赴香港，任教私立辅仁书院。一九五〇年九月来台，继梁实秋任"国立"编译馆馆长，迄于逝世，凡十六年。"国立"编译馆职掌中外典籍之编译与教科图书之编审，为行政而兼学术之工作。十六年间，先后编印、编译、审查大中小学教科书及丛书多种。一九五二年，曾奉派赴巴黎出席联教组织会议；又与陈大齐、程天放等创组孔孟学会，迭膺选常务理事，并分任孔孟月刊主编。又在政大、师大教育系及教育研究所兼授教育课程。一九六五年十二月三十一日病逝台北空军总医院，享年七十岁。其著作已刊者有：《中国教育史》、《教育心理》。未出版者有：《现代教育思潮》。其他散见杂志报端论文甚多，约百万言。（邱奕松稿。参考：国语日报社编《书和人》三十四期。）

王闿运（1832—1916）

王闿运，字壬秋，湖南湘潭人。清道光十二年生。咸丰三年举人。幼好学，质鲁，日诵不能及百言。发愤自责，勉强而行之，昕所习者不成诵，不食；夕所诵者不得解，不寝。于是年十有五，明训诂，二十而通章句。二十四而言礼。考三代之制度，详品物之所用。二十八而达春秋微言，张公羊、申何休，遂通诸经，潜心著述，尤肆力于文。闿运刻苦励学，寒暑无间，经史百家，靡不诵习。笺注抄校，日有定课。遇有心得，随笔记述，阐明奥义，中多前贤未发之覆。尝曰："治经于易必先知易字有数义，不当虚衍卦名。于书必先断句读。于诗必先知男女赠答之辞，不足以颁学官，传后世。一洗三陋，乃可言礼。礼明然后治春秋。"又曰："文不取裁于古，则亡法；文而毕摹乎古，则亡意。"又尝慨然自欢曰："我非文人，乃学人也。"学成出游，初馆山东巡抚崇恩，入都就尚书肃顺聘，肃顺奉之若师保，军事多谘而后行。左宗棠之狱，闿运实解之。已而参曾国藩幕。闿运自负奇才，所如多不合，乃退息无复用世之志。唯出所学，以教后进。四川总督丁宝桢，聘主尊经书院。归为长沙思贤讲舍，衡州船山书院山长。江西巡抚夏时，延为高等学堂总教习。光绪三十四年，湖南巡抚岑春煊，上其学行，特授检讨，乡试重逢，加侍读。闿运晚睹世变，与人无忤，以唯阿自容。鼎革后，尝一领史馆，民国五年十月二十日病逝湘潭。年八十有五。所著书，其已刊者：《周易说》十一卷、《尚书义》三十卷、《尚书大传》七卷、《诗经补笺》二十卷、《礼记笺》四十六卷、《春秋公羊传笺》十一卷、《谷梁传笺》十卷、《周官笺》六卷、《论语注》二卷、《尔雅集解》十六卷，又《墨子庄子鹖冠子义解》十一卷、《湘军志》十六卷、《湘绮楼诗文集》、《湘绮楼日记》等。子女并能通经，传其家学。（参考：《清史》卷四八一。）

王献唐（1897—1960）

王献唐，名琯，字献唐，后以字行；晚年自号向湖老人。清光绪二十三年八月生。山东日照人。幼就读家塾，后卒业于青岛礼贤书院文科。年二十余，父母相继去世，家计艰困，乃应济南山东日报暨商务日报之聘，任编辑职。民国十一年，青岛既收回，任青岛督办公署秘书。十八年任山东省立图书馆馆长，锐意搜罗乡邦文献，兼及钟鼎彝器、泉币、钵印、封泥、砖瓦、石刻、书画之属，辟罗泉楼以展览泉币，建奎虚书藏以储书籍文物，复传拓所藏石经、封泥、砖瓦等以广流传。于是山东图书馆之名大振。二十六年，抗日军兴，济南垂危。乃选善本经籍暨文物书画精品，播迁入蜀。二十九年，政府将设国史馆，受聘为总干事。旋以事繁辞卸，改就编纂之职。日人既降，遽撄脑疾。三十六年春，赴北平就医，未愈，乃返济南养疴。山东省政府仍以省立图书馆事委之。三十七年秋，济南陷，因病不克走避，遂滞稷下。一九六〇年十一月抑郁而卒。年六十四岁。十余岁时，即以工书画闻于里闬间。日照为许印林（瀚）、丁竹君（以此）故里，流风所被，邑人多治小学。献唐既精于金石、音韵、训诂之学，复资以证古史，故创获独多。二十余岁时，著《公孙龙子悬解》三卷，已为学林所推重。中年以后，著《临淄封泥考略》、《黄县匋器》各若干卷，论封泥制度，论匋非纪亦非杞，皆识见卓荦，发前人所未发。而精力所萃，尤在《货币通考》、《国史金石志》二书；然以卷帙繁重，复值世乱，竟未付梓。别有《炎黄氏族考》及《玺印丛话》，皆未定稿。尝执教于齐鲁大学暨山东大学，所写文字学讲义，亦已散佚。其学术论文多篇，则见于各杂志。（参考：屈万里《王献唐先生事略》。）

王宠惠（1881—1958）

王宠惠，字亮畴，广东东莞人，光绪七年辛巳十月初十日（一八八一年十二月一日）生于香港，一九五八年三月十五日卒于台北，年七十八岁。

少时求学于香港皇仁书院，毕业北洋大学法科后赴日本攻研法政，后留学欧美，得耶鲁大学法学博士，当选为柏林比较法学会会员。其在法学方面之贡献，有英译《德国民法》，为英美大学中通行教本。在担任海牙国际法官六年中，若干国际法学家均为其丰富学识所折服。民国元年，在国内著有《宪法刍议》，其后对训政时期约法与现行宪法，贡献特多，而现行民刑法立法原则，大致亦皆采用其主张。

早年对革命颇有贡献，当留学日本时，曾担任《国民报》英文部撰述，为革命作宣传，国父于民国前七年在纽约发表对外宣言，题曰《革命潮》，又曰《中国问题之真解决》，即出自其手笔。民初在沪策动反袁，出力尤多。在教育方面，曾任上海南洋公学教授，复旦大学副校长。于政府服务，历任中华民国临时政府第一任外交总长，北京政府第一任司法总长，国民政府第一任司法部长及司法院长。抗战期间曾任外交部长、国防最高委员会秘书长及代理行政院长，民国三十四年代表我国出席联合国创立会议，制订联合国宪章。民国三十七年，被选为中央研究院院士。行宪后复任司法院长，殁于任。（参考：冯自由《革命逸史》。）

孔祥熙 （1880—1967）

孔祥熙，字庸之，山西太谷人，光绪六年生。孔子七十五代裔孙。幼肆业于通州潞河书院，光绪二十七年留学美国，入奥伯林大学习政治经济，后转入耶鲁大学习法律。光绪三十三年返国，在乡办铭贤学校，作育人才。辛亥山西光复，被推为太谷县民政长及新军统制。民国成立后，努力提倡实业，山西督军阎锡山聘为督署参议。民国十三年在广州与孙中山先生策动讨曹锟，旋携建国大纲往说冯玉祥，对华北地区的革命势力有促进之功。民国十五年由欧返国，任广东财政厅长兼财政部长。十六年国民政府定都南京后，先后出任实业部长、工商部长、国民政府委员。二十一年"一二八事变"起，政府确定抗日必先建军政策，密令祥熙走访欧美，以"中华民国考察欧美实业专使"名义，接洽借款，购备械弹，归来促成中央航空学校之创立，奠定中国航空事业基础。二十二年四月就任中央银行总裁，十一月又任行政院副院长兼财政部长。二十三年开始废除苛捐杂税，减轻田赋附加；二十四年实施法币政策，统一币制；二十五年开征所得税，增加税收。西安事变发生，祥熙在南京与各方连络接洽，安定全国军心，卒至蒋委员长脱险回京。二十六年六月，英王乔治六世加冕，政府派祥熙为特使，率团赴英参加典礼，事后并前往德国及捷克等国购办军火。及抗战军兴，出任行政院长，旋改任副院长，仍兼财政部长及中央银行总裁，于战时财政，多方筹划，如确立财政收支系统、创办专实事业、发行公债等，均著成效。三十三年六月赴美争取外汇，联络外交，三十四年五月返国。三十四年春夏间，先后辞去行政院副院长、财政部长、中央银行总裁各职。三十六年因病赴美疗养，一九六二年十月来台。一九六六年二月再赴美疗疾，于一九六七年八月十六日病逝纽约，享年八十八岁。遗有《孔庸之先生演讲集》二册。（张玉法稿。参考：一九六七年八月十七日《中央日报》二版《孔祥熙博士生平事略》、九月三日该报二版蒋"总统"手撰《孔庸之先生事略》、瑜亮著《孔祥熙》一书。）

丘念台（1894—1967）

丘念台，初名伯琮、国琮，入中学时名琮，父逢甲，愤乙未清廷割台予日，乃组义军抗日，不济，归籍粤东（原籍台湾台中潭子乡），榜庐曰"念台"，并改琮名为念台。清光绪二十年二月五日（一八九四年三月十一日）生。中学毕业后，曾以丘广为名于民国八年入东京帝大，习矿冶。父子并先后加入同盟会。学成归国，受命探勘地质，拟就"开发两广矿产计划"。其间改名丘旷或丘弘空。历任广东大学、中山大学教授，沈阳兵工厂技师，西安煤矿公司采矿主任，广东省府顾问兼广东工专校长。九一八事起，辞工专校长职，驰赴辽宁，襄助义军抗敌。抗战军兴，任七战区少将参议。二十七年秋，被派赴广东惠、潮、梅三属二十五县组训民众，成立"东区服务队"，筹办罗浮中学为根据地，从事抗敌、防匪等工作。三十二年，奉派为国民党台湾直属党部委员，嗣结束"东区服务队"，专任台湾党部"粤东工作团"团长。三十四年任监察委员兼台湾省党部委员。三十六年被任为台湾省政府民政厅长，坚辞不就。旋任台湾省党部主任委员，嗣膺民选监察委员，遂辞党部主委职赴南京。政府迁台，任"总统府"资政及国民党中央常务委员、中央评议委员等职。一九六七年一月十二日病逝东京。享寿七十四岁。著有自传：《岭海微飙》一书，先在中华日报副刊连载，一九六二年十二月由该报社出版。（范廷杰稿。参考：《丘念台先生纪念集》。）

丘逢甲（1864—1912）

丘逢甲，别字仙根，又字仲阏，笔名仓海，原籍广东嘉应州镇平县，于清同治三年（一八六四）生于台湾苗栗县铜锣湾丘氏学塾，因岁次甲子，其父龙章故代取名为逢甲。在旧观念上，甲为十干之首，子居十二支之首，甲子相逢，是吉庆祥瑞之数。氏幼年读书，敏慧而勤，七岁能诗。光绪三年丁丑，十三岁，考列台中府彰化县学生员。旋帖拜当时台澎道台唐景崧为师，获得许多指导与鼓励。十多年后，二人由师生关系发展为政治伙伴，共同扮演了反对割台与领导抗日的主角。光绪十四年，二十五岁，到福州应福建戊子科乡试，中第三十一名举人。翌年赴京参加己丑科会试，联捷成进士（第八十一名），殿试二甲，授职工部主事。因不乐仕宦，以亲老告归，主讲台衡文书院、台南府罗山书院、嘉义县崇文学院，并研览东西洋各种翻译图籍，洞明中外大势。中日甲午战起，清廷对日有割让台湾之议，逢甲大愤，刺指血书"拒倭守土"四字，召集士绅联名电争，清廷不纳。马关条约于光绪二十一年三月廿三日签订，逢甲乃倡议台湾独立，以抵制割台，即于五月初二日建"台湾民主国"，推戴巡抚唐景崧为台湾民主国总统，逢甲为副总统兼大将军。改年号为"永清"，意为"永戴圣清"。一面派员内渡谋取清廷谅解，一面实施全面动员。逢甲守台中，改练勇为义军。日海军陆战队进犯台中不逞，转犯台北。守军忽哗变，逢甲率义军驰援，未半途，日军已至新竹，苦战二十余日。旋闻日军陷台北，变兵焚掠全城，唐景崧踪迹不明，义军乃相率散去。乃浮大筏赴厦门，未几入粤，归居故乡。在其悲愤而沉痛的离台诗中，有"宰相有权能割地，孤臣无力可回天"及"卷土重来未可知，江山亦要伟人持"的名句，至今为人传诵！并为其子伯琮定别号为"念台"，以示不忘光复台湾之素志。翌年，出任韩山书院山长。辛丑之后，在汕头兴学为闽粤诸道树立风声，立岭东同文学堂，自任总理。光绪三十年秋，应岑春煊聘为广东全省学务公所参议，自是居省城凡七年。广东谘议局成立，当选议长。辛亥革命，广东光复，都督胡汉民任之为广东省教育司司长。并派为都督府代表，往上海开各省代表联合会议，组中央政府。民国元年，南京临时政府成立，胡汉民复推任临时参议院议员。抵南京，谒明孝陵，参议院尚未开幕而病大作，亲故护送南返镇平里第，二月二十五日，即告逝世，年仅四十九岁。（参考：丘念台《岭海微飙》、曾养甫《丘逢甲事略》。）

石　瑛（1878—1943）

石瑛，字蘅青，湖北阳新县人。清光绪四年生。幼时读书过目成诵，既出就传，益奋厉，文誉日起。年二十六，中光绪癸卯

（一九〇三）湖北乡试。总督张之洞奇其才，选派留学欧洲。初至比，旋转法习海军，殚心力索，冀速穷其术以强兵雪耻。而校中歧视外籍生，战术器械之新异者不以授，与其友向国华刺取秘藏之图说，私相研究。事为主者知：国华被执，瑛乘间得脱，营救国华，经政府交涉未深究，乃适英学海军制造。出国前：与蕲春田梓琴（桐）、广济居觉生（正）结兄弟盟，砥学行，谋革命，已与国父通声气。既游欧，适国父至，则助之号召留欧学生，组织同盟会，为国外革命团体活动之始。瑛负经理及筹款之责，国父许为廉能，深倚任。武昌起义，国父就临时大总统于南京，归国参密勿，总办禁烟事宜。国父解职，派回鄂主同盟会鄂支部。未几当选为众议院议员，旋弃去。深感救国非空言可济，自顾所学犹未之能信，因决再赴欧。未行而湖口事败，名在牒捕中，急走英，入伯明罕大学，习采矿冶金，以工资读，缩食敝衣，坚苦匪懈，学以大进。历九年，学成回国。任教北京大学，课暇肆力于治术政论，日与李四光、王世杰相切劘。寻应聘长武昌师范大学，以不克行其志，未一年仍返北大。民国十四年十一月曾参加西山会议。旋赴粤为工程师。北伐军抵沪，任上海兵工厂长，力除积弊，支出减二分之一，而出品加倍。至十七年改任湖北建设厅长，辄出所学，度以精思，运以大力，于交通、水利、农林、工商诸部门，一一创造规模，荡涤旧污，为后来者取法。十八年辞职，任武汉大学工学院长，十九年冬，任浙江省建设厅长。二十一年改任南京市长，于市政建设，不以开拓马路整肃市容为已足，特措意于国民教育与平民生计。尤尽力提倡国货，策动国民经济之发展。二十四年辞职。改任考试院铨叙部长，入督僚佐，出巡地方，于铨政多所推进。越二年，抗战军兴，中央以湖北地扼冲要，改组省政府，再以其长建设。军事方急，公路之修筑破坏，视作战需要办理，而必出以迅速，皆优为之。复促进工业，推广合作，筹划迁移，计虑指挥，日不暇给，失眠旧症大作，乃解本兼各职休养。二十八年，省设临时参议会于恩施，膺选为议长，持论一秉大公，视政府人民为一体，竭诚翼导，无所偏倚。三十年春，力疾主持会议，历十余日，会毕而足部痿痹，自是日就衰损。三十二年七月，就医陪都，治疗无效，以十二月四日卒于歌乐山中央医院。年六十有五。平生出处大节，取与细行，皆皭然不苟。刚果坦率。胸无宿物。任事不避嫌怨。不敢一息自暇。持躬俭约。惟嫉恶甚严，好面斥人过，每以取戾于世。治学教人以致用为主，不尚空论，所至整饬学风，黜华崇实。为政节浮费，裁冗员，惩贪墨，必求弊绝而效著，不为粉饰掠誉之行。晚岁养疴施南山谷中，创办棉麻纺织合作社，出品供政府平价之用，或廉售军队为被服。并以捐助医院设备，慰劳前方士兵。赢利提多数为公益金，以奖励优异学生，津助小学教师。史学家誉之为"民国以来第一清官"。（参考：邹鲁《中国国民党史稿》。）

古应芬（1873—1931）

古应芬，字勷勤，一作湘芹，广东番禺人。一九〇二年以"经古"第一名入县中秀才。一九〇四年留学日本。次年加入同盟会。一九〇六年在日本法政大学速成科毕业，升入专门部，一九〇七年毕业，归国为广东法政学堂编纂，广东谘议局书记长。民元年为广东都督府核计院长，琼崖绥靖处总办，都督府秘书。其后参与讨袁、护法诸役，民十二年任广州大本营秘书长，八月，随国父东征陈炯明，撰有《孙大元帅东征日记》一卷。民十三年九月任大本营财政部长，兼广东省财政厅长，并兼军需总监，努力于广东财政之统一。民十四年七月任广东省政务厅长，八月任国民政府财政部长及广东省财政厅长。十五年一月，当选中央监察委员，九月，代表国民政府北上慰劳北伐将士。十六年三月，参与策划清党。四月国府定都南京，任常务委员兼财政部长。次年赴日考察，归任中央政治会议委员，国府文官长。十八年三月仍当选中央监察委员，中央政治会议委员。二十年一月背瘤发，引病归广州。十月二十八日，以牙疾不治去世。年五十九。生平著作多散失，存者有《双梧馆诗文集》若干卷，《孙大元帅东征日记》一卷。（蒋永敬稿。参考：党史会编《革命人物志》第一集。）

田　桐（1879—1930）

田桐，字梓琴，别署恨海，晚号玄玄居士，湖北蕲春人。清光绪五年生。年二十二补县学生，入湖北文普通学堂，与同学宋教仁等昌言排满，清吏将逮治罪，遂东渡日本，时在癸卯（一九〇三）年，与黄兴、陈天华、宋教仁等以破房自誓。一九〇五年迎国父于东京，加入同盟会，被举为评议员。以才辩敏捷为众所推许。因任同盟会本部书记。同盟会之机关报——民报文有署名恨海者，即田之作品。又采集明季稗史，成《亡国惨记》，传诵一时。一九〇八——一九〇九年间，赴荷印三宝垅、坤甸、泗水各地设报馆，兴学校，深得侨界信仰。辛亥武昌起义后，助黄兴守汉阳。民国元年，任南京临时参议院议员。南北统一，乃北上，复办国光新报。二次革命失败，亡命日本，加入中华革命党，任中华革命军湖北总司令，入鄂起兵。民五年八月，国会恢复，集议员中国民党同志组织丙辰俱乐部。六年六月，国会二度解散，乃南下护法。民十一年六月十六日，陈炯明叛变，时田任大本营宣传处长，在韶关，陈指名捕之。叛军至，问谁为田桐，田厉声应之曰："老子即田桐也。"遂就捕，解至广州，陈不敢杀，释之去。

民十二年夏，拒曹锟贿选，至广州任大本营参议。嗣以力陈容共之非计，未见纳，乃去。民十七年，全国统一，先后受聘为国民政府委员及山西政治分会委员、立法院委员、党史编纂委员会委员，皆未就。闲居上海，惟以著述为事。除独力发刊《太平杂志》外，著有《太平策》十七篇，《五权宪法》一篇，《人生问题》一篇，及《革命闲话》一卷，《扶桑诗话》一卷，诗文集十余卷。民十九年七月二日，病卒于上海寓次，年五十二。（蒋永敬稿。参考：《田梓琴先生追悼会公启事略》及冯自由《田桐事略述补》。）

田耕莘 （1890—1967）

　　田耕莘，字聘三，山东阳谷县张秋镇人，清光绪十六年十月二十四日生。十二岁受洗入天主教，十五岁进兖州小修道院，民国七年六月九日晋升神父。十八年三月八日加入圣言会，二十三年二月二十三日受任为阳谷监牧区宗座监牧，二十八年七月十一日升任阳谷区宗座代牧，十月二十九日，在罗马圣伯多禄大殿由教宗庇护十二世手中祝圣为主教。三十一年十一月十日升任青岛区代牧主教，三十四年十二月二十四日为教宗庇护十二世任命为枢机（俗称红衣主教），是为远东第一位枢机主教。次年二月十八日在罗马由教宗手中接受礼冠，宣誓就职。三十五年四月十一日，教廷宣布在中国成立正式教统（又译圣统，即教会系统），划全国为二十四个教省，每省设一总主教，耕莘被任命为北平区总主教。在北平区总主教区，建树良多，如成立耕莘中学，在辅仁大学设立多玛哲学院，创办上智编译馆，组织天主教广播协会等。三十八年由北平转往美国芝加哥。一九五七年九月十三日一度来台，十一月八日返美。一九五八年十月赴罗马参加教宗选举，一九五九年夏再度返美。是年十二月四日，受教宗若望廿三世任命为台北区署理总主教，一九六〇年三月一日抵台履新。对建设台湾教会，贡献良多，如成立若瑟修院、圣多玛斯神哲学院、耕莘文教院，协助辅仁大学复校并担任该校董事长，创办耕莘医院，建造教堂等。并曾于一九六二年赴罗马参加第一期大公会议，一九六三年赴罗马选举教宗，一九六四年赴美国为台湾教会捐款。嗣以健康关系，于一九六六年三月二日辞职，赴嘉义市圣言会会院休养。一九六七年七月二十四日病逝于嘉义圣玛尔定医院，享年七十八岁。（张玉法稿。参考：一九六七年七月二十五日《中央日报》第三版所刊事略。）

白崇禧（1893—1966）

白崇禧，字健生，广西桂林人，民国纪元前十八年生，先世虔奉回教。父志书公，母马氏。总角失怙，毅然习武，自陆军小学、陆军预备学校而保定陆军官校第三期卒业。民国十三年加入中国国民党，曾赴广州晋谒国父，陈献统一两广方策。嗣受命为广西讨贼军参谋长，驱除陆荣廷、沈鸿英部，统一广西。革命军北伐，奉命入湘宣慰，策动唐生智部响应义师，使革命军抚定三湘。十五年秋，奉蒋总司令命为北伐军参谋长，襄赞戎机，连下湘、鄂、赣、闽数省，击溃吴佩孚全部，及孙传芳主力。嗣兼任革命军东路前敌总指挥，由赣入浙，复杭州，定全浙，旋克淞沪。十六年四月十二日奉命执行清党。嗣北上参加津东诸战役，并与阎锡山进驻北平，复奉命指挥第一、二、三、四集团军各一部，直薄滦河，旋秉承蒋总司令意旨，劝晓东北军杨宇霆投效。北伐后复回广西，倡导"三自三寓"政策，推行各项建设，使素称贫瘠之广西有模范省之誉。抗战军兴，任军事委员会副参谋总长兼军训部长，后并受命桂林行营主任。崇禧于武汉军事会议中，建议发展游击战配合正规战，积小胜为大胜，以空间换取时间，蒙最高统帅嘉纳。每遇重大战役，辄赴战地督师，如长沙会战、鄂东会战、台儿庄会战，皆获辉煌战果，尤以昆仑关一战，消减日军精锐，战绩蜚声。其主持军训部任内，决定军队教育，军事学校教育，国民兵教育等训练方针，并主持修订各兵科典范令凡四十六种。抗战胜利，出任首任国防部长。三十六年台湾"二二八"事变，奉命来台处理，不匝月而变乱敉平。嗣调战略顾问委员会主任委员兼华中"剿匪"总司令，驻节武汉。政府迁台，改任战略顾问委员会副主任委员。历次膺选为中国国民党中央执行委员，常务委员。崇禧平生书论著述，均关系国家大计，其精娴韬略，谋勇兼善，秉性刚毅，治事精密，文武兼资，有"小诸葛"之誉。一九六六年十二月二日因心脏病不治，享年七十有三。（牟甲铢稿。参考：《白崇禧哀荣录》。）

白镇瀛 （1900—1934）

白镇瀛，字涤洲，亦作获舟，北平人，其先出自蒙古白济特氏。清光绪二十六年生。民国四年，入北京师范学校，毕业后，历任前京师公立第十七及第七小学校长。九年，入国语讲习所研究国语发音，成绩为侪辈冠；黎劭西因引为青年同志，约其共同戮力国语运动。此后十五年间，关于国语国音之讲习、讨论、宣传、观察、编辑，几无役不与。十五年国语统一筹备会着手增修之国音字典，二十一年教育部公布之国语常用字汇，初稿亦均出自其手。

十三年，有志深造，考入北京大学预科乙部。十五年入本科英文系，十七年转国文系，从钱玄同、马幼渔、刘半农诸先生治中国声韵学及语音学。曾任教育部国语统一筹备委员会常务委员及中国大辞典编纂处理部主任，北平大学女子文理学院文史系国文组讲师，北平师范大学国文系讲师。二十二年，傅斯年读其所作《北音入声演变考》，喜其细通规律，足以正讹明变，拟请调查豫晋秦陇之入声变读情况以证实其结论。遂于是年三月应聘赴陕西。六月之间，凡调查音系四十二县，并搜集民间歌谣多种。二十三年六月，又随刘半农赴归绥调查方言，盛暑工作，历时三周，归来，即值刘半农之丧，于劳顿悲痛之余，复因他事劳顿，体敝神疲，伤寒菌遂乘虚侵袭，竟于十月十二日上午四时殁于北平林葆骆医院。得年仅三十有五。

其著述整理有《北音入声演变考》等三种；纂辑有《国音常用字汇》等六种；实验有《关中入声之变化》等八种。（参考：中央研究院史语所集刊《白涤洲小传》、《白涤洲君著述提要》。）

左舜生（1893—1969）

左舜生，谱名学训，字舜生，别号仲平，以字行。笔名黑头、阿斗。湖南长沙人。清光绪十九年九月初四日生。上有二兄四姊，下有二妹，家中食指浩繁，又无恒产。三岁由母教读方块字，八岁入塾，十二岁入长沙官立第十八初等小学。光绪三十四年，考入长邑高等小学，宣统三年冬毕业。民国元年春，入长沙县立师范肄业，秋转入外国语专门学校，学习英语，选习日文。三年秋，束装赴沪入震旦大学习法文，与李璜、曾琦、黄仲苏等同学。八年初，加入少年中国学会。九年春，入中华书局编译所任新书部主任，曾陆续出版"新文化丛书"、"教育丛书"、"少年中国学会丛书"，并主编《中华教育界》、《少年中国》月刊及《少年世界》月刊，自此名重海内，士林争相结纳。十二年冬，中国青年党在巴黎宣告成立。十三年双十节青年党报《醒狮周报》在沪发刊，任总经理。至十四年正式加入中国青年党。自民九入中华书局工作起，即致力于中国近代史之研究，迄民十五止，已出版《近代中日外交关系小史》、《近代中英外交关系小史》、《辛亥革命小史》等数种，其后又辑刊《中国近百年史资料》初编及续编四册，实为研究中国近代史先驱之一。十五年秋，由书局资助赴法留学，《法兰西新史》之出版，殆此行之结果。十六年秋返国，仍回中华书局工作。并为《醒狮》撰时评，为《长夜》、《长风》月刊撰论，襄办"知行学院"，以训练干部人才。十九年七月，共产党长沙暴动后，与陈启天等创《铲共半月刊》，警醒国人注意共产党活动。九一八事变发生，又与陈等创《民声周报》，鼓吹"停止内争，一致对外"主张，并发起"抗日急进会"。其时，已辞卸中华书局职务，任教复旦大学及大夏大学，故有较多时间从事政治活动。二十三年七月，国难严重，蒋委员长在庐山接见，共商合作挽救危机，并约往中央政治学校讲授中国近代史，于二十四年四月抵南京，先后在校任教三年半。二十四年七月，青年党举行第八届全国代表大会，被推为中央执行委员长。旋于其寓所辟室成立"现代研究室"，附设图书馆，并发行《国论月刊》。二十五年夏，与崔万秋赴日实地考察，深知中日之战，已不可避免。二十六年春，与曾琦赴奉化谒蒋委员长两次长谈，愿与国民党密切合作。抗日战起，国民政府特设"国防参议会"，为青年党代表之一。二十七年三月，"国防参议会"结束，成立"国民参政会"为战时最高民意机关。青年党中央执行会以国难严重，必须拥护政府抗战，以求最后胜利。乃公推其起草，并以中央执行委员会委员长名义代表全党，于四月二十一日致书国民党蒋总裁，开中国政党合作的先河。七月六日，第一届国民参政会在汉口揭幕，膺选出席。该会前后四届，至卅六年在南京结束，均始终参与其事。三十五年一月，携眷赴沪，旋创办《中华时报》及"中国人文研究所"，又恢复《青年生活》月刊，以与共产党展开思想斗争。三十六年五月十六日，出任农林部长，至三十八年三月十二日行政院总辞，为时仅一年又八个月。四月，携眷自沪迁台，九月赴港，筹办《自由阵线》周刊，重树反共旗帜。一九五六年，赴日本访问，对中日问题，常怀殷忧，乃勤习日文，以期加深对日本之了解。翌年，任教香港新亚书院。一九六二年，赴美各著名大学、图书馆访问参观，并搜集近代史料。一九六五年，又在香港清华书院讲授中国近代史。一九六九七月十六日，扶病来台促成青年党团结后返港。九月十四日，因旧病复发来台就医，延至十月十六日病逝。享年七十七岁。

其著作有：《万竹楼随笔》，《近三十年见闻杂记》，《中国近代史四讲》，《中国近代史话》初集、二集，《文艺史话及批评》一、二集，《黄兴评传》及《左舜生选集》等多种。（参考：吴相湘《左舜生常怀千岁忧》。）

任鸿隽（1886—1961）

　　任鸿隽，字叔永，四川巴县人，原籍浙江归安县（民国后改名吴兴）。清光绪十二年十一月二十五日生于垫江。六岁入私塾，旋入重庆尚中学堂，三十年入重庆府中学堂。同年在巴县得中秀才。在重庆府中师范班毕业后，教书一年，三十二年底赴沪，入中国公学高等预科甲班。三十三年东渡日本，于宣统元年秋，入东京高等工业学校应用化学科，并加入同盟会，担任四川支部长。武昌革命后返国，民国元年担任南京临时政府总统府秘书。四月，又任北京临时政府国务院秘书。唐内阁倒，赴津任民意报编辑。十月，以参加革命工作有功，被稽勋局选派赴美留学，先入康奈尔大学，六年，继入哥伦比亚大学研究所，分别获得化学学士及硕士学位。民国三年六月十日，与留美同学胡适、赵元任、杨铨、周仁、胡明复、秉志、章元善、过探先、金邦正等发起"中国科学社"，先集资编印《科学》杂志（月刊），于四年一月出版。此时，为改良中国文字与中国文学问题，曾与胡适展开激烈辩论。

　　四年十月二十五日中国科学社正式成立时，鸿隽与赵元任、胡明复、秉志、周仁被举为第一期董事。民国七年，自美学成返国，应四川省当局邀草拟创设钢铁厂计划。八年，赴美采购机器。九年回国至北京大学教授化学。九年至十一年，任教育部专门教育司司长。十一年至十三年，任上海商务印书馆编辑。十二年至十四年，任南京国立东南大学副校长。

十一年八月，科学社改原有之董事会为理事会，综理全社行政事宜。另设董事会，主持经济及大政方针。鸿隽先后曾三度主持科学社社务（民国三年至十二年、二十三年至二十五年、一九四七年至一九五〇年）。

十三年九月，中华教育文化基金董事会成立。翌年，鸿隽担任该会秘书，十八年一月当选董事，并自是年起至二十四年，任干事长。二十四年九月，任国立四川大学校长。二十六年六月辞职，出任中基会编辑委员会委员长。七月，应蒋委员长邀参加庐山谈话会。二十七年七月，膺聘为国民参政会参政员。是年底，应蔡元培邀担任中央研究院总干事兼化学研究所所长。三十一年辞去中研院工作，复任中基会干事长。三十五年再度赴美。三十六年回国后即留居上海，直到三十八年。一九六一年十一月九日病故，享年七十六岁。

其著作散见于《独立评论》及《科学》杂志中，尚未辑印。曾与李珩、吴学周合译 W. C. Dampier-Whetham 之《科学与科学思想发展史》，由商务印书馆出版。一九五〇年，曾撰写自述性文字一篇，名《前尘琐记》，约二万字，《传记文学》第二十六卷第二、三期特予转载。（参考：英文《民国名人辞典》第二卷、竺可桢《中国科学社》。）

吉星文（1910—1958）

吉星文，字绍武，河南扶沟县吕潭镇人。清宣统二年二月一日生。兄弟三人，长兄早夭，星文最幼。

民国十二年，星文在县立初中毕业后，乃随族叔鸿昌（时任国民军冯玉祥部团长）入伍充学兵，勤奋好学，尤擅器械操，深得旅长石敬亭赏识。历任排长、连长、营长。十八年至二十二年，驻防华北。喜峰口之役，奉命驰援，与日寇奋战两昼夜，毙敌三百余，俘获大小炮二十余门，深为宋哲元所嘉许，晋升三十七师二一九团团长。二十五年五月，奉调军校高级班受训一年，二十六年六月十六日结业返防，率部驻扎宛平。七七事变起，星文坚守卢沟桥头及宛平县城，苦战二十九昼夜，全国人心振奋，亦令世界震惊。九月，升任该师一一〇旅旅长。旋由华北调往津浦线作战。二十七年六月，升任一七九师师长。二十八年，参加鄂北作战有功，调任三十七师师长。抗战胜利后，国军整编，于三十五年五月改任整编陆军第七十七师三十七旅旅长。三十六年十月，入陆军大学特八期肄业。三十八年二月结业，即调升三十七军军长。五月，调任一二五军军长，七月，调充独立三六〇师师长，卒因大陆局势逆转，于九月撤退来台，因所部改编，调任东南长官公署少将高参，及"国防部"高参。一九五〇年十月，任五十军战斗团长。一九五二年二月，又入高级班受训。十月，调任第七战斗团长。一九五三年夏，又入参谋学校将官班受训。一九五五年一月，调升澎湖防卫部副司令官。一九五七年春，再入"国防大学"联战系深造，年终结业，擢升中将，派充金门防卫部副司令官。因连年作战，伤痕遍体，旧创复发，乃于一九五八年七月返台医治，嗣因金门情况突告紧张，乃力疾返防。八月二十三日，中共军队炮击金门，星文于巡视阵地时腰部中弹，延至二十四日，因流血过多而不治，享年四十九岁。是年九月，追晋陆军二级上将。（李守孔提供资料。参考：《中原文献》一卷七期《吉星文上将传略》、段剑岷《吉星文将军传》。）

伍　达（1880—1913）

　　伍达，字博纯，一字仲良，江苏武进人，清光绪六年生。五岁时，由祖母教读。稍长，入一张姓私塾附读。二十岁中秀才，对新学渐感兴趣，乃约同蒋维乔、庄俞、严练如等合请日本教师，从习日文及数理等实用学科。二十二岁，病肺咯血，养病期间，编著《最新文法教科书》及《简明乐典》（大部分取材自日文本），由上海两家书局印行。二十三岁至二十六七岁之间，在吴汝纶、张受甄、庄思缄家任教师。教课之余，仍埋首于中日文典籍之研读。宣统二年，出任武阳（武进、阳湖）劝学所总董。是年冬，奉派赴东洋考察学务。抵东京后，一面考察彼邦教育，一面在大学听课，尤特别注意社教事业之设施与推行实况。翌年七月归国。民国成立，屠寄（敬山）出任武进民政长，达任学务科长。旋应蔡元培电召，赴南京，就临时政府教育部事，于社教部门，多所擘画。临时政府北迁，乃绝意仕途，以毕生精力从事社教工作，组织"中华全国通俗教育研究会"于上海，名流学者如：蔡元培、马相伯、张謇、张伯苓、吴敬恒等均列名为发起人，中国之社教事业乃正式发轫。研究会后更名为"中华通俗教育会"，订定各种实施方案，并筹组"通俗教育用品制造所"，编印《研究录》月刊。而各地分支会，纷纷设立各种补习学校，举行通俗演讲，创设阅报所及巡回文库，通俗图书馆，发行白话报，改良戏曲歌本等，气象蓬勃。二年春，达由沪北上，一则应吴敬恒之邀，出席教育部召开之读音统一会，一则借此与各省教育界领袖共商通俗教育会进行方针，并设法筹款。奔驰数月，诸事粗有端绪，不料因过于劳累，于九月六日病逝，年仅三十有四。其有关通俗教育之著作，散见于报章杂志者甚多，单行本有：《通俗教育设施法》、《日本学务考察记》等。（参考：伍稼青《记伍博纯先生》）

伍廷芳（1842—1922）

公姓伍氏，讳廷芳，字文爵，号秩庸，广东新会县人。考讳荣彰，贾于南洋新加坡，以前清道光二十二年六月二十三日生公，年四岁归国，自胜衣就傅，已不屑为帖括之学。年十四，肄业香港圣保罗书院，凡六年，卒业，供职于香港法曹，然非其志也。节衣缩食，积俸余，为他日留学之资。复以暇暑，与友人创中外新报，吾国之有日报自此始。

年三十三，遂赴英伦，入林肯法律学院，治法学。越三载，应试得大律师，以奔父丧归国。旋至香港，操大律师业。越四年，被任巡理府，复受聘为立法局议员。论者谓国人得为外国律师者，公为第一人，香港侨民得为议员，以公为嚆矢，任法官者公一人而已。

然公自幼时，已怀经世之志，睹中国积弱，发愤以匡救自任。

会合肥李鸿章闻公名，屡招致之，公遂舍所业，就鸿章幕府。鸿章方督直隶，治新政，津沽铁路、北洋大学、北洋武备学堂、电报局，皆次第经始，公多所赞襄，于外交缔约，尤尽力。

既而出使美、日、秘三国，保护华侨，力争国体。庚子义和团事起，周旋坛坫间，多所补救，尤翕然为世所称。任满归国，为商约大臣，驻上海，与各国缔约，树整顿圜法、裁厘加税、收回领事裁判权、划一度量衡之基础。寻迁商部左侍郎，再迁外务部右侍郎，复与沈家本同任修律大臣，成民刑律草案，旋颁行刑律，凡前清凌迟、连坐、刑讯等条，皆汰去，为中国刑法开新纪元，公名由是益重。然公居京师久，洞知前清不足与有为，根本窳败，非摧陷扩清未由致治，意郁郁，遂谢病去，年六十五岁矣。

明年，再被任出使美、墨、秘、古诸国，耆年长德，所至想望风采。既受代，经历欧洲诸国归，憩于上海寓庐。而辛亥革命起，公遂蹶然兴，倡议请清帝退位，一时所谓缙绅士大夫，皆惊异之，而不知公匡时救国之志，蓄之已久，故有触即发也。

其时南方光复，已十余省，公被推为外交总代表，驻上海，代表光复诸省，与各国交涉，各国由是认光复诸省为交战团体。旋兼议和总代表，公揭橥主张，以为今日之事，当合南北，共建民国。及南京政府成立，文被举为大总统，以公为司法总长，议和总代表如故，卒订定清室优待条件，清帝退位，民国遂以统一焉。

南京政府既移于北京，公退休凡五年，及黎元洪继任为大总统，征公入京，任外交总长，未数月，兼代国务总理。时武人毁法，以兵胁迫大总统下解散国会命令，公坚拒不副署，恫喝万端，不为动，元洪竟解公代理国务总理职，以江朝宗继之，副署解散国会命令。

公愤大法之凌夷，念丧乱之无日，毅然出京谋所以戡乱讨贼。其时，文已与故海军总长程璧光定议，率舰队至广州，开"非常国会"，建军政府，以护法号召天下，公继至，同心匡辅。而两广武人阴怀异端，务龃龉之，使不得行其志。文以七年间，辞大元帅职去，公仍留广州，改组军政府，任总裁，兼长外交、财政，终以跋扈武人，不可与共事，弃而归上海，国会议员相率从之。

九年冬，粤军自漳州回师广州，文乃偕公回广州，复军政府。十年五月，国会举文任大总统，以公为外交总长兼财政总长。其年冬，文赴桂林，督诸军北伐，以公代行大总统事。其明年四月，因陈炯明阻挠北伐，回师广州，免其职，以公兼任广东省长，自赴韶州督师，入江西，克赣州，走陈光远，江西全省将定，而陈炯明嗾所部谋叛，文自韶州率轻骑回广州镇摄之。六月十六日，叛兵遂围攻大总统府，且分兵袭韶州大本营，北伐事业，因以蹉跌。而六年以来，护法事业，亦功败垂成。公感愤得疾，遂以二十三日薨于广州省医院，春秋八十有一。弥留时，犹谆谆授公子朝枢以护法本末，昭示国人，无一语及家事。盖其以身许国，数十年如一日。故易箦之际，精明专一，有如此也。

公生平好学，政事之暇，手不释卷，其始研究卫生之学，蔬食，绝烟酒，自谓寿可至二百余岁。继治灵魂学，视形骸如逆旅，以为留此将以有为耳。故能于危疑震撼之际，泰然不易其所守。自以与于缔造民国之役，不忍见为武人政客所败坏，故以耄耋之年，当国事，犯危难无所恤，卒以身殉。悲夫！其对于社会，如提倡国货，倡剪发不易服之议，以塞漏卮，皆有远识，能造福于国人。夫人何氏，贤而有寿。子朝枢，能继述志事。孙竞仁、庆培、继元。以民国十三年十二月十日，葬公于广州东郊一望岗。

文自元年与公共事，六年以后，频同患难，知公弥深，敬公弥笃，谨揭其生平志事关系国家之大者，以告天下后世，俾知所楷模焉。中华民国十四年一月吉日。（国父撰《伍廷芳墓表》全文。）

伍朝枢（1886—1934）

伍朝枢，字梯云，广东新会人，为伍廷芳之子。清光绪十二年（一八八六）生于天津。光绪廿二年，廷芳被派为驻美公使，次年朝枢随父赴美。初在华盛顿城之福尔斯小学肄业，十五岁入西方高等小学，十七岁升人大西洋城之高等学校。二年毕业返国，任广东劳工局及农工实业两局委员，各历二年。廿三岁时，又以官费派送赴英国留学，入伦敦大学，研究法律，于廿六岁时毕业，得法学士学位，民国元年，由英返国，任湖北省外交特派员。二年，又被举为第一届参议员。三年春，袁世凯解散国会，遂迁任为宪法起草委员会为委员，兼外交部条约审查委员会委员。是年夏，又任总统府顾问。四年至五年，历任外交部顾问及国务院顾问。六年，黎元洪解散国会，遂赴粤护法，且为第一届国会临时宪法会议之召集领袖。民国七年，护法政府任为外交次长。时廷芳任外交部长，父子同官，亦一佳话。八年春，代表广州政府赴法，参与巴黎和会。十年冬，北政府派为华盛顿会议出席代表，辞不就。十四年，就国府委员，及广州市长职。十五年，被选为国民党第二届中央执行委员。十六年，国民政府成立于南京，被任为外交部长，兼中央政治会议委员。十七年，辞职，与胡汉民、孙科赴欧美各国游历。抵美后，国民政府派为驻美公使。廿年五月八日，美国米苏里大学赠以法学博士学位。粤变起后，辞职回国，广东之国民政府，推为国府委员。九一八事变发生，宁粤两方开和平会议于上海，被派为粤方代表。十一月，会毕返粤，任广东省政府主席。廿一年一月，国民政府任为司法院院长，辞不就。三月，就任琼崖特区长官职。廿三年一月二日，病故香港。

朱　湘（1904—1933）

朱湘，字子沅，祖籍安徽太湖，光绪卅年（一九〇四）生于湖南沅陵。父延熙，曾任监道使七年，生有五男七女，湘为兄弟中最幼者。民国十年，朱湘入清华学校肄业，十一月廿日清华"小说研究社"改组为"清华文学社"，日后被目为新月派要角的，除徐志摩外，如闻一多、梁实秋、孙大雨（子潜）、饶孟侃（子离）、杨世恩（子惠）以及朱湘均为该社会员。

湘在校时，即时有新诗发表，主要刊于小说月报、晨报副刊，及文艺杂志等。十四年一月，处女集《夏天》由商务印书馆出版，列为文学研究会丛书之一。湘求知欲大，常不满意自己学校功课，而到北大及他校听课，以致旷课太多，迟一年至十六年始与柳无忌、罗念生、罗皑岚诸好友一齐毕业。同年八月，诗集《草莽集》由开明书店出版，所作均经刻苦磨炼，极获时人好评，与徐志摩、闻一多等齐名。是年秋，只身负笈美国威斯康辛州劳伦斯大学，主修西洋文学，不久即转学芝加哥大学，研究法文、德文，尤潜心于德国小说。课余时常将中诗译为英文刊登于学校刊物《凤凰》。此时，也曾着手将《今古奇观》译成英文。

十九年春，为顾及家人生活，不及获得学位，即行回国。旋到安庆任安徽大学英文文学系主任，时校长为杨亮功，文学院长为王陆一。湘以名诗人且新自海外归国，极受学生爱戴。二十一年夏，到上海约赵景深、戴望舒及方光涛等同至安大教书，不为校方同意；校方又未经其同意，将英文文学系改为英文学系，乃愤而辞职（时校长已换为程演生）。此后一年半中，未能找到其他职业，生活窘困异常，其妻刘霓君在上海胜家缝纫公司学习机器刺绣，希望能以此为业，使其能安定生活，终以性情孤高，刺激过甚，在二十二年十二月五日由上海往南京去的吉和轮上沉江自杀。年仅三十岁。

五四运动前后，在新文学中，以新诗发展最快，然都是所谓自由诗。虽然李金发的象征诗集《微雨》于十四年由新潮社出版，北新书局印行，但无甚影响。十五年四月一日，徐志摩于晨报副镌上，特辟"诗刊"，有意提倡"格律诗"，他们要发现"新格式与新音节"，主张"节的匀称"、"句的均齐"，主张"音尺"、重音、韵脚，认为诗应该具有音乐的美、绘画的美、建筑的美。刘梦苇虽是此新诗形式运动的最早提倡者，然因早逝，影响不大，朱湘却是最热心的实行者，其《石门集》于二十三年六月由商务出版，集中所作，皆为有意的试验，死后另有赵景深代为编成的《永言集》（二十五年，时代）。另译有诗集《路曼尼亚民歌一斑》（十三年，商务版）、《番石榴集》（二十五年，商务版）二种。其他著作有：《中书集》（论文，二十三年，生活版）、《文学闲谈》（论文，二十三年，北新版）、《海外寄霓君》（书信，二十三年，北新版）、《朱湘书信集》（二十五年，大公报版）。译有《近代英国小说集》（北新版）；另译希腊悲剧数种，以应小说月报的"希腊文学专号"（该专号未曾出版）。《望北斗集》及《三星集》，内容不详。（秦贤次稿。）

朱自清（1898—1948）

朱自清，原名自华，字佩弦，投考北京大学本科时，恐家计艰难，遂改名自清。笔名计有：知白，白晖，白水等。原籍浙江绍兴，清光绪二十四年十月初九日生于江苏东海县，在扬州长大，遂入籍为江苏江都县人。幼值科举初废，学校方兴，因承庭训，读过经籍古文，后入安徽旅扬公学，十五岁入两淮中学（今扬州中学），十九岁毕业，考入北京大学预科，旋又考入本科哲学系，在三年内修毕学程，于民国九年夏毕业，得文学士学位。在校期间，热心参加学生运动，并开始创作。最先试新诗，其后用功散文，不数年即跃为第一流作家。毕业后，历任浙江省立第一师范，吴淞中国公学，浙江省立第六师范，浙江省立第十中学，第十师范，第四师范，私立春晖中学等校国文教员，江苏第八中学教务主任兼教员。在江浙两省教书五年，渐抛弃哲学，专心研究语文教育，并陆续在文艺杂志上发表新诗散文，同时加入上海的文学研究会。在此时期，与夏丏尊、叶绍钧、丰子恺、朱光潜、郑振铎等为友，互受影响。十四年，应聘为清华学校国文系教授。十七年，清华学校改为国立清华大学。十九年，继杨振声为清华大学中国文学系主任。二十年，休假赴英留学，在伦敦大学读语言学及英国文学。二十一年，仍返清华主持中文系，名教授如陈寅恪、黄节、刘文典、俞平伯、闻一多、王力等，一时称盛。二十四年，兼任清华图书馆主任，翌年即辞兼职，仍专任中文系主任。

抗战军兴，清华奉命南迁，与北大、南开成立联合临时大学，乃留眷在平，只身赴长沙，被推为中国文学系主任，二十九年春辞职。三十五年春，复任中国文学系主任，清华复员回北平故址。三十七年春，胃病大发，八月十二日逝世，年五十一岁。毕生致力于文学之研究，著作等身，已出版的作品计有：《踪迹》（诗与散文）、《背影》（散文）、《欧游杂记》（游记）、《你我》（散文）、《精读指导举隅》（论文，与叶绍钧合编）、《经典常谈》（论文）、《略读指导举隅》（论文，与叶绍钧合编）、《伦敦杂记》（散文）、《国文教学》（论文，与叶绍钧合编）、《诗言志辨》（论文）、《新诗杂话》（批评），《标准与尺度》（批评）、《语文零拾》（书评与译文）、《论雅俗共赏》（批评）、《语文影响及其他》（论文）、《中国歌谣》（论文）等多种。（秦贤次稿。参考：浦江清《朱自清传略》。）

朱少屏（1881—1942）

朱少屏，原名葆康，字少屏，后以字行，别号天一、屏子，上海人，清光绪七年生。幼时就读南洋中学，毕业后任母校教职，旋赴日本留学，参加同盟会。归国后在上海任同盟会事。光绪三十一年冬，留日学生因反对日本取缔规则，纷纷回国，在沪组织中国公学。嗣因中国公学排斥江苏人，少屏等乃别创健行公学于西门小菜场宁康里，与柳弃疾（亚子）、陈陶遗、沈砺（道非）、陈去病（佩忍）等皆任讲师，以继承爱国学社之统绪，并协助于右任创办民呼、民吁、民立等报。当宣统元年八月二十日民吁报创刊时，少屏并担任发行人。又与柳亚子等组织南社，与美人密勒氏及伍廷芳、聂云台、李登辉组织大陆报，被举为五华董之一。辛亥革命起，与陈其美（英士）攻制造局，组织沪军都督府，任总务科科长。民国元年，南京临时政府成立，应孙中山先生邀，赴南京襄组总统府，任秘书。嗣与叶楚伧、柳亚子创办太平洋报，组中华民国全国报馆俱进会，被举为会长。旋任生活日报编辑。吴敬恒、章木良组中华日报，又被邀任事。民国五年，被举为寰球中国学生会总干事。九年，遍游欧美二十余国，任申报驻欧记者凡四年，代表申报出席华盛顿太平洋会议，日内瓦国际联盟会。后又兼任中华全国道路建设协会、中华麻疯救济会董事兼名誉秘书，中国评论周报社总经理，上海市通志馆副馆长等职。民国三十一年，在菲律宾任领事，与总领事杨光泩、副领事莫介恩等同时被日本占领军杀害而殉难。

朱兆莘（1879—1932）

朱兆莘，字鼎青，广东省花县人，清光绪五年（一八七九）生。清末以优廪生肄业于广雅书院，旋入京师大学堂优级师范馆。毕业后，奖给举人。光绪三十三年，由学部派往美国留学，兼办华侨学务。先入纽约大学商务财政科，毕业后得学士学位，继入哥伦比亚大学法政科，得硕士学位，复入通儒院博士研究科。民元冬，膺选美洲华侨代表回国。二年，当选参议院华侨议员，一月至七月，兼北京大学商科主任、总统府秘书、谘议等职。二次革命后，以籍隶国民党，为袁世凯停职。即赴厦门任鼓浪屿会审公堂堂长。旋复至京师任律师。民五，国会重开，仍任参议员。后入外交部，调任驻英公使馆一等秘书。及公使顾维钧回国，即于十年二月二十四日被任命为代办。以后迭次担任国际联盟、万国禁烟会议之中国代表。十四年三月，临时执政段祺瑞特任为驻意大利全权公使。十六年七月八日，以北伐成功，宣言脱离北政府关系。嗣回国任国民政府外交部政务次长、广东省政府委员、粤海关监督及广东交涉员等职。九一八事变后，任特种外交委员会委员。二十一年一月，被聘为国难会议会员。同年十二月十一日，食蛇羹中毒逝世，享年五十四岁。（参考：杨家骆《民国名人图鉴》草创本卷七。）

朱希祖（1879—1944）

朱希祖，字逷先，浙江海盐人。清光绪五年正月十一日（一八七九年二月一日）生。少受父教，有志经史之学。既壮，学治史于日本早稻田大学，又从章炳麟太炎受说文音韵。闻国父孙公革命主义，因思明季抗胡史实，最使人闻之激奋，为革命助，自是从事采辑。既卒业早稻田，归教授嘉兴中学，民国兴，知其县海盐事。半岁，改职省教育厅。二年，教育部召赴北京，议国语读音统一。希祖议曰：择古文篆籀经省之形为字母，规为声母二十四，韵母十二，介母三，仍其本音，用之赡给矣。众韪其议，议定颁行，是为注音字母。于是名动京师，留教北京大学，兼清史馆编修。及袁世凯谋帝制，史馆总纂赵尔巽附之，羞与为伍，辞编修，专力教授。北京大学益重其为人，升任中国文学系史学系主任。时，胡适欲倡语体文，希祖与之探讨，为语体文之学以助之。其于史学，谓历史为社会科学之一，治史学当兼治政治经济法律社会诸学。而于史料则重原始实证，其展转传写，多误，不可用也。购内阁大库档案归校，部别整比，以新法治之，吾国史学自是方登于科学之林。十二年，入关中讲学，摹拓汉唐石刻甚富。又游大同，观云冈造像。旋以北京大学代表谒国父于上海，谋北方学者与国民党协和。十五年，张作霖自关外入京，自号大元帅，北京大学被扰，改就清华、辅仁两大学教授。十七年，北伐告成，北京更名北平，重返北大，专力主持史学系，设中国史学会。十九年入中央研究院，益深研究。二十年，广东中山大学延主文史研究所，在粤罗集两广方志，及其他载籍，钞记考订勿倦。二十三年，返南京，主中央大学史学系。旋官内政部，兼保莞古物。太炎讲学于苏州，又佐其师，月一往讲。太炎终，庐墓不忍去。二十六年，抗日战起，于是年十一月入蜀。二十八年，中央执行委员会召集全体会议，委员张继溥泉，属起草，请开立总档案库与国史馆议案，提大会得决议，交国民政府实施。二十九年，国史馆筹备委员会成立，溥泉为主任委员，以总干事授希祖，为史馆研讨体例书法甚勤。顾战事益呕，举国以为军事第一，胜利第一，未遑史事。希祖时任考试院考选委员，且力亦无遑暇，因辞去史馆职。三十三年七月五日，以疾卒于巴中，年六十有六。其著述：《明季史籍题跋》六卷、《伪楚录辑补》六卷、《伪齐录校补》四卷、《伪齐国志长编》十六卷，皆为革命与抗战而作也。又有《汲冢书考》五卷、《战国史年表》八卷、《新梁书艺文志》四卷、《国史馆论议》三卷、《郦亭藏书题跋记》四卷、《杨么事迹考证》二卷。其他论征，辑为《史学丛考》。其于经，以治史之法治之，不直今古文家门户之见。论易，以为既济未济之道，无穷递进，最高妙，中乎情实，世谓道家出于易，治易依据道家，夫道家欲复人世于太古，与文明进化之旨相悖，吾无取焉。子偰，经济学博士；侃，农学士；侨，法学士；倞，理学士；女偰，治文学，女之夫门人兴宁罗香林，以史学教授，传其业。（参考：国史馆馆刊第一卷第二号王宇高王宇正《朱希祖传》。）

朱家骅 （1893—1963）

朱家骅，字骝先，浙江吴兴人。清光绪十九年四月十五日生。六岁入塾，十三岁入南浔正蒙学堂。十五岁改进南浔公学，年底毕业。十六岁赴沪，考取同济德文医学校。十九岁，与学友徐霁生等，阴组中国敢死团。同年，武昌起义，震动全国，随中国红十字会由沪赴汉口，任战地伤患救护者数月之久。

民国肇建，回同济学校，改入工科。三年随张静江赴德留学，入柏林矿科大学。因第一次大战爆发，遂于六年归国。应北京大学聘，教授德文，时年二十五岁，为全校教职员中最年轻之一人。越年，得教育部公费由北大派往欧陆专攻地质学，先入瑞士伯尔尼大学研究，九年转入德国柏林大学地质系。十一年获柏林大学哲学博士学位。十三年返国，再应北大聘为地质系教授兼德文系主任。

十四年五卅惨案起，北京学生游行示威，并反对关税会议，为策划领导人之一。次年春，以遭当局之忌，避入东交民巷。六月易装南下，七月抵广州，应中山大学聘任地质系教授兼系主任。时校内共产党傀扰，风波时生，最后国府下令解散，另派戴传贤、顾孟余、丁惟汾、徐谦及家骅五人，组成校务委员会，彻底整理。戴、顾、丁、徐皆另有任务，实际负整顿之责者，惟朱一人而已。

十六年七月广东省政府改组，任民政厅长兼中山大学副校长，负校务实际责任。先是本年春，北伐军已克杭州，复受命为浙江省民政厅长。又应大学院院长蔡元培之聘，为中央研究院筹备委员之一。自是兼绾两省民教及中大校务，经常奔波粤杭两地者达三年之久。十八年当选中央委员及中央政治会议委员，从此参加中枢最高会议。十九年返粤专任中山大学校长。是年冬调任中央大学校长。次年春，又兼管理中英庚款董事会董事长。在其主持下，运用中英庚款，采借贷方式，从事修筑铁路，建设电信，兴修水利等建设事业，其中粤汉路及后方电话网，于抗战期间发生莫大作用。此外，另有数大贡献，一为留英学生之派遣，二为故宫古物之抢运，三为善本古籍之收购，四为在内地云南、四川、广西、重庆、湖南各大学，由该会拨款，设置讲座。同时拨款设置科学研究补助金，鼓励青年科学人员继续从事高深研究，以补军兴期间，学术荒落之失。

二十年十二月至二十二年四月间，出任教育部长，在此短短一年余期间，曾厘订小学法、中学法、职业教育法、师范教育法等法规。并亲手订定中小学课程标准，校订义务教育教科书，为全国教育制度奠定基础。又国立中央图书馆、中央博物馆、国立编译馆，均创办于此时。三十三年冬，重长教育部。次年八月，日本无条件投降，乃致力于沦陷区教育文化之复原与重建，并于复原重建中谋新生。又修正中小学课程标准，厘订大学课程，以期适合于胜利来临后之新时代。三十七年冬，首都危急，又尽其全力遣人、筹款、谋求甚至争取交通工具，抢运故宫、中央两博物院及中央研究院、中央图书馆重要文物书籍来台。更于万难中争得专机，派往北平，由孤城中抢运学人出险。

其毕生之劳心瘁力最久者为中央研究院，溯自二十五年春，应蔡院长元培邀约，担任研究院总干事，泊二十九年蔡氏物故，膺选继任主持院务，至一九五七年八月因病辞职，先后负起中央研究院行政责任者达二十二年之久。当就任总干事之初，中研院仅有历史语言研究所等数所，迨继任院长，努力扩充，迄离开大陆前夕已增至十四个研究所。三十八年春，撤退来台时，由于时间仓卒，交通工具缺乏，仅撤出历史语言及天文学两研究所，来台后又先后创办动物、植物、近代史、民族学等四个研究所，另成化学、经济学两研究所筹备处，至辞职时已共具八个研究所规模。来台后，又为提高学术程度，促进学人合作，增强文化交流，致力"国民外交"，创办学术性刊物《大陆杂志》，恢复"中华民国"联合国同志会及"中德"、"中韩"文化协会，均于时代有卓越贡献也。一九六三年一月三日，以心脏病溘然长逝，享年七十一岁。三月二十五日，"总统"明令予以褒扬。所遗个人档案十七箱，皆为近代史珍贵资料，卒后交中研院近代史研究所整理。（参考：《朱家骅先生事略》、胡颂平《朱家骅年谱》。）

朱祖谋（1857—1931）

朱祖谋，原名孝臧，字藿生，一字古微，号沤尹，又号彊村，晚仍用原名。浙江归安人。清咸丰七年生。幼颖异，既长，博雅擅文学。光绪八年（一八八二）壬午乡试中式，明年成二甲第一名进士，改庶吉士，授编修。历充国史馆协修，会典馆总纂总校，光绪十四年（一八八八）戊子科江西副考官，二十四年戊戌科会试同考官，教习庶吉士，擢侍讲，充日讲起居注官。迁侍读，庶子，至侍讲学士。氏居馆职久，遭世变，私忧深念，屡有章疏，皆识明通维大体。庚子义和拳乱作，亲贵及顽旧大臣祖之，导至京师，并嗾董福祥军与应和，遂迭攻公使馆，戕日本书记官、德意志公使。氏痛纵妖民肇巨衅，置宗社于孤注一掷，两抗疏极谏，剖晰利害曲直与强弱众寡之势甚具，而后疏请护诸公使出国门，语尤切至，外国兵入京师，两宫西狩。氏复有早定大局之奏，上以氏为忠，一岁中迭迁少詹事、内阁学士。及还跸，擢礼部侍郎兼署吏部侍郎。三十年甲辰复出为广东学政。满二岁遏弊劝学，群情翕然，宣统纪元，特诏征入，次年设弼德院，授顾问大臣，皆不赴。入民国，隐居上海。氏虽持高节，襟度恢疏，狎接群流，不为崖岸，尤殷殷荐宠后辈，性笃友爱，季弟物故，摧伤至疾，体日衰，民国二十年辛未十一月廿二日，卒于上海寓庐。享年七十五岁。遗疏上，清废帝予谥文直公。氏始以诗名，及交王鹏运，弃而专为词，勤探孤造，抗古迈绝，所辑宋元明百六十三家词，取善本校勘，最完美。名曰《彊村丛书》。又辑《湖州词征》廿四卷、《国朝湖州词征》六卷、《宋词三百首》不分卷。此外，其著作及编辑之遗稿有《语业》三卷、《弃稿》一卷、《词莂》一卷、《足本云谣集》一卷、《定本梦窗词》不分卷、《沧海遗音集》十二卷，又《集外词》一卷、《遗文》一卷，卒前尽授其门人龙沐勋，汇刊为"彊村遗书"，行于世。（节录自陈三立《朱祖谋先生墓志铭》。）

朱执信（1885—1920）

朱执信，原名大符，笔名蛰伸、县解。光绪十一年乙酉十月十二日（一八八五年十一月十八日）生于广东番禺县，民国九年（一九二〇）九月二十一日在广东虎门殉难。年仅三十六岁。

朱天质聪颖，好学深思。幼从母舅汪仲器习数学。光绪三十年（一九〇四年）夏考中京师大学堂预科，同时考选赴日游学，名列第一，乃决意往东京留学，入法攻速成科，主修经济学，与汪兆铭、胡汉民等同学。次年八月，加入同盟会，民报第一号刊载之《论满洲虽欲立宪而不能》，为其首次发表之革命理论。以后复连续发表《论社会革命当与政治革命并行》及《德意志社会革命家列传》诸文。朱一九〇七年夏自日本回广州后，执教法政学堂，作为革命活动的掩护。庚戌（一九一〇）广州新军起义及辛亥（一九一一）广州三二九之役，朱均负有主要策划和活动责任。辛亥广东光复，举胡汉民为都督，朱是胡的主要助手，曾任都督府总参议，兼负编练军队准备北伐。后任广东核计院长。民国三年至五年间，参加讨袁工作，负责广东方面各路军事之联络与发动。民六、七年间，随国父在粤参加护法活动。七年夏，国父离粤赴沪，从事著述，朱亦追随到沪，常于建设杂志、上海晨报、上海星期评论撰文。民九年发表《生存之价值》一文，用数学方程式来表达生存之哲理，可谓别开生面。是年九月，为促驻漳州之粤军回粤驱逐桂系军队，奉国父命赴广州策动虎门反正，不意虎门守军发生内部冲突，朱前往劝说，竟以身殉。（蒋永敬稿。参阅吴相湘《民国百人传》第一册《朱执信知行合一》。）

朱启钤（1872—1962）

朱启钤，字桂莘，亦作桂辛，贵州紫江人，清同治十一年十月二十二日生。少有才名，为大学士瞿鸿禨之姻戚，徐世昌之义子。庚子后，瞿鸿禨以外务部尚书赞军机，时启钤已由举人纳赀为曹郎，因得于光绪二十九年三月任京师译学馆监督。三十一年十月，巡警部成立后，任北京外城巡警总厅厅丞。三十三年五月，徐世昌督东北，遂以候补四品京堂，奏调至奉天，充东三省蒙务局督办，旋奉派赴日本北海道考察垦殖事业，宣统元年，世昌内调邮传部尚书，锡良继任东三省总督，启钤遂转任为津浦路北段总办。民国元年七月二十六日，任陆徵祥内阁交通总长，赵秉钧内阁留任，并于二年七月十七日兼代国务总理。为梁士诒交通系之要角。九月十一日，改任熊希龄内阁内务总长，直至五年四月二十二日始去职。三年二月九日，兼代交通总长。七月，更兼京都市政督办，十月，辟社稷坛为中央公园。四年，袁世凯帝制运动起，于九月任大典筹备处处长。五年六月，袁死，七月十四日，以帝制余党被通缉，潜伏天津，至七年二月，始被赦免。八月二十一日，被选为安福国会之参议院副议长。十月十日，徐世昌当选总统，为蕲求南北和平，于八年二月在上海举行和议，启钤为北方总代表，南方以唐绍仪为总代表。五月十日，和议破裂，乃于十三日辞职，离沪北返。从此退出政坛，卜居天津，从事著述。著有《李仲明营造法式》、《存素堂丝绣录》等。十九年，张学良欲挽之为北平市长，坚不肯应。一度担任中国营造学社社长。晚年息影沪滨。三十八年后，赴北平任，一九六二年二月二十六日病逝大陆，年九十一岁。（参考：《民国名人图鉴》及日文《现代中国名人辞典》。）

朱经农（1887—1951）

朱经，字经农，原名有畇，以字行。原籍江苏宝山。清光绪十三年丁亥阴历六月廿五日生于浙江浦江县署，时父其恕（字仁甫）方任浦江县令。母田氏，讳熙。光绪二十年甲午，父逝，方八岁。母抚孤四人，依叔其懿于湖南。其懿与妹婿熊希龄均为湖南革新领袖。经农幼时即受时务学堂，湘报馆，南学会之影响。壬寅（一九〇二）其懿起署常德知府。癸卯（一九〇三）秋创办常德府中学堂，经农以客籍第一名考入。与覃振，戴修瓒等同学。甲辰（一九〇四）赴日本，入巢鸭弘文学院。乙巳（一九〇五）转学成城。同年入同盟会。冬，以反对"取缔规则"返国，与留日同学创办中国公学于上海。熊克武，但懋辛，胡适，任鸿隽，均为中公同学。中公为革命党藏身之所。戊申（一九〇八）九月发生风潮，全体学生退学另组中国新公学，经农被推为三干事之一。

庚戌（一九一〇）以叔其懿逝世，遂返湘任高等实业学堂教员，兼农业学堂翻译，以赡养大家庭。

辛亥革命后，经农与同盟会友人去北京办报，任民主报编辑，后兼亚东新闻总编辑。二次革命爆发，两报均为袁世凯所封，朱澹如（经农笔名）被通缉。脱逃后，曾在农商部任微职。民国五年春赴美京任留美学生监督处书记，就学于乔治·华盛顿大学。一九一八年得学士，一九一九年得硕士。民国九年，补江苏官费，乃辞职转学纽约哥伦比亚师范学院研究院。留学期间与中公旧同学胡适，任鸿隽，杨铨等常有联络，亦曾参与文学革命运动之讨论。

民国十年应蔡元培之邀返国任北京大学教育系教授，并在女子高等师范（女师大前身）任课。授课之余并就其对教育学之心得撰为文章，登载于教育杂志等处。一时声誉鹊起，成为国内教育学之专家。又协助熊希龄，朱其慧支持晏阳初创办平民教育促进会。经农并与陶知行主编第一套平民千字课。民国十二年，中国行新学制。经农应王云五之邀去上海任商务印书馆编辑，赶编全套新学制中小学教科书。时全国行新学制之中小学多采用商务课本，故此一代之青少年几无一不知有朱经农者。其思想，行为，学识亦深受此教科书之影响。

民十三年秋，兼任沪江大学国文系主任与教育学讲座。民十四年五卅惨案发生。圣约翰大学因升旗事件，学生全体退学，另创光华大学，邀经农主持教务，乃辞沪江职务。民十六年北伐军光复上海，立上海为特别市。黄郛出任市长，网罗名彦，邀经农任教育局长。十七年转任大学院普通教育处处长，主管全国中小学教育事宜。其时国民政府初立，有关中小学之法令规章，基础均奠于是时。大学院改组为教育部，留任普通教育司司长。民十九年春，兼代常务次长，后专任常次。十九年冬部长蒋梦麟离职，经农亦离教育部。民二十年春主持中国公学半年。夏，应齐鲁大学聘，任校长。民二十一年九月任湖南教育厅长，在职十年半。湖南教育经清末维新运动之提倡，又经地方人士之努力，已成国内教育最发达省份之一。经农任职后，更力求改进，深得地方人士之支持称誉。时在九一八后，经农本明耻教战之旨，于暑期召学生集训，激励爱国情操，训练军事技能。受训诸生感受极深，"朱厅长"之名亲如父兄。数年后抗战军兴，三湘子弟，转战南北，立功至伟。而湖南境内亦被敌人侵入，屡次进攻，屡次击退，学校多遭破坏。经农一方面料理学校之迁移安置，一方面于经费支绌，通货膨胀之艰难情形下，从事建设。十年中，从初期之整顿救济，进而入中期之实施小学义务教育，开人人"上学不要钱"之新纪元。小学数目自民二十二年之二万三千余所，增至民二十八年之二万七千余所。民廿九年六月更推行国民教育，配合新县制，完成每一乡镇有一六年制之中心小学，每一保有一四年制之国民小学。换言之平均每一百家即有一小学。失学儿童逐年减少。公私立中等学校由民廿一年时一百多校增至民三十二年时之二百五十余校。且分配全省各地，改正过去集中大城市之现象。高等教育方面，于民廿六年七月改省立湖南大学为国立，进步更多。私立湘雅医学院战时几陷绝境，经农极力支持，于民廿九年八月改为国立，得以继续。民三十年秋，经农又在南岳创办农、工、商三个专科学校。曾赋诗云：

风枝摇月影婆娑，凉露中庭发浩歌。

誉有丹心酬祖国，欲凭时雨化菁莪。

连云黉舍开南岳，照眼旌旗望汨罗。

教训十年堪一战，前方子弟楚人多。

时当长沙三捷之后，盖纪实也。

民国三十二年二月，被召入陪都任中央大学教育长，主持校务。三十三年三月转任教育部政务次长。胜利还都后辞职任商务印书馆总经理，兼光华大学校长。民卅五年十一月出席"制宪国民大会"，被选入主席团。宪法制定，为签字人之一。民卅七年十一月任我国出席联合国文教会议大会首席代表。会后经美国。时上海局势已变，乃留美从事著述。一九五〇年应康州哈特福德神学院聘，出任教职及研究工作。一九五一年三月九日，以心脏病逝世，年六十五岁。所译著主编之书甚多。如《明日之学校》（杜威原著）、《教育大辞书》、《现代教育思潮》、《教育思想》、《爱山庐诗钞》等，多由商务印书馆出版。详目见《爱山庐诗钞》。（朱文长据《爱山庐诗钞》中资料改写。）

朱庆澜（1874—1941）

朱庆澜，字子桥，或作子樵，浙江山阴（今绍兴）人。清同治十三年（一八七四）生于山东长清县，在北方长大，故兼有南方人的优良传统和幽燕刚勇正直的气质。为前清附生，任州县，有才干。供职奉天，历任凤凰、安东、锦州各厅县事，官声很好。后调奉天督练公所巡警总局办事，深为东三省总督赵尔巽赏识。清末赵氏移镇巴蜀，即奏调入川，任四川巡警道，旋任十七镇统制兼副都统衔，料理军务。辛亥保路风潮发生，清吏赵尔丰主格杀勿论，庆澜竭力劝阻。武昌起义后，以四川第三十三协统领被推为民军副都督，旋因政见不同，引退。民国元年，黑龙江都督宋小濂征为督署参谋长。二年十一月，任黑龙江民政长兼护军使，给镇安右将军号。三年改正官职，署理黑龙江巡按使。四年，授二等文虎章。袁世凯称帝，封为一等子爵。五年六月卸任。袁死黎继，改任广东省长。十月，授勋三位，加卓威将军。下令严禁烟赌，整理币制。六年，张勋复辟，首先通电申讨。国父回粤，西南各省联合作护法运动，即参加擘划，并电程璧光，鼓励海军南下，被任广东新军司令官，统辖二十营。七月改任广西省长，未就，退居上海。十一年，应奉督张作霖邀，出任中东铁路护路军总司令兼哈尔滨特别区行政长官，十四年春解职。五月，执政府任为胶澳商埠督办，未就。从此脱离政治生涯，献身社会事业，专心办理赈济，拯救灾黎。十六年，鲁豫旱灾，亲赴哈尔滨劝募振粮，又联合平津各慈善团体，募款一百八十万元，购粮散发，全活灾民数百万人。十八年，国民政府任为赈务委员会常务委员，又任东北赈务委员会委员长。十九年，陕西旱荒，赤地千里，饥馑载道，又力筹赈济，关中灾民得以延命。又因灾童无家可归者甚多，即在西安、扶风两地设灾童教养院收容之。二十年长江大水泛滥，被灾者六七省，又主持赈灾，以工代赈。人咸目之为大慈善家。同年春，国府任为监察委员，因欲专心致力赈务，亦辞不就。廿一年一月，值"九一八"事变之后，被聘为国难会议会员，又在北平设立辽吉黑热四省民众后援会，张罗人力物资，援助义勇军抗敌。七月，废战会派与陈立建、查良钊赴粤劝请停战。十二月，为抗日苦战之王德林部乞援。抗战以后，常往来前线后方，视察灾况，量情赈济。西出玉门，东走汴梁，南临巴渝，冒敌机和烽火之危险，一意为国事奔走。廿七年冬，黄河灾情惨重，复到洛阳视察，提议在陕西黄龙山开辟垦区，移灾民往垦。翌年春，亲上山履勘，主持一切。卒因辛劳过度而致旧病复发，于三十年一月十三日病逝西安，享年六十八岁。

其一生致力社会事业，不治家产，其做官，办政事，当慈善家，办赈济，完全以利他为出发点。夫人徐雅志女士，留学日本，为女教育家，曾在东北创办贫儿学校及崇德女中，蜚声中外。对于社会事业，亦极热心。（参考：陆曼炎《时贤别纪》、杨家骆《民国名人图鉴》。）

朱学会（1885—1924）

朱学会，字文伯，贵州平越人，生于民国纪元前二十六年。父一新，以进士起家，任云南县令，有政声。学会幼时随宦承家学，年十五，赴日本留学，习法律，毕业于东京中央法政大学。清宣统元年回国，应学部留学生毕业考试，授举人，次年廷试，授内阁中书。旋任河南官立法政学堂教员，兼自治筹办所所长。民国元年，任京师法政学堂教授，京师高等审判厅推事，继充庭长。民国三年，调任大理院推事，寻升庭长。民国八年，调任法律编修馆总纂，民法债权，由其总揽。民国十二年，调任大理院庭长，不就，改执律师业，兼任北京法政大学，朝阳大学教授。民国十三年十一月十二日病卒，年仅三十有九。

学会湛通法理，凡治一学，执一事，皆辨秩条贯，综理密微。讲学肫笃，学生感敬，治讼理察，同僚咸仰。晚好佛学，藐焉寡俦，竟以深思致疾，中道摧折，不克竟其所学。其友江庸筹辑其遗藁，掇拾残丛，仅得十许篇。（姚崧龄稿。参考：梁启超撰《朱君文伯小传》。）

吕碧城（1883—1943）

吕碧城，一名兰清，字遁天，号明因，后改作圣因，晚年法号宝莲，安徽旌德人。父凤岐，字瑞田，曾任山西学政。清光绪九年（一八八三）生。长姊清扬，字惠如，亦作蕙如；次姊美荪，亦作梅生、眉生，咸以诗文闻于时，有"淮西三吕，天下知名"之称。妹坤秀，亦工诗文。碧城于姊妹中尤慧秀，而虚侨特甚。诗文外，亦工画，善治印，并娴声律。英敛之（华）尝为刊行吕氏三姊妹集。九岁议婚汪氏。十二岁丧父，侍母乡居。舅严朗轩司榷塘沽，母命往依，冀得较优教育。碧城擅长声律，年十五六，偶有所作，为樊樊山、易实甫诸前辈所见，极称誉之。母严氏，为继室，与人争产，被掳，樊山任江宁布政使，碧城函请营救，幸脱险，乃汪氏认为不名誉，借词退婚。碧城方以才貌噪于时，遽蒙奇耻，所遇亦迄无惬意者，遂决意独立，不再字人。光绪廿九年（一九〇三），受聘天津大公报编辑，并在天津办北洋女子公学，译《名学浅释》。入民国，袁世凯聘为公府秘书，筹安会起，即辞去。七年冬赴美，入哥伦比亚大学。十一年自加拿大返国。十五年再游欧美，所至皆有吟咏，撰《鸿雪因缘》，以宣扬佛学为志，尤重护生戒杀，倡导蔬食。芳踪所到，颇为轰动。十八年，《吕碧城集》问世。二十年，辑护生崇佛言辞为《欧美之光》一册，各地佛教重版多次，流传甚广。并译佛经若干种为英文。三十二年一月二十四日卒于九龙，年六十一岁。遗命火化后，和面为丸，投海中，与水族结缘。所著尚有《信芳集》、《晓珠词》、《文史纲要》、《香光小录》、《雪绘词》、《观经释论》等。（参考：方豪《英敛之笔下的吕碧城四姊妹》。）

余嘉锡 （1883—1955）

余嘉锡，字季豫，别署狷翁，湖南常德人，清光绪九年生。自幼年起，即由父嵩庆（子澄，光绪二年进士）教习督课。五经、楚辞、文选既卒业，即命阅读四史、通鉴，学为诗古文，不使习八股时艺。十四岁，作《孔子弟子年表》。十七岁，购得四库全书提要，大喜，日夜读之不厌。遇有疑难，即检家中藏书分别考证，将有关文字写于"提要"书页上方，一年以后遂录为一册。其后五十余年的岁月，写定《四库提要辨证》四百九十篇。蔚成中国目录学空前巨构，实发端于此。

光绪三十四年十一月，货田宅入赀为郎。入都到官甫三月，父以年高弃养，于宣统三年二月呈请回籍。民国八年又走京师，尝馆某尚书家，年余而归，仍以授生徒自给。十七年五月复往北平定居，以迄辞世。在辅仁大学中文系讲授目录学、古籍校读法、世说新语研究诸课，曾兼编写讲义。并兼任该校中文系主任及文学院院长。又在北大兼授目录学。同时利用各图书馆及私人藏书家之图书，致力于四库全书提要考证的工作，集中心力于史部子部诸书。抗日战起，日军侵占北平，嘉锡自念平生精力所集，深惧亡佚，乃取史子两部写定之稿二百二十余篇排印数百册，以当录副。三十七年三月，以《四库提要辨证》一书当选中央研究院院士。自一九三七年至一九五二年，复先后写定经部稿六十余篇，集部稿百余篇，史子两部稿百余篇，共约二百六十余篇。一九五二年秋，因跌损右股，转成瘫痪，脑力日衰，乃勉强振作，将已撰成之四库提要辨证稿重加编定，共取四百九十篇，依四库提要书目次序排列，汇为一书，是为《四库提要辨证》定本，计分经部二卷、史部七卷、子部十卷、集部五卷，于一九五四年秋付刊。一九五五年病殁北京，年七十三岁。其婿周祖谟又将其单篇论文汇印成《余嘉锡论学杂著》二册。其他著作，有：《目录学发微》、《古书通例》、《世说新语笺疏》等，均为治中国古籍所必读。（参考：吴相湘《余嘉锡著〈四库提要辨证〉》、何广棪《关于余嘉锡先生》。）

宋哲元（1885—1940）

宋哲元，字明轩，山东乐陵人。清光绪十一年（一八八五年）九月二十三日生。民国元年，投效陆建章之左路备补军，入随营学校受基本军事教育。二年，左路备补军改编为京卫军，冯玉祥任团长，哲元隶冯团，任连长。三年，随军入豫，剿"白狼"。冯部改编为第十六混成旅，升营附。五年，入川剿匪，旋赴河南招兵。六年，任营长，参与讨伐张勋复辟，首入北京。七年，移驻常德。十年，随军护送陕督阎相文入陕讨陈树藩，灞桥一战有功，升任团长。十一年，出陕讨豫督赵倜，有战功，晋升第二十五旅旅长，北京政府任为将军，移驻南苑。十三年，任第十一师师长。十四年，任热河都统。十五年，受奉军压迫，退多伦，旋退绥远。冯玉祥自俄归，誓师五原，称国民联军，宣言全军参加中国国民党。十六年，冯部入陕，哲元任北路军总指挥，绥靖宁、陕。旋任第二集团军第四方面军总指挥。同年十一月，任陕西省政府主席。至十八年十月因参与国民军叛变，撤职。十九年十月，中原战争结束。哲元率部渡河入晋，通电听候中央处置。中央初令改编为东北陆军第三军，旋改编为陆军第二十九军，任军长。二十年八月，移驻冀南。九一八事变发生，率部下将领通电全国，请缨杀敌。同年十二月，任东北政务委员会委员。二十一年八月，任军事委员会北平分会委员兼察哈尔省主席，率部入察。二十二年三月，任第三军团总指挥参加长城战役，于喜峰口一役获大胜。塘沽协定签订后，回任察哈尔省政府主席，仍兼任军事委员会北平分会委员，行政院驻平政务整理委员会委员。二十四年六月，"张北事件"发生，为避免日人借口，自请免除察哈尔省主席职。七月，国民政府颁授青天白日勋章，八月，任平津卫戍司令。时日人策动"华北自治"，政府卑以捍卫华北重任。十一月，任冀察绥靖主任。十二月，政府明令设立冀察政务委员会，任委员长，兼河北省政府主席。同月，中国国民党召开第五次全国代表大会于南京，当选中央监察委员。二十六年七七事变后，任第一战区副司令长官兼第一集团军总司令，担任平汉线作战任务。旋调第六战区防卫津浦路，继复回隶第一战区。二十七年四月，以病辞第一集团军总司令职，专任第一战区副司令长官。七月，再辞第一战区副司令长官，专任军事委员会委员。经湖南、广西、贵州入川，在绵阳休养。二十九年（一九四〇）四月五日病逝。享年五十六岁。国民政府颁令褒扬，追赠陆军一级上将。（李云汉稿。参考：丁惟汾《追赠陆军一级上将宋公明轩神道碑》、李云汉《宋哲元与七七抗战》。）

宋教仁 （1882—1913）

宋教仁，字遯初，留学日本时改名宋鍊，别署桃源渔父或简作渔父，湖南省桃源县人，清光绪八年二月十八日生。民前九年，考入武昌文普通学堂。旋参加黄兴之华兴会，在武昌筹设支部，名曰科学补习所，策应总会。翌年，会员欲乘清太后诞辰，分长沙、常德、衡阳、岳州、宝庆五路举义，教仁奉命主持常德一路，正筹划间，消息外泄事败，又因学堂以其参加革命而除名，乃逃往日本。先进顺天中学，补习日英语，后入法政大学。民前七年，与黄兴、陈天华、程家柽等十余人，创办《二十世纪之支那》杂志，鼓吹革命，秘密运送国内。同盟会成立立即加入，被选为执法部检事。《二十世纪之支那》，本决定改为同盟会机关报，因刊《日本政客之经营中国谈》一文，为日政府查封，遂易名《民报》，继续出版。十一月，日政府颁布留学生取缔规则，乃与杨卓林、宁调元、胡瑛等发起联合会谋抵制，为清驻日公使奏请除名驱逐，不许留学，于是改名鍊，入早稻田大学习法政。民前五年，与同志白逾桓等往东三省运动马侠，成立同盟会辽东支部，不料碱厂招兵，风声走漏，逾桓被捕，遂易装逃回日本。民前四年，中日间岛问题起，清廷交涉将败，教仁采取各家著述，著成《间岛问题》一书，驻日清使购献外交当局，据以交涉，始解决难题。民前二年回上海，任民立报主笔。民前一年春，香港统筹部谋广州举事，遂于三月中旬到港，继陈炯明任统筹部编制课长，草拟一切布告令文，并拟如期入省会参加。迨赴省会时，先一日大事已败，只有折返香港，料理善后。事毕返沪，策划在长江流域分头筹备，一声令发，同时举事。遂与陈其美、谭人凤等筹组中国同盟会中部总会，于六月六日开成立会。教仁当选总务干事兼文事部，并筹设各省分会。民元，临时政府成立，出任法制局总裁。中山先生辞大总统职，袁世凯继任后，出任北京政府农林总长，旋辞职。为与袁世凯之共和党相抗衡，决以同盟会为主体，合并统一共和党、国民共进会、国民公会、共和实进会等组织为国民党。于八月廿五日在北京开成立会，选中山先生为理事长，教仁等八人为理事。教仁亲拟约法，力倡责任内阁制，主张总统虽可举袁世凯，然内阁必须由政党组织，始能发挥责任内阁制度之精神，惟不必出于己党。及国会总选举，国民党占大多数，遂沿江而东，经湘、鄂、皖、宁而至沪，其所主张宣传，已触袁之忌。民二年春，正式国会议员陆续北上，中山先生派教仁至北京代理国民党理事长，袁乃决计除之。卒买通凶手于三月廿日晚刺宋于上海车站，延至二十四日逝世，时年三十二岁。（参考：党史会编《革命先烈传记》及《国父年谱》上册。）

宋汉章 （1872—1968）

宋鲁，字汉章，从大清银行改组为中国银行后，即以字行。浙江余姚县人。清同治十一年（一八七二）生于福建莆田。少时肄业于上海中西书院（亦称中西学塾），习英国语文。卒业后，任职上海电报局。光绪廿三年（一八九七），进入中国第一家现代式银行——上海通商银行，任低级职员。廿五年，慈禧太后谋废光绪帝，另立溥儁为大阿哥（皇太子），史称"己亥建储"。上海电报局总办经元善联合上海绅商章炳麟、唐才常、蔡元培等一千二百余人，电总署争废立。经氏旋被严旨名捕，因偕汉章任传译，走避澳门、香港。卅二年，清廷改户部为度支部，户部银行改称大清银行，并附设储蓄银行于北京。储蓄银行总办钱镜熙委派汉章任该行经理。直至辛亥革命，储蓄银行停业，遂解职回沪，筹办上海中国银行。

民国元年二月，改组上海大清银行为中国银行。时陈锦涛任财政总长，委吴鼎昌为中国银行监督，汉章为上海中国银行经理。上海中行遂于是月五日开业。自此以后，他一直是中国银行的最高负责人之一。

当时，沪军都督陈英士因军饷不足，向中行索取五十万两银子为军费，汉章以不合手续，予以拒绝。旋有人诬告其伪造账目，侵吞大清银行公款。都督府派兵在沪西曹家渡将汉章诱捕拘押。事闻于司法总长伍廷芳，认为都督府非法拘捕，提出抗议，卒交保释放。

民国二年十二月，张嘉璈（公权）加入中行，任上海分行副经理，与汉章比肩削牍，彼此推重。五年，袁世凯称帝，需用浩繁，乃于五月由国务院令饬中国、交通两行，对于所发行之钞票，停止兑现，欲以二行之钞票发行基金换取外汇，购买军火，镇压国人反抗。宋、张两氏认为停止兑现，无异使人民破产，促使经济崩溃，毅然冒生命危险，拒绝奉行。此举不特巩固中行所发钞票的信用，提高中行在金融界的地位，对袁氏帝制运动，亦予以严重打击。

十四年，任上海总商会会长。十七年十月，中行改组董事会，张嘉璈任总经理，为全行最高行政首长，汉章及冯耿光等任常务董事，并兼中行独资创办之中国保险公司董事长。廿四年，中行改总经理制为董事长制，举宋子文为董事长，聘汉章为常务董事兼总经理。三十三年二月，宋子文专任外交部长，中行董事长由孔祥熙接任，汉章仍任总经理及常务董事。三十七年二月，孔辞职，由董事会改选汉章继任。至三十八年十二月辞职退休。晚年旅居香港。宋氏计前后服务于中国银行凡三十八年，连以前服务银行界经历计算在内，长达五十二年。其一生精力，完全贡献于中国现代化银行的草创、巩固和发展上面。一九六八年，逝于香港，享年九十六岁。

其哲嗣宋康宁为名牙医师。（采自：姚崧龄《中行服务记》、吴知竹《记宋汉章先生》）

沈曾植（1850—1922）

沈曾植，字子培，号乙盫，又号寐叟，浙江嘉兴人。清道光三十年（一八五〇）生。光绪六年（一八八〇）进士，用刑部主事。事亲孝，母多疾，医药必亲，尝终岁未尝解衣安卧，遂通医。迁员外郎，擢郎中，居刑曹十八年，专研古今律令书，由大明律宋刑统唐律，上溯汉魏，于是有《汉律辑补》、《晋书刑法志补》之作。曾植为学，兼综汉宋，而尤深于史学掌故，后专治辽金元三史，及西北舆地，南洋贸迁沿革。寻充总理衙门章京。二十一年，中日和议成，曾植请自借英款，创办东三省铁路，时俄之韦特西伯利亚铁路，尚未建议也，不果行。两湖总督张之洞，聘主两湖书院讲席。拳乱启衅，曾植与盛宣怀等密商保护长江之策，力疾走江鄂，决大计于刘坤一、张之洞，而以李鸿章主其成，所谓画保东南约也。旋还京，调外交部，出授江西广信知府。曾植为政知民情伪，而持之以忠恕，故事治而亲民。历署督粮道、盐法道，擢安徽提学使，赴日本考察学务。三十二年，署布政使，寻护巡抚。值江鄂皖三省军会操太湖，而适遭国衅，群情恟恟，民一日数惊，城外炮马兵哗变，曾植闻之，登城守御。檄协统余大鸿，驰入江防楚材兵舰，击毁东门外炮兵壁垒，黄凤岐夺回菱湖嘴火药局，一日而乱定。曾植在皖五年，重治人而尚礼治，政无巨细，皆以身先。其任学使，广教育，设存古学堂。又兴实业，创造纸诸厂。会外人要我订约，开铜官山矿，曾植严拒之。未几，贝子载振出皖境，当道命藩库支巨款供张，曾植不允，遂与当道忤。宣统二年（一九一〇），移病归。民国元年二月，逊位诏下，痛哭不能止。后卧病海上，民国十一年卒。著有《海日楼文集》。（参考：《清史》卷四七四。）

杜亚泉 （1873—1933）

杜亚泉，原名炜孙，字秋帆，号亚泉，别署伧父、高劳，自赴沪设立亚泉学馆，发行亚泉杂志，遂以别字亚泉行。清同治十二年（一八七三）生于浙江旧会稽县（今绍兴）伧塘乡。幼习举业，光绪十五年（一八八九）入旧山阴县泮。翌年晋郡城，从何桐侯受业，致力清初大家之文。二十年春，肄业省垣崇文书院。次年改习畴人术，初习中算，旋改西法，习代数。二十四年任绍兴中西学堂算学教员，并兼习理化与日文，购置制造局所译诸书，虽无师能自觅门径，得理化学之要领。二十六年秋，中西学堂停办，赴上海，提倡科学，设亚泉学馆，发行亚泉杂志，吾国之有科学期刊，此为嚆矢。二十七年，设普通学书室于上海，编译科学史地政治诸书，兼发行普通学报，而自为主撰。后因经营乏人，颇多亏折。二十八年，任南浔庞氏浔溪公学校长，为学生参考、实习计，辟图书、仪器二馆。又以传达文化恃印刷物，劝庞君购置印机及铅字以备用。不幸浔校未及一年，以学潮停办，其时鼓动学潮最烈之学生黄远庸，为民国初年名记者。二十九年回绍兴，与同人创越郡公学，自任理化博物教员。未几，以款绌停办。三十年秋，应张元济、夏粹芳邀赴沪，任商务印书馆编译所理化部主任，自是终其身凡二十八年。此后所致力研究者为政治、法律、哲学、音韵、西文、医药。馆中出版博物理化教科参考图籍，什九皆出其手，其篇帙最巨者，如动物学大辞典与植物学大辞典，皆为主编。民国元年，商务印书馆刷新东方杂志，请其主编，乃扩大篇幅，于世界大势，国家政象，社会演变，学术思潮，无不搜集编载，研究讨论，以贡献国人。历时八年，销行激增。亚泉虽以著作为业，而对于教育事业，未尝去怀。十三年，在沪创设中华中学，与子侄等，均任教职。支持两年余，卒以无力继续而停办。二十一年一二八之役，所居为日军炮火所毁，仓皇归里，家遂赤贫，仍在乡召集离馆旧同事，编译有用书籍，又到稽山中学任义务讲师。二十二年秋，患肋膜炎，医药累月，至十二月六日，卒告不治，享年六十一岁。

亚泉以治学、著书、作育人才终其一生，在中国学术界中，无论就自然科学言，就社会科学言，就文哲思想言，皆有其不朽之地位。其服务商务印书馆二十八年，所编教科书极多，大抵为数理方面。当民国初元之时，国内科学教育渐见发展，所借以为推进之工具者，即为其所编各种理化博物教科书。然他终不肯以数理自域，而常好根据哲理，以指导青年，改革社会。其毕生著作，多由商务印书馆出版，除《叔本华处世哲学》、《东西文化批评》、《人生哲学》、《博史》（开明书店出版）有单行本外，散见于一般杂志者，为数亦复不少。（参考：蔡元培《杜亚泉传》、张梓生《悼杜亚泉先生》。）

李叔同（1880—1942）

李叔同，初名康侯，一名息，字叔同，亦名文涛，二十六岁东渡日本，改名李岸。三十八岁在杭州皈依悟上人，法名演音，号弘一，又号晚晴老人（别署甚多）。原籍浙江平湖，清光绪六年九月二十日，生于天津河东区地藏前故居。幼时失怙，七岁读文选，琅琅成诵。戊戌政变后奉母居上海法租界城南草堂，攻读诗、词、金石、书画、戏剧，加入"强学会"从事社会改革运动。光绪二十七年就读南洋公学经济科，卒业后入日本东京上野美术专门学校攻西洋油画。宣统二年归国，参加"南社"，主太平洋报副刊笔政。执教天津工业专门学校，浙江两级师范学校（丰子恺、刘质平、王平陵、李鸿梁等，均为入室弟子），南京高等师范学校（东南、中央大学前身），桃李遍大江南北。民国五年诣杭州虎跑，断食习静，有省，自是皈佛，七年七月十三日礼悟上人为薙度师，出家虎跑。九月受具戒于灵隐。自后秉志道业，发心扶律，终年粗衣淡饭，甘之若素，破衲敝席，用之数十年不易，旧友夏丏尊等为其于上虞白马湖筑静室，亦谢不接受。而十六年其徒宣中华等在杭州有毁寺议，乃挺身而起，弭患无形。晚年尽力弘法，惟精力渐衰，于三十一年九月初四日（国历十月十三日）圆寂于福建泉州温陵养老院，年六十三岁。

遗墨印行者有写经、联语及李息翁临古法书等数十种，辑著有四分律比丘戒相表记、南山律在家备览及弘一大师律学遗著三十余种，一般佛学著作有晚晴集、晚晴山房书简等八种。（参考：容天圻《弘一法师李叔同》。）

李烈钧（1882—1946）

李烈钧，原名烈训，字协和，别号侠黄，江西省武宁县人。清光绪八年（一八八二）生。一九〇二年入江西武备学堂，一九〇四年冬由北京政府选送赴东京，入振武学校，旋加入同盟会。毕业后入四国炮兵十二联队实习一年，乃入日本陆军士官学校第六期炮科。一九〇八年学成归国回江西，任五十四标一营管带。一九〇九年出任云南讲武堂教官兼兵备道提调。一九一一年夏，奉派参观永平秋操，值辛亥武昌首义，乃道出九江，旋出任九江都督府参谋长。联合碇泊九江江面海军各舰反正，成功，任海军总司令。安庆弗戢，率舰往定之，皖人推为安徽都督。武昌告急，即率舰队往援，任五省联军总司令兼中央军司令。迨清帝退位，和议成，江西省议会举为江西都督，乃回赣就职。民国二年五月五日与湘皖粤都督通电反对袁世凯大借款，为袁免去都督职。自沪回湖口，被推为七省讨袁联军总司令。嗣为袁所败，亡命日本，即世所称二次革命。三年春，赴巴黎游学，八月欧战爆发，遂东归，阻于西贡，转至新加坡。筹安会起，入滇组护国军，任第三军总司令，率师入粤，降龙观光，下韶关，龙济光逃琼崖，广东悉平。六年护法军兴，任军政府参谋总长，十年春，讨陆荣廷克桂林。十一年陈炯明之变发生，与胡汉民等计议复广东。十二年三月，任闽赣边防督办。七月，回广州任参谋总长。十五年北伐，以国民党中央执行委员兼江西省政府主席。二十一年，任国民政府委员兼军事委员会委员。廿五年西安事变发生，迫蒋委员长回京后，国民党中央政治会议决定张学良应交军法审判，被公推为审判长。三十五年二月二十日逝于重庆，享年六十五岁。（参考：《国史馆馆刊》一卷三号。）

李登辉（1873—1947）

李登辉，字腾飞，福建厦门人。生于清同治十二年。幼年侨居马来亚，嗣迁美洲，就读美国学校，由小学而中学而大学受一贯西式教育。光绪三十一年（一九〇五），马相伯率其生徒于右任等脱离上海震旦学院，创立复旦公学，自任校长。时登辉已早毕业耶鲁大学，由于氏推介，应聘任复旦教授兼教务长。仿美国最完善之高等学府，手订复旦教务宏规。民国成立后，马相伯因公出国，乃继任复旦校长，王宠惠任副校长。民国六年，复旦公学改为复旦大学，设文、理、法、商四学院。因徐家汇李公祠校址狭隘，一面在江湾购地，预备建筑新校舍，一面亲赴南洋侨界募捐。民国九年归国后，江湾新校舍兴工建造。十三年，再赴南洋募捐，逾年归国，扩大校舍，充实设备，并添办实验中学。十六年招收女生。三十年来，除管理行政外，并亲授拉丁、英、德、法文诸课。生徒敬畏，不敢怠忽。民国二十五年春，因高年半退休，校务委诸吴南轩。翌年抗战军兴，吴氏迁校至重庆，因健康关系未同行，留沪督导部分师生所办之补习部及附属与实验两中学。抗战胜利后，学校复员回沪。仍逐日到校视察，风雨寒暑无间。因多年积劳，体质渐弱。三十六年七月三十日夜突患中风，遂卧病。至十一月十九日午后四时以肺炎长逝。享年七十五岁。登辉尝为中华书局英文总编辑，自编若干教本，如《文化英文读本》、《李氏英语文范》、《李氏英语修辞学》及《中国问题之重要因素》，皆传诵一时。（参考：吴南轩《李登辉先生传略》。）

李煜瀛（1881—1973）

李煜瀛，字石曾，笔名真民，真，石僧，晚年自号扩武。河北高阳人。生于清光绪七年（一八八一）五月初二日，为清军机大臣吏部尚书李鸿藻第三子。六岁熟读诗书，十五岁从名儒齐禊亭习汉学。二十一岁（一九○二），以随员名义随清廷驻法使臣孙宝琦赴法。入蒙达顿莪农校，历三年毕业。继入巴斯德学院及巴黎大学研究，于陆谟克（Jean-Baptist Lamarck，1744—1829）之生物进化哲学及克鲁泡特金（Petr A. Kropotkin，1842—1921）之互助论，独有心得。一九○六年，与张人杰、吴敬恒等发起组织世界社，出刊新世纪周报，介绍无政府主义，鼓吹革命。同年八月，由张人杰介绍参加同盟会。一九〇八年回国一行，数月后返法。一九〇九年设立豆腐公司于巴黎，提倡素食。尝以法文著《大豆》一书，为国人最早在法发表之科学研究论著。

一九一一年夏归国。武昌起义，与党人黄复生、赵铁桥等组织京津同盟会于天津，出版民意报。民国成立，赴宁谒国父，并与吴敬恒、蔡元培、汪兆铭等发起进德会，又与唐绍仪、宋教仁等发起社会改良会。旋赴北京创留法俭学会，设留法预备学校。二年，二次革命失败后，再赴英、法。三年，在法与蔡元培组织留法西南维持会，救助留学法国学生。四年，设勤工俭学会，并发起华法教育会，任副会长（会长蔡元培逝世后，任会长）。五年，创办旅欧杂志。六年十二月归国，应北京大学之聘，任生物学及社会学教授。八年，组织留法勤工俭学会，先后协助学生二千余人赴法工读。九年，创办中法大学于北京，任董事长。同年赴法，设中法大学于里昂。十二年，以中法大学理事长兼代校长。十三年，当选中国国民党第一届中央监察委员，其后连任至第六届。十四年，任政治委员。十五年，以"三一八惨案"为段祺瑞执政府下令通缉。十六年，赞助清党。十七年，北伐告成，任北平临时政治分会主席，国立北平大学校长，师范大学校长。十八年，任大学委员会委员。同年，国立北平研究院成立，任院长。二十六年抗日战起，数度往来欧美、香港、重庆间，致力国民外交。三十三年一月，获授一等卿云勋章。三十四年抗战胜利，回国主持北平研究院学术会议大会并督导复员。三十七年，应聘为总统府资政。

三十八年，赴瑞士。及瑞士承认中共，乃将其在海外创办之文化事业迁移乌拉圭之孟都。一九五二年中国国民党召开第七次全国代表大会于台北，当选中央评议委员，并为主席团。其后数年，不时往来海内外从事文化活动，恢复世界社等组织。一九五六年返台定居。一九七三年九月三十日病逝台北。享年九十有四。著有《石僧笔记》一种，遗稿《扩武自述》、《石僧随笔》等尚未刊行。（李云汉稿。参考：李云汉《李煜瀛先生事略》。）

李绮庵（1882—1950）

李绮庵，广东台山县人，清光绪八年生，世业农，弱冠毕业于两广师范及广东讲武堂。旋负笈赴美留学，于民前三年（一九〇九），在美国三藩市与李是男、黄魂苏诸人，组织"少年中国学社"，鼓吹革命。庚戌（一九一〇）广东新军事起，即在美奔走，筹款汇粤接济，其后国父孙公到美，组织同盟会于三藩市，被选为三藩市同盟会评议员，芝加哥同盟会评议长、波士顿同盟会会长。来往美洲各埠，劝导侨胞参加中国国民党。时波士顿举行首次飞机大演习，彼以中国记者身份，获准参观。观后深感飞机为国防重要利器，尤为中国今日需求最要者，随上书总理，陈述意见，当承函复嘉许。辛亥武昌起义，共和告成，随总理回国，被选为广东省议会第一届议员。民二，窥袁世凯有盗国阴谋，乃在粤议会提出弹劾袁氏，惜四省独立失败，遂走日本。迨袁氏称帝，奉总理命返粤，纠集北路民军起义，与龙济光军，鏖战数昼夜，终因后援不继，遂间道退入四邑，与同志李鼎辰、黄少泉、李寅忠、关耀眉、李若泉、廖达一、黎工佽等进袭台山县署，将县长汪观涛看管，并在台城居中指挥，筹给饷糈接济，嗣朱庆澜来粤主政，将民军交卸，回任省议员。自民国二年二次革命败绩，直至民国十二年讨陈炯明之役，中经十年，关于广东方面革命运动，无役不从。民十八年任国民政府侨务委员会委员，广东建筑中山纪念堂纪念碑管理委员会常务委员，中国国民党第四届候补监察委员。民廿六年，奉派赴印度、缅甸宣慰华侨，兼募救国公债专员。民廿七年，日寇攻陷广州，彼在中山、顺德、番禺、东莞等县，策动指挥忠义游击队伍抗日，战绩辉煌。民廿九年奉派为侨委会常务委员，并任美洲中国同盟纪念会执委会常委，革命纪念会常务董事。民卅四年被选为第六届监察委员。民国三十八年，来台，旋以年老体弱，前往香港疗养，于一九五〇年十一月病逝于香港，享年六十八岁。蒋"总统"于一九五一年一月五日明令褒扬。（李荣宗稿。参参：总统府公报二七六号。）

李仪祉（1882—1938）

李仪祉，原名协，字宜之，后以字行。陕西蒲城人。清光绪八年（一八八二）生。父桐轩、从父仲特，均为关中名儒，并对科学极饶兴趣。氏幼承家学，智慧过人，十七岁即中秀才，拔入泾阳崇实书院，与于右任同学。清末，关中水利失修，天灾频仍，乃决意弃举子业，博览中国河渠水利之书，以救乡救国为己任。后毕业于京师大学堂。宣统元年（一九〇九）考取西潼铁路局资送至德国柏林工科大学深造，入土木工程系。辛亥武昌起义，闻讯返国，民国二年复赴德入丹泽工业大学专攻水利工程，并与世界名水利专家恩格尔斯教授（Prof. E. Engles）相交游，质难析疑，研讨治黄河问题。民国四年学成归国，由全国水利局总裁张謇聘为南京河海工程专门学校教授。十一年出长陕西水利局，兼渭北水利工程局总工程师。翌年又兼任陕西教育厅长，又兼西北大学校长。十七年，出任华北水利委员会委员长。十八年，兼任北方大港筹备处主任，后改任导淮委员会兼工务处处长及总工程师。二十年，任国民政府救济水灾委员会委员兼总工程师，中国水利工程学会会长。旋又任黄河水利委员会委员长兼总工程师。

氏自出长陕西水利局后，即就关中水利，统筹规划，有陕西"八惠渠"之拟议，以解救关中历年水旱之灾。先自泾惠渠入手，于十九年兴工，廿四年竣工，为关中八惠之先河。成效既著，遂继以渭惠、梅惠、黑惠、汉惠、泔惠、褒惠等亦先后告竣。不惟陕西灌溉工程，示范全国，即昔日秦中苦旱、易子而食之惨史，当亦永不再见。其一生尽瘁水利，对数千年来为患之黄河，尤特别重视，并深具研究心得。抗战军兴，以陕西水利局长兼任陕西省动员委员会委员，在陕策动各种动员工作，对征兵征物及宣传等多所擘划，奔走呼吁，厥功甚伟，卒以忧劳过度，于廿七年三月八日病逝西安，享年五十六岁。国民政府明令特予褒扬。当其病笃时，受惠农民纷纷自动前往探视，壮者争往输血，老妇则圜跪庭院中，日夜分班，虔诵佛号不息。及闻病逝，室外满跪农民，哭声震天，如丧考妣，场面至为感人。其遗著在大陆出版者有《冰川学》、《最小二次方程》及《河工学》等；在台湾出版者有《李仪祉全集》，约三百万言，内分水工学术、黄河水利、江淮水利、华北水利、西北水利等。（参考：《国史馆馆刊》一卷三号及宋希尚《李仪祉传》。）

阮性存（1874—1928）

阮性存，字荀伯，原籍浙江省余姚县临山卫。清同治十三年九月初三日（一八七四年十月十二日），生于江苏省睢宁县，因其尊翁晋朋公，讳本焱，在睢宁任刑幕也。民国十七年国历一月二十一日，逝于浙江省杭州市平海路自宅，享年五十五岁。

阮亦曾习幕，早年在苏北各县任职即得气喘病，满清光绪三十一年，赴日本留学，时已三十二岁，入私立法政大学。次年，浙江省筹设官立法政学堂，聘为教习。此后，发起设立私立浙江法政学堂，任校长，当选咨议局议员，秘密策应辛亥杭州光复。民国成立，业律师，任杭县律师公会会长十余年。

民国五年，浙省以反对袁世凯称帝独立，浙人推吕公望任都督兼省长，吕礼聘阮任秘书长，以体弱只允任秘书，并荐陈时夏以自代。此为其第一次从政，只半年，北洋军阀入浙，吕离职，阮亦辞。

民国七年，阮当选浙江省议会议员，竞选议长，以对方贿选失败，只得五十九票。在议会中，所提质问及议案，以有关教育与民生者为多。其时，国内南北分裂，军阀混战。浙江省议会及杭县律师公会，每通电提出解决时局办法，文皆由阮执笔。民国十年，浙省制宪，当选起草委员会委员，为省宪之主稿人。民国十一年，浙省督军卢永祥，以废督裁兵相号召，约浙省各法团负责人谈话，阮起立呼卢为子嘉先生，众失色，卢亦为气夺。各法团乃推阮起草浙省军务善后大纲十三条授卢，推卢为督办，以六个月为期。期满，卢一事未办，各法团议延期，阮即席声明退席，并责卢不信。

在北洋军阀治浙期中，阮先后发起浙江国民外交大会，裁兵兴学救国游行大会，每抱病躬荷大旗，领导群众，游行全市。又发起组设国民大会筹备会，浙江省青年团，良社，善交社，以团结浙人，反对军阀。至地方建设方面，自清末至民初，由阮发起或赞助成立者，有杭州电灯、电话、印刷、纺织、机械、公路等公司及有关女子教育、习艺等校所，与浙江病院，多由其任董事长，出钱出力。

民国十六年，国民政府成立，任阮为浙江省政府委员兼司法厅厅长。其时法典均尚未公布，而阮在省府所贡献者，亦不限于司法一端。遂以久病之躯，积劳而致不起。逝世后，葬于西湖九里松石莲亭。国府明令褒扬，称其"精研法律，通达治术"，"凡所擘画，悉中窾要"。杭州市政府将法院前马路，改名为性存路。浙人并组设存社，每年举行社祭。（阮毅成稿。）

沈亦云（1894—1971）

沈亦云，原名性真，后改署景英，字亦云，乃以字行。其先世从浙江湖州府归安县迁居嘉兴，清光绪二十年生于嘉兴县。出身名门，早承家学。幼入表兄敔梦姜（嘉熊）出资所办之蒙养学堂读书。十三岁（一九〇六）考入天津北洋女子师范学堂，十六岁后到苏州景海女学（教会学校）读英文。辛亥革命时，在上海组织"女子军事团"，担任战斗、看护、募饷、缝纫等工作，至南北和议告成始解散，仍回苏州景海女学就读。时与黄郛（膺白）相识，志同道合，遂于民国元年十月结为伉俪。黄氏毕生尽瘁国事，亦云一直为其贤内助与政务上之重要助手。民国二十五年十二月，黄氏病逝上海，两人共同生活，凡二十五年。在此期间，正值国家多事之秋，凡黄氏所经历之大事，亦云不仅保存了第一手史料，且对其前因后果及相关人物亦知之最详。黄氏逝后，亦云乃立意撰写回忆录，拟将黄氏一生及苦心孤诣、抒忠任怨之一切心迹，详析而沥陈之。抗战期间，亦云留沪创办南屏女子中学，成绩斐然。胜利后，恢复莫干山小学及开办蚕场、牧场，尤费苦心。一九五〇年一月离沪，经香港赴美。其历经变乱而保存多年的材料，亦一并携往美国。定居后，即开始整理并撰写其回忆录，定名为《亦云回忆》。初稿于一九六〇年完成，颇为学界所重视。修订稿自一九六四年二月开始在台北《传记文学》杂志连载，前后达三年之久，一九六八年，正式编入"传记文学丛刊"出版。发隐阐微，足以供国史之搜采。亦云为其回忆录之编印出版，往返纽约与台北者凡四次之多，三十余年心愿，于焉完成。中山文化基金会曾颁予学术著作奖。一九七一年十一月十五日病逝美国纽约寓所。享年七十八岁。

汪兆镛（1861—1939）

汪兆镛，字伯序，号憬吾，晚号清溪渔隐。广东番禺人。清咸丰十一年（一八六一）生。幼聪慧，十岁能诗，年十八侍从父谷庵读书随山馆，致力于经史古文词。举学海堂专课生，为东塾先生陈澧（兰甫）之高足。光绪六年（一八八〇）补县学生，十一年以优行贡成均。考用知县。十五年举于乡，两应礼部试不售，遂南归，以刑名之学游于州县幕者有年。及岑春煊总督两广，慕其名，延入幕府司章奏，备加敬礼。岑去任，奏保四品顶戴，以知县分发湖南，而不乐仕进，伍廷芳出使美国，奏派参赞，亦辞不就。民国以还，地方多故，避地澳门，不问时事，以吟咏著述自适。与归安朱祖谋、义宁陈三立、仁和叶尔恺、海盐张元济、钱塘张尔田等为文字之交，咸相推挹。于学无所不窥，尤淹贯于史部，邃深于金石，订讹补坠，多前人所未及，其精核处，方之钱竹汀宫詹，未遑多让。著书等身，有《孔门弟子学行考》四卷、《补三国食货、刑法志》各一卷、《晋会要》十六卷、《广东元遗民录》二卷、《续碑传集三编》五十卷、《微尚斋杂文》八卷、诗二卷、续四卷、《雨屋深灯词》一卷、续二卷、《岭南画征略》十二卷、续一卷、补遗一卷、《续贡举表》一卷、《番禺县续志》四十四卷、《山阴汪氏谱表》一卷、附录一卷、《道德经撮要》一卷、《棕窗杂记》八卷、《澳门杂诗》一卷、辑刻《五百四峰草堂集外诗》二卷、《东塾遗诗》二卷、《忆江南馆词》一卷、补遗一卷及《微尚老人自订年谱》等。民国二十八年卒，享年七十九岁。（采自《大陆杂志》第二十七卷第三期《汪兆镛先生传略》。）

汪敬熙 （1897—1968）

汪敬熙，字缉斋，江苏吴县人。清光绪二十三年生，民国八年毕业于北京大学经济系，在校曾参加"新潮社"，鼓吹新文化运动；亦为最早白话短篇小说作者之一，在《新潮》发表有《雪夜》、《一个勤学的学生》等文。

民国九年，穆藕初捐款选送北大毕业生六人赴美留学，敬熙为膺选人之一。赴美后入霍普金斯大学研究心理学与生理学，十二年得博士学位。次年回国，历任河南省立中州大学、国立中山大学、国立北京大学教授，自民国二十三年起任中央研究院心理学研究所所长。研究所在其主持下，从事于生理心理及神经解剖等项研究，随后又着重于胚胎行为发展与神经系统发展关系之研究。三十七年四月，被选为中央研究院院士。其著作专书有：《科学方法漫谈》及《行为之生理的分析》等，此外有论文三十五篇。

三十六年应联合国文教组织之聘，携眷至巴黎，担任自然科学国际科学合作组主任。一九五四年赴美在霍普金斯大学作三年研究，随后至威斯康辛大学继续生理学研究，其《出汗的神经管制》一书，一九六四年由威斯康辛大学出版部出版，被认为是"一个优良的著作"。原拟于一九六八年六月退休，返台接受国防医学院客座教授之聘，并参加中央研究院院士会议。只以糖尿症突然加重，药物不能控制，而于一九六八年六月二十日在美国威斯康辛州迈迪生城郁郁自裁以终，享年七十二岁。（参考：《汪敬熙先生事略》。）

吴　梅（1884—1939）

　　吴梅，字瞿安，一字灵鹪，晚号霜崖，江苏长洲（今吴县）人。清光绪十年（一八八四）七月二十二日生。三岁丧父，十岁丧母。茕茕孤苦，徬徨无靠，家道陷入困境。幸吉灵公爱其聪慧，收为嗣孙，予以教养。十二岁从潘少霞游。氏虽聪慧，然科名至不顺利。十八岁始以第一名入县学，次年食廪饩。秋应江南乡试，不中，遂不复留意科名。肆力于诗古文词，并偷闲读曲。光绪三十一年，至东吴大学堂任教席。宣统二年，主持存古学堂。民国成立，应南京市立第四师范之聘，主讲国学；二年，改任上海民立中学教席。六年秋，应北京大学之聘，主讲古乐曲，每一登坛，听者争先恐后。在北大五年，得士甚众，以江都任讷（中敏）最著名。十一年秋，改应国立东南大学之聘，前后五六年，所得门弟子亦伙，以金陵卢前（冀野）最著名。十六年东南大学停办，应广州中山大学之聘。十七年任教上海光华大学。其后，东南大学易名中央大学，在南京复校，再迎其归去。旋又在金陵大学兼授词曲。二十六年"八一三"沪战爆发，举家迁至湘潭。二十八年一月转抵云南大姚县李旂屯，三月十七日病逝，享年五十六岁。国民政府于四月二日明令褒扬。瞿安精词曲，并世推为大师，实则诗文亦不弱。其对曲学不仅能写作，能斠律，而且能吹能唱。早年列名南社，喜以词曲策励革新，著《血花飞传奇》以歌颂戊戌六君子；填《小桃红曲》以悼秋瑾。遗著多由卢前整理刊布。其文，具载在《霜崖文录》；其诗，具载在《霜崖诗录》四卷；其词，具载在《霜崖词录》一卷；其曲，具载在《霜崖曲录》二卷及《霜崖四剧》。此外论词曲的著作，则有《词学通论》、《南北词简谱》十卷、《词余讲义》、《顾曲麈谈》、《中国戏曲概论》、《曲学通论》、《元剧研究》、《辽金元文学史》、《元曲研究ABC》等，皆为治诗、词、曲者所必需的珍本。其藏曲之富，一时无两。盖南北遨游，手自搜罗者垂三十载；益以朋好所贻，弟子所录，架积日多，盖六百余种。因于民国十八年择其尤者一百五十二种，计散曲十一种，杂剧六十五种，传奇七十六种合刊为《奢摩他室曲丛》，交商务印书馆印行。与彊村刻词，并峙于当代。惟至二十年春仅印出二辑三十四种，"八一三"沪战起，存馆底本尽毁于火，曲丛亦中辍，为戏曲研究一大厄。（参考：卢元骏《吴梅》、梁容若《吴梅先生传略》。）

吴昌硕（1844—1927）

吴昌硕，名俊，又名俊卿，原字仓石，晚年改为昌硕，以字行，别署缶庐、老缶、缶道人、破荷、苦铁、晚号大聋，浙江省安吉县人，生于清道光二十四年（一八四四）八月初一日，卒于民国十六年农历丁卯十一月初六日，享年八十四岁。门弟子尊谥曰"贞逸先生"。清增贡生，纳赀为知县，试令江苏，充臬司收呈员至十余年，及直隶州补用知县，秉性高洁恬澹，曾司官安东令（即今江苏省涟水县），江北多盗，莅官两月，以缉捕为苦，且疏放不耐繁剧，即乞休去。鬻书画于上海。善摹石鼓文，凝练遒劲，可以继美邓石如，画以力胜，山水多奇作，花木尤所擅长，所作松梅兰石，综合八大、石涛、冬心诸人之长，用笔又以篆隶之法出之，故能自成一家。其画菊至不可辨识，海内翕然称之。桃李遍天下，名家如陈师曾、王一亭辈，俱出其门墙。其篆刻上取鼎彝，下挹秦汉，旁及封泥陶器，雄浑苍穆，大气磅礴，迈于前贤，蔚为印坛盟主，为元、明、清以来一人。其诗清峻绝俗，奇气坌溢，以真朴见胜，特为画名所掩，故不以诗名家也。其书法古茂遒劲，并世无能抗手。著有《削觚庐印存》、《缶庐印存》、《缶庐诗存》等。卒葬浙江省杭县塘棲镇超山之梅丛中。原配同邑过山章氏，未婚，在洪杨之役殉难。续娶吴兴菱湖施氏，生三子。长育早殇。次涵，字子茹，号藏龛，擅书画篆刻，著有《古田家印存》。三迈，字东迈，为沪上昌明艺术专科学校校长。一女次蟾，工隶书，适乌程邱养吾。有五孙，次孙志范，字瑶华，以字行，幼承庭训，娴知缋事，历任浙江省政府参议，监察院专门委员，简任秘书。君苗笔研，代有传人。（参考：《民国名人图鉴》、《中国近代学人象传》初辑。）

吴敬恒（1865—1953）

吴敬恒，原名眺，字稚晖，曾署朏庵。清同治四年乙丑二月二十八日（一八六五年三月二十五日）生。江苏武进人。耕读传家。六岁丧母，家贫，几至无以为殓。随外祖母归养于无锡，以至成立。故亦有称其为无锡人者。天资颖特，自幼头角崭然。七岁入塾启蒙，十八即开始教读。治《皇清经解》有功力，长于史论，文学桐城派古文笔法，对诗赋喜读而不常作。

二十三岁入县学，二十五岁入江阴南菁书院，二十七岁辛卯（一八九二）乡试中式。二十八岁入京会试，试卷经"堂备"而未中。试后仍回南菁。山长为定海史学大师黄以周，有座右铭曰："实事求是，莫作调人。"此铭予吴启发甚深，终身服膺勿渝。次年改入苏州紫阳书院。

自甲午（一八九四）三十岁，至癸卯（一九〇三）三十九岁，十年之间，在津、沪各地教书。初任天津北洋学堂教习，后回上海，任南洋公学学长。时局激荡，思想日进。辛丑（一九〇一）正月，在南洋提倡群智会，行学生在教室轮讲制，并倡发给学生枪械练军之议，后者未果行。是年三月，东渡日本，于东京就读高等师范。冬，友人陆炜士在粤，任两广总督陶模幕友，函约敬恒及钮永建回国，分别筹备广东大学堂及广东武备学堂。次年，携同青年学生再赴日本。时蔡钧任清廷驻日公使，有江苏、浙江、江西自费生九人拟入成城学校，即士官学校预备学校，蔡不允保送，出而交涉力争，蔡怒，竟报警以"妨害治安"罪名，驱逐出境，乃预怀绝命书，愤而投水，遇救，得不死。蔡元培时亦在日，闻讯，亟护送同归上海。十月诸友组爱国学社。癸卯正月，开始于张园演说，鼓吹革命；并参加苏报笔阵，掊击清廷。苏报案发，走香港，转伦敦。

乙巳（一九〇五）春，国父走访之于其伦敦寓所。是年冬，加入同盟会。益自奋勉，博览群书，贯通多种学科，成《荒古原人史》、《天演图解》及《上下古今谈》，旨在传播科学知识，及进化原理，而以浅显之说部出之。

时张人杰（静江）、李煜瀛（石曾）亦均在欧，相约于巴黎成立"世界社"，发刊《新世纪》。吴以"夷""燃""燃料"以及其他笔名，发挥革命谠论，以排斥清廷。武昌起义，即经由德、瑞、意乘轮东回。

民国肇建，蔡元培任教育总长，邀其推行国语注音字母工作。二次革命失败，与蔡氏赴欧。民四，袁称帝，与李煜瀛、张继诸氏，发起组织"世界编辑社"。夏，又与李煜瀛氏等发起留法勤工俭学会，提倡以工兼学。民五，袁死，回国，于沪与钮永建办中华新报，主笔政。民六，一月，蔡元培就北京大学校长，聘为北京大学学监，辞未就。七月，范源廉任教育总长，拨款请其编注音字典，乃审定一万三千余字，交商务印书馆于八年九月出版。民七，应聘至唐山路矿学校（即唐山交通大学前身）任国文教员。民九，西南海外大学之议成立，辞唐山教员职，赴法视察里昂中法大学校舍。民十，回国招生，率学生一百余人赴法，任里大校长。十一年陈炯明叛变，于次年回国，奔走于京、沪、粤间，劝陈悔过讨贼，不听。民十三，出席中国国民党第一次全国代表大会，被选为第一届中央监察委员，嗣后历届当选连任，以迄于一九五〇年，至中国国民党改造，始改任中央评议委员。十四年，国父逝世，参与治丧，扶枢移灵。旋在北京小南街创办海外补习学校，国民党人子弟就读者甚多。

民十五年六月，今"总统"蒋公受任为国民革命军总司令，誓师北伐，吴代表中央授旗，为我国革命史展开崭新之一页。由是而统一全国，开始训政。再受教育部聘担任国语统一筹备委员会主席，积极提倡注音识字运动，对教育之普及和国语之统一，有莫大贡献。二十六年七月，卢沟桥事变突发，而有全面抗战。屡历艰险，然犹始终坚持抗战国策，绝不摇动，其思想言论，为发扬中华民族精神之砥柱。三十四年八月，日本投降，胜利还都，实施宪政。后中枢播迁，进入反共"戡乱"时期。凡值艰危，辄翊赞中枢，决疑定难，有关国家安危甚大。

其所任职务，除中央监察委员外，先后为国防最高委员会委员，中央研究院院士，"国民大会"代表，"总统府"资政。中国国民党改造，又被选中央评议委员。凡此或为党务，或为学术研究，或为民意代表，或备咨询，皆义不容辞者。一九五三年十月三十日，病逝台北，享年八十有九。十二月一日，遵其遗嘱火化，海葬金门。生平著作甚多，中央党史会为编印《吴稚晖先生全集》十八册行世。（参考：《革命人物志》第二集。）

吴鼎昌（1886—1949）

吴鼎昌，字达诠，别署前溪，原籍浙江吴兴，其先人游宦四川，定居成都，遂寄籍四川华阳，应县试，获隽入学。清光绪末年，以四川官费留学日本，毕业东京高等商业学校。留学期间，曾加入同盟会。归国后，应宣统二年九月，游学生毕业考试，获授进士。宣统三年，获授检讨。先后任北京法政学堂教员，奉天本溪湖铁矿局总办，江西省大清银行分行经理，上海大清银行监督等职。民国元年二月，大清银行改组为中国银行，奉南京临时政府委任，与大清银行商股股东商订改组章则，旋被派为中行监督。民国二年，南北统一，赴北京成立中国银行北京总行，及天津分行。嗣与财政总长周学熙意见不合，辞职。三年任天津造币厂监督，寻任政事堂，国务院参议，造币总厂监督，财政次长等职。八年任南北政府议和之北方代表。九年任盐业银行总理，发起金城、大陆、中南、盐业四银行联合准备库，并任该库主席。十五年接办天津大公报，任社长，负财务责任，兼主持有关财政经济社论撰写事宜。二十五年，接受国民政府征召，任行政院实业部长。二十七年出任贵州省政府主席，历时六年，几与抗战相终始。三十四年内任国府文官长。三十七年改任总统府秘书长。三十八年避居香港。病逝旅次，年六十三岁。实生于民国纪元前二十五年。

吴氏早年曾隶同盟会，二次革命后，即留仕北京。民国二十五年，始参加国民政府。为人颇富谋略，任事有魄力。虽任盐业银行总理多年，因非一手创办，建树不多，不如在新闻事业上之成就。天津大公报在其接办前，已濒破产，经其接收改组后，由胡政之任经理，张季鸾主笔政，三人同心协力，各尽所长，不数年间，声誉鹊起，风行海内，形成我国一时之舆论权威。抗战期间，复获国际重视，曾接受美国米苏里大学新闻学院荣誉奖状。（姚崧龄稿。参考：文守仁《吴鼎昌传略》。）

吴铁城 （1888—1953）

　　吴铁城，广东省中山县（原称香山县）人，清光绪十四年生。七岁就读于九江新安会馆私塾，十四岁由私塾转入专馆，越三年，入九江美以美会所办之同文书院，二十岁毕业。由林森介绍加入同盟会。辛亥武昌首义，九江响应，组军政府，出任参谋次长兼外交部长。民元六月，随孙中山先生入北京，西游太原，后返上海。二次革命失败，赴日本入明治大学，专攻法律。民三，国民党改组为中华革命党，又率先加入。民四，奉派赴檀香山主持党务，并应华侨自由新报聘为主笔。民五回国，往来香港澳门，组织民军讨袁，袁死黎继，国会重开，以功授二等大绶嘉禾勋章。民十，任大本营中将参军。旋竞选为中山县首任民选县长。十一年陈炯明叛变后，粤军二次回粤，中山先生再组政府，奉令领全省警务处兼省会公安局长，建广东省警卫军，并创设警卫军讲武堂，考选各省革命青年，入堂习军事，旋并入黄埔军校第二期。民十三，协助黄埔军校蒋校长戡平广州商团变乱。民十五，任第六军第十七师师长。民二十一年，任上海市长。二十六年春任广东省政府委员兼主席，不及五月，对日全面抗战开始，延至廿七年冬随军事转进而离粤。二十八年春由粤至渝，旋奉密令主持港澳党务，兼指导闽、粤两省宣传抗战。民二十九任海外部长，赴南洋宣慰华侨，由香港而菲律宾，偏历东印度巴达维亚、爪哇、苏门答腊、麻六甲、马来亚、缅甸各邦，经一百三十城市。民三十年春，自南洋回国，出任中国国民党中央党部秘书长。三十四年日本投降后，当选行宪后第一届立法委员。三十七年冬出任行政院副院长兼外交部长。一九五三年十一月十九日病逝台北，享年六十有六。（参考：《吴铁城先生回忆录》、《吴铁城先生纪念集》。）

岳维峻（1883—1932）

　　岳维峻，号西峰，系出岳飞后世，自汤阴迁陕西蒲城伏龙村，遂为蒲城县人。清光绪九年（一八八三）生。魁梧有力，善骑射，年十六补武学生员。性喜任侠，不欲应武试。父殁，遂弃功名，从井勿幕、胡景翼、李襄初等投身革命，由井介绍入同盟会。卒业教导营，历充连营长。武昌起义，关中响应，随井勿幕宣抚渭北，转战运城有功。袁世凯称帝，护国举义，与胡景翼潜谋起兵。民国六年，与胡景翼、刘守中、张义安起兵三原，称靖国军，为前敌总指挥，又代胡景翼为第四路总司令。十一年第一次直奉战起，与冯玉祥入河南。十三年直奉再战，与胡景翼、冯玉祥、孙岳、邓宝珊密定大计，组国民军，任第二军总指挥，与冯联军入北京。复南下平豫西之乱。十四年四月，胡景翼卒，氏以第二师师长继胡为河南督办。十五年，国民革命军北伐，与冯玉祥改组前国民一、二、三军为国民联军，任南路军总司令，与革命军会于中原。寻中央改编国民联军为第二集团军，遂任第二集团第五方面军总指挥，声援北伐。其后所部改编为陆军新一师，任师长，旋升为陆军第三军副军长，适太夫人病，辞职赴沪侍疾。十八年秋，蒋总司令任其为陕西招抚使，复被任为豫西警备令。调守洁河，往援周口，兵不满五千，当十倍之敌，战守数月，武汉恃为屏蔽。复出奇破敌许昌，改编陆军第三十四师，任师长，驻孝感。会豫、皖、鄂边区"匪众"屯聚奔突，连陷各城，奉命前往"堵剿"。二十年三月，率部骤入要隘，身陷重围，备历艰苦，为国军内应；事泄，遂于二十一年八月十一日在河南光山县新集镇被支解而死，享年五十岁。平生身历百战，宅心仁厚，任事忠诚。国民政府明令优恤，予公葬，赠陆军上将。（采自：于右任《陆军上将岳公西峰墓志铭》。）

居　正（1876—1951）

居正，字觉生，别号梅川居士；初名之骏，号岳崧。湖北广济人。生于清光绪二年（一八七六）十一月八日。一九五一年十一月二十三日卒台北。于七岁启蒙，十五岁始习八股文，二十四岁以院试第一入县学。光绪三十一年赴日留学，入法政大学。加入同盟会。继入日本大学本科法律部。三十三年赴新加坡，加入中兴日报，与保皇党之总汇报笔战。旋往仰光主持光华日报。至宣统二年被勒令出境，光华日报停刊。宣统三年二月往汉口，联络新军。十月武昌起义，奔走沪汉间。民国元年元旦，国父就任临时大总统，任内务部次长。二年一月，当选为参议院议员。二次革命失败，亡命日本，加入中华革命党，任党务部长，民国杂志经理。五年五月至山东组织中华革命军东北军，任总司令，占潍县，攻济南，威震山东。民六、七年间，随国会南下护法。八年十月至上海任中国国民党本部总务部主任。十一年五月至广州任中华民国政府内务部长。十三年一月国民党改组，当选中央执行委员，并任常务委员。后往上海转宝山乡居，闭门谢客。十四年十一月至北京参加西山会议。次年，上海中央党部成立，任组织部长，独力支撑。十六年九月宁汉合并，南京成立特别委员会，被推为委员之一，十二月去职。十七年夏搜集清党史料，在上海编印《清党实录》。

二十年十二月，被任司法院副院长，次年一月代理院长，并兼任最高法院院长。三月正式任司法院长，计在职十六年半。三十七年七月一日交卸司法院长。在此之前已当选监察委员。三十八年十一月来台湾。按时出席监察院会议，并从事撰述，尤注意保存革命史料，因继民十七年在上海江南晚报刊布《辛亥箚记》体例，复撰《梅川日记》，刊于香港民主评论。一九五一年十一月二十三日持笔撰《张振武死义事》，至夜阑不懈，十一时遽而逝世。享年七十六岁。卒后有《居觉生先生全集》行世。（蒋永敬稿。参阅：吴相湘《民国百人传》第二册《居正革新司法》。）

周鸿经（1902—1957）

周鸿经，字纶阁，江苏铜山人，生于前清光绪廿八年壬寅正月十一日。七岁入学，寄读于族人周德瑞的家塾里。民国四年十四岁时，进铜山第一高等小学，始习数学。由于他在这一方面天才的卓越，就对数学特别发生兴趣，每次考试，总是名列前茅。

民国七年，考入国立南京高等师范附属中学，备受各教师的赞许，尤其是一位教算学的倪若水和一位教文史的孙本文。十年，南高改为东南大学。次年，他毕业于附中，以成绩为全班之冠，免试直升，入东南大学文理科算学系肄业。当时算学系的教授，如熊庆来、何鲁、段子燮、周家树等，都素有重名，在他们海诱之下，学业更有长足之进步。算学之外，兼从刘伯明、柳诒徵、吴梅研究哲学、历史和文学。

东大毕业后，在厦门大学数学系任助教一年，又在南京中学任教员一年。继即北上，应清华大学之聘，讲授微积分。廿三年夏，考取庚款留英公费生。当年秋天，放洋赴英，进伦敦大学的大学学院，系主任葛莃雷（G. B. Gerfery）和导师鲍桑桂（L. S. Bosanguet）皆特加青睐。廿五年夏，应硕士考试，他的论文题目是《半调和函数的性质》，主试的是世界数学权威剑桥大学的哈代教授

（G. H. Hardy）对他成绩称誉备至，因而给以特优星号的理科硕士学位。

二十六年返国，受国立中央大学之聘，任理学院数学系教授。二十六年兼师范学院数学系主任，卅年至卅二年兼训导长，卅三年又兼中央干部学校教授。是年冬，应印度之聘，赴孟买研究。次年返国，仍任教中大。

胜利后，任教育部高等教育司司长。襄助部长朱家骅处理部务，诸如大学课程标准的厘订，各大学复员的安排，学生的分发，和各地学潮的应付，煞费心力。行政能力极强，而且遇事果敢，胆魄过人。三十七年春，辞高等教育司司长，当选为大专教员团体立法委员，并任中央大学教务长，代行校务。同年八月，正式改任校长。

卅八年夏，应中央研究院院长朱家骅之约，出任中央研究院总干事，跋涉台粤之间，办理迁院事宜，并在台北市南港筹建新舍，增加新研究所。复兼数学研究所所长，同时在台湾大学任教。一九五〇年创设自然科学促进会，被推为理事长，一九五一年又兼正中书局董事长。

一九五六年十月应美国国务院之邀，前往康乃尔大学讲学研究，并考察美国各大学教学研究，同时也为中央研究院物色工作人员。原定十月为期，期满即行返台，不幸以肝癌之疾，割治无效，于一九五七年五月七日在纽约州绮色佳去世。享年五十有六。

他在数学上主要的贡献，是"幂级数和夫里级数"之可和性。从廿六年起，一共完成了论文廿一篇，都先后在伦敦数学会会刊，伦敦数学会杂志，牛津数学季刊发表过，另外有一篇还没有脱稿。

一九五七年四月间，接到英国鲍桑桂信，谓伦敦大学拟授以博士学位，向他要全部论文。乃写信给他的侄儿周广周，嘱其将论文检出，先请李新民教授代为校阅，不料论文还未寄出，而噩耗已经传来。（参考：《周鸿经先生事略》。）

邵元冲（1890—1936）

邵元冲，字翼如，浙江省绍兴县人，生于清光绪十六年。幼读私塾，十七岁入浙江高等学堂。二十岁，选清宣统己酉科拔贡生。廿一岁考得法官职，分发江苏，充镇江地方审判庭长。后加同盟会。寻赴日本谒见中山先生，参与革命工作。民国成立，自日返国，任上海民国新闻编辑。民二赴江西，襄助李烈钧讨袁。讨袁军败，复去日本，从中山先生筹组中华革命党。民三，奉命与夏尔屿规复浙江，事泄，几罹难，乃去沪佐陈其美。旋又随居正图山东，转战十余城。六年九月出任广州大元帅府机要秘书。八年，中华革命党改为中国国民党，奉命视察海外党务，遍历英、法、意、德、俄诸国。赴美先后肄业于威斯康辛及哥伦比亚大学。十二年，衔命与今"总统"蒋公代表国民党赴苏俄考察。十三年春，被选为国民党中央执行委员。夏，自欧洲归国，又代理国民党中央常务委员兼政治委员会委员，大本营法制委员会委员，粤军总司令部秘书长，黄埔军校教官代理政治部主任等职。冬，随中山先生北上，兼北京民国日报社社长。十四年，任潮梅海陆丰行政长。既而在沪设中山学院，被推为院长。十五年任国民党中央执委会青年部长。十六年国民政府奠都南京，出任浙江省政府委员兼杭州市长。十七年充广州政治分会秘书长。立法院初建，任立法委员，兼立法院经济委员会委员长。十九年特任考试院考选委员会委员长。旋选任国民政府委员、立法院副院长代理院长，兼充全国经济财政及首都建设三委员会委员。二十一年选任考试院副院长，未视事。复任立法院副院长、代理院长。二十二年专任副院长，兼中央政治会议委员，宣传委员会主任委员，党史史料编纂委员会主任委员等职。二十四年春辞宣传委员会主任委员。冬辞立法院副院长，专领党史史料编纂委员会。二十五年冬因事赴西安，晋谒蒋委员长，事已有绪，遇张杨事变，寓西京招待所，为乱兵射杀，十二月十四日卒于陕西省立医院。享年四十七岁。

元冲为学治事，皆有恒程，虽在播迁中，日记不废。性好书，暇辄徜徉旧书肆，有余财尽付书贾，积中西书十余万卷。遗著行世者，有《心理建设论》、《各国革命史略》、《孙文主义总论》、《建国之路》、《军国民诗歌选》、《民族正气文钞》、《美国劳工状况》。特刊者，有《国家建设论》、《经济建设论丛》、《教育建设论丛》、《总理护法实录》、《中华革命党略史》、《中国政治文选》。已完稿者，有《毗梨耶室随笔》、《省察日录》、《知愧日箴》、《读书日录》、《东美鸿爪录》，其他玄圃诗文集若干卷，都五十万言。（参考：《邵翼如先生殉国十五年纪念特刊》。）

林　森（1868—1943）

林森，字子超，号长仁，又号天波，晚年别署青芝老人。清同治七年二月十一日生于福建省闽侯县（今改林森县）。六岁始读经书，一八七七年入美国教会设立之培元学校肄业，一八八〇年毕业，翌年考入美国教会设立之鹤龄英华书院，各科课本均为英文，肄业三年，一八八四年冬，赴台湾任职台北电报局。一八九三年，元配郑氏逝世，誓言不再娶。一八九五年台湾割让日本，内渡回闽，一八九八年夏，复至台湾，拟联络同志策划重光，居台北年余，因日人侦查甚严，乃南下嘉义，任台南法院嘉义支部通译，翌年春，仍回福州。一九〇二年十二月一日考入上海江海关工作。一九〇五年加入同盟会。一九〇九年被调至九江关服务。辛亥武昌首义，乃舍弃九江关职务，参加革命工作。九江光复，被举为民政长。嗣受任为江西省出席临时参议院代表。民元，临时参议院在南京开幕，被选为议长。临时政府北迁，参议院在北京集会，乃辞议长职。秋，回福州设立国民党支部。冬，当选为福建省第一届国会参议员。民二年四月，当选参议院全院委员长。讨袁失败，东渡日本，于十二月加入中华革命党。民三赴美主持党务，遴选青年同志二十人入美国航空学校受训，为后来政府空军之早期干部。民五回国，由上海至北京向国会报到。旋与张继等组织宪政商榷会。民六国会被解散，南下广州，并赴南洋一带向华侨募款。民十，国会在广州复会，被选为国会非常会议议长。十一年任福建省长。十二年一月粤军自闽回粤，闽军王永泉叛变。二月，回广州督工修葺黄花岗七十二烈士墓，与邹鲁详细考订死难烈士姓名，查出殉难者计八十九人。民十二任大本营建设部长兼治河督办。于广东北江之芦苞建设大规模之钢铁活动水闸，更于西江肇庆朱隆建石坝以防苍梧东下之潦水，并疏浚珠江。十三年一月国民党第一次全国代表大会，被选为中央执行委员兼海外部部长。十四年七月，任国民政府委员。十一月廿三日与邹鲁、张继、谢持、居正等集会于北京西山碧云寺，提出反共大计，议决取消有共产党籍之党员。十六年九月，沪、宁、汉三地国民党中央党部合组中央特别委员会，被选为委员。国民政府既奠都南京，先后被选为中央监察委员会常务委员及立法院副院长。廿年二月，奉国民党中央推派作环球之旅，取道菲律宾，赴澳洲，转往美、英、德、法诸国，视察党务，慰问侨胞，募捐建筑中央党部，经苏伊士运河至新加坡等地，于十月中回上海。出国期间，于三月二日复被推选为立法院长。二十一年被推选为国民政府主席。三十二年八月一日在四川重庆逝世。享寿七十五岁。（参考：吴相湘《林森垂拱而治》；民国三十二年八月二日重庆《扫荡报》。）

孟　森（1868—1938）

孟森，字心史，号莼荪，江苏武进人，清同治七年生，民国二十七年一月十四日卒于北平，年七十一岁。氏出生于人文荟萃的江南世家，获得廪生后，因受郑孝胥自日返国言行所影响，一九〇一年东渡入东京法政大学习法律。一九〇四年返国，商务印书馆刊行孟所译述梅谦次郎原著日本民法要义"债权篇"。一九〇五年春随郑至广西龙州边防军参与戎机。在职期间，编撰《广西边事旁记》，由商务印书馆出版。一九〇八年任《东方杂志》编辑。一九〇九年当选为江苏省咨议局议员。民国二年在江苏第三区当选国会众议员。自袁世凯解散国会，乃南下，开始转向文坛及学术研究。民国四年《小说月报》刊载其特撰之《董小宛考》，对于当时以及近四五十年异说纷纭之红楼梦索隐具有澄清作用。自后《孔世贞事考》、《横波夫人》陆续刊出，将世所艳称之清初掌故传说重加考订，纠正讹误，敷陈真相。民国二十年，受聘为北京大学历史系教授，课余著述，七年之间，成书数百万言，中以《明元清系通纪》为最巨，全稿凡二百五十余万言，迄民国二十六年七月，已陆续印行十六册，计九十九万言。其他著作尚有《八旗制度考实》、《清初三大疑案考实》、《清史传义》、《香妃考实》、《海宁陈家》、《清史传目通检》、《清国史馆列传统编》等。先后曾辑印为《心史丛刊》三册、《孟森明清史论著丛刊》二册及《清代史》一册行世。

廿六年，对日抗战爆发，困居北平。日军因其曾撰有《宣统三年调查之俄蒙界线图考证》，胁其交出此一界线图，深感屈辱愤恨，致撄胃疾，迨至二十七年一月十四日，郁郁以终。（参考：吴相湘《明清史权威孟心史》。）

英　华（1867—1926）

英华，字敛之，号安蹇斋主，晚号万松野人。满洲正红旗人。清同治六年生于北平。少习武，十七岁起即作日记不辍。弱冠前，已爱吟咏。尤嗜宗教，于佛、道、耶、回，无不研究；最后获读明末利玛窦、汤若望所著《天主实义》、《主制群征》等，始悉心皈依天主教。光绪二十四年至二十六年，先后为广州湾法军、天津法教士教堂及蒙自县署办理文案。

二十七年回津后，受友人之邀，即筹办大公报，历时年余。股东大部分属于天主教堂及教友，敛之所注意者为革新政治，改良社会，并为公益事捐募。其社论皆明白晓畅，以敢言著；至于针砭社会之文，则悉出白话；前者有《也是集》及《也是续编》，后者有《敝帚千金》。别有《安蹇斋丛残稿》，则多为题跋、书札之属。

民国后，即不复主笔政，隐居香山，立辅仁社，招教内青年，讲学其中，以提高社会文风。撰《劝学罪言》。与马相伯上书教廷，请办大学。民国五年，集平日讲道稿，撰为《万松野人言善录》，风行一时。十四年秋，创办大学之宿愿得遂，公教大学成立于故都，并先设国学部，名辅仁社，被聘为主任。因早年即得痿痹之疾，至是复患消渴，民国十五年一月十日卒于北平寓邸，享年六十岁。

胡　适（1891—1962）

　　胡适，世为安徽绩溪人。初名洪骍，后取天演论"物竞天择，适者生存"义，改名"适"，字适之。父传，字铁花，又字守三。曾宦游东北诸省及广东等地，最后任台湾省台东直隶州知州，兼统镇海后军各营。铁花凡三娶，最后娶冯氏，名顺弟，结缡二载，生适之于上海。时清光绪十七年十一月十七日（一八九一年十二月十七日）。

　　适五岁而孤，由寡母抚育，就读于家乡蒙馆，迄十四岁离家赴上海就学，乡居将十年。在此时间遍读十三经、资治通鉴等书，奠定学问及人品基础；更就兴趣所至，读红楼梦、儒林外史、聊斋志异、第五才子等小说，于以后努力提倡白话文学，影响至大。

　　光绪三十年春，随兄离乡赴沪，先入梅溪学堂，再转澄衷学堂读书，接触西方新思想。三十二年转入中国公学，旋加入竞业学会。学会发行白话竞业旬报，乃以"铁儿"笔名，于其上发表章回小说《真如岛》，为用语体文写作之始。

　　宣统二年（一九一〇）由上海赴北京，应留美赔款官费生考试，录取，当年八月十六日，自沪乘船赴美。九月入康奈尔大学，习农科一年半，又改习政治、经济、兼治文哲。至民国三年六月，毕业于康奈尔，授学士学位。当肄业康奈尔之第二年，作《诗三百篇言字解》，为一生用新方法研究整理我国古籍之滥觞。民国四年九月，赴纽约，入哥伦比亚大学，从杜威博士专治哲学，自此实验主义成为其生活与思想之向导，奠定个人哲学基础。

自五年二月起，开始提倡文学改革，与友人梅光迪、朱经农、陈独秀等通信讨论，至六年一月一日《文学改良刍议》发表于《新青年》二卷五号，正式提出八大主张：（一）须言之有物；（二）不摹仿古人；（三）须讲求文法；（四）不作无病之呻吟；（五）务去滥调套语；（六）不用典；（七）不讲对仗；（八）不避俗字俗语。六年五月通过博士学位考试。七月初，返国抵上海，回籍省亲。八月任北京大学教授。十二月与江冬秀女士结婚。

七年四月发表《建设的文学革命论》，主张"国语的文学；文学的国语"，为倡导白话文之先声，至五四运动后，风行于全国。在北大任教时先后主办《每周评论》、《努力周报》，协力创办北大《国学季刊》等刊物，发表论学及评论政治文字甚伙。

十五年七月出国，以八阅月时间，历访俄、德、法、英、美诸国，十六年五月返抵上海暂住。十七年四月，中国公学校董蔡元培等推任校长，至十九年五月辞职。当年十一月离沪北上，就北京大学文学院院长职。九一八事变后，空前国难来临，日寇谋我益亟，胡遂联合蒋廷黻、丁文江、傅斯年等于二十一年五月创办《独立评论》周刊，经常发表诤言谠论。

卢沟桥事变既起，首先提议，北大、清华、南开三大学迁移后方成立联合大学，其后果实现为西南联合大学。旋飞赴美英宣传抗战意义，致力国民外交。二十七年九月，政府特任为驻美大使。

三十五年七月就北大校长职。三十七年三月当选为中央研究院院士。是年底北平被围始乘专机南下。三十八年四月赴美。一九五八年春，膺选中央研究院院长。一九五九年促成"国家长期发展科学委员会"之成立，奉聘任主任委员。一九六二年二月二十四日，主持中央研究院第五次院士会议，于下午六时，在招待院士酒席上，以心脏病突发谢世。寿七十二岁。生平著作等身，其重要者有：《尝试集》、《胡适文存》四集、《胡适留学日记》、《胡适论学近著》、《四十自述》、《胡适手稿》十辑、《中国哲学史大纲》上卷（后改称《中国古代哲学史》）、《章实斋先生年谱》（姚名达订补）、《戴东原的哲学》、《白话文学史》上卷、《庐山游记》、《人权论集》（与梁实秋等合著）、《胡适文选》、《中国中古思想史长编》、《中国中古思想史的提要》、《淮南王书》、《南游杂忆》、《胡适的时论》一集（后加增改，定名为《我们必须选择我们的方向》）、《齐白石年谱》（与黎锦熙、邓广铭合著）、《丁文江的传记》等多种。（参考：胡颂平《胡适先生年谱简编》。）

胡元倓（1872—1940）

胡元倓，字子靖，别号耐庵，晚年自署乐诚老人。湖南湘潭人。清同治十一年八月初七日生，在兄弟辈行九。出生于书香家庭，循科举正途，于光绪二十三年（一八九七）被选为拔贡。二十八年，湖南选派游日公费学生十人，膺选，随杨守仁东渡，依范源廉的安排入弘文学院速成师范科，经半年的学习和参观，深知日本明治维新之成功，在于普及教育之基础，翌年回国，遂矢志以教育救国培养人才复兴民族为职志。获刑部侍郎龙湛霖主持赞助，租赁长沙城北左宗棠祠为校舍，创立明德学堂，招中学甲乙两班学生共八十人，自任监督，延聘周震鳞、张继、王正廷、苏玄瑛（曼殊）为教师，均为一时之选。复得谭延闿热心赞助，力谋扩充，分向沪杭及日本聘请英文、日语、理化、博物、体操等教师，黄兴即于此时应聘前来，除教体操外，并兼速成师范班教务。并与龙湛霖、谭延闿立经正学堂于西园。三十年夏，增设高等小学两班，聘陈介兼主任。时黄兴与张继等以学堂作掩护，进行革命活动，事泄，力助赴沪，明德幸未波及。三十二年，又开办高等商业科。宣统三年（一九一一）东渡就任留日学生监督，明德校务由谭延闿主持。是年底，由日辞职返国。民国元年，徇校友之请，合并明德、经正为一校，统设四部：（一）专门部，（二）中学部，（三）高等小学部，（四）初等小学部。八月，至北京呈请教育部设立明德大学，获准。二年二月，暂设大学于北京，聘章士钊为校长，长沙本校专办中小学，规模益大。不一月，章辞，另聘李傥继任，是为明德有大学之始。五年三月，大学部停办，以示对袁世凯不合作。八年八月，复设明德大学于汉口。九年五月，为集中财力精力，将小学部停办，十五年八月，又将大学部停办，专致力于中学之发展。抗战军兴，乃于二十七年一月迁校于湘乡县霞岭乡曾氏宗祠。七月六日，国民参政会在汉口举行，前往参加。十一月十二日，火烧长沙，殃及明德校舍，闻讯忧愤交集。二十九年五月十八日，忽患脑充血，遂赁居重庆歌乐山休养。不幸又染恶症，十一月二十四日病逝，享年六十九岁。其一生办学，耗全部心血于明德。平时居校，于吟诗言志外，喜集古人警语或自撰楹联，悬诸校中，以自勉勉人。有《耐庵言志诗》数集行世。（参考：吴相湘《磨血老人胡子靖》。）

胡玉缙 （1859—1940）

胡玉缙，字绥之，江苏元和人。生于清咸丰九年七月二十日（一八五九年八月十八日）。年十九，补县学生员，肄业正谊书院，同邑许玉瑑重其才，以女妻之。嗣调江阴南菁书院，治经义兼词章，为山长定海黄以周激赏。光绪十四年（一八八八），江苏布政使贵筑黄彭年创办学古堂，聘雷浚为学长，玉缙与章钰为斋长。十七年（一八九一），以优贡中式江南乡试举人。明年，春闱报罢，入福建学幕。二十六年（一九〇〇），任兴化教谕。二十九年（一九〇三），应经济特科试，录取高等，改官湖北知县，入总督南皮张之洞幕府。明年，奉两湖两江会派东渡日本，考察政学，著有《甲辰东游日记》。三十二年（一九〇六），学部以治经有法、深明教育调补主事，升员外郎。三十四年（一九〇八），礼学馆重修通礼，聘任纂修。宣统二年（一九一〇），应京师大学堂聘，讲授《周礼》，著《周礼学》，发凡起例，宏纲毕举，受业者多一时俊彦，象山陈汉章传其学。辛亥革命后，一主历史博物馆事，任北京大学教授，又任高等师范学校教授。再度东游，余则奋力著书，孜孜不倦，数十年如一日。旅京师四十年，与胶县柯劭忞、新城王树楠、江阴夏孙桐、长汀江翰、仁和邵章、常熟孙雄、沔阳卢弼诸先生称莫逆交。及日寇入犯，时年将八十，痛心国事，遂浩然而归，卜宅光福镇虎山桥。仰慕往哲，俯事著述，拥书万卷，闭门谢客，有终焉之志。所著书有：《谷梁大义述补阙》七卷，《说文旧音补注》一卷、补遗一卷、续一卷、改错一卷，《甲辰东游日记》六卷，《许庼学林》二十卷，《四库全书总目提要补正》六十卷，《四库未收书目提要补正》二卷，《四库未收书目提要续编》二十四卷，《许庼经籍题跋》二十卷等。民国廿九年七月十四日以疾卒，享年八十有二。（何广棪稿。参考：王欣夫《吴县胡先生传略》。）

胡明复 （1891—1927）

胡明复，名达，字明复，后以字行，江苏无锡人，清光绪十七年生。兄弟三人，长敦复，幼刚复，明复居次，皆先后留美得博士学位。

明复沉默寡言，年十岁，肄业上海南洋公学附属小学，明年，升中院。旋习商于宜兴，郁郁非所愿，恒手不释卷，尤嗜西文。后入上海中等商业学堂，毕业后入南京高等商业专门学堂。将毕业，得清华学校选送留美，入康奈尔大学，时年二十岁。明复本专攻商科，至是改数理，刻苦研究，不遗余力，得有名誉奖牌。后入哈佛大学，以研究高等数学解释问题，获哲学博士学位，年仅二十六岁。明复深感当时我国科学幼稚，愚昧贫弱，乃于民国三年六月，集合同志任鸿隽、胡适、赵元任、杨铨、过探先及弟刚复等，在美发起中国科学社，并先发刊《科学》杂志以为之倡。关于编辑校雠，均亲任之；一切设施，亦必经其擘画，十余年负责如一日。以后科学社闻名海内外，与有功焉。学成归国后，复助兄敦复办理上海大同大学，同时担任该校及交通部上海交通大学、国立东南大学、上海商科大学等校教授。民国十六年，革命军抵江苏，明复任上海政治分会教育委员会委员，卒以不能展其夙志，遂辞职。是年六月，以事返里，泅水淹死，年仅三十七岁。

明复一生尽瘁于振兴教育与研究科学，其学说兼重理想及实用，著有《高等解析问题》一卷，及散见于《科学》杂志论文多篇。中国科学社建明复图书馆，以纪念其对该社之贡献，并于科学杂志中刊行明复专号。（参考：钱树玉《胡明复传略》。）

胡汉民 （1879—1936）

胡汉民，字展堂，原名衍鹳，嗣改衍鸿，别号不匮室主。清光绪五年（一八七九）十二月九日生于广东番禺县，民国二十五年（一九三六）五月十二日卒于广州。幼读私塾，稍长入菊坡书院，学海堂。二十岁任广州岭海报记者，有文名。二十二岁举于乡。二十四岁（一九〇二）赴日留学，入东京弘文学院师范科。未久以学潮退学回粤任教。二十六岁再东渡入东京法政大学速成科，卒业后，入其专门部肄业。一九〇七年加入同盟会，任本部书记、民报编撰，以汉民笔名发表文章，与梁启超之新民丛报笔战经年，文名大著。一九〇七年随国父去河内，参与策动西南革命诸役。次年去新加坡，为中兴日报撰文。一九〇九年九月同盟会南方支部成立，任支部长，筹划广州新军起义，失败后与黄兴、赵声赴新加坡谋再举。辛亥春与黄、赵谋袭广州，而有"三二九"之役，失败走南洋。是年广东光复，出任都督。民元年元旦，国父至南京就临时大总统，任总统府秘书长。旋回粤任广东都督兼民政长。二次革命失败，亡命日本，任中华革命党本部政治部长，国民杂志编撰。民五年至上海，策动讨袁。民六年九月任广州护法军政府交通部长。民八、民九年在上海与朱执信等主编建设杂志。民十年五月，国父就非常大总统于广州，任总参议兼文官长、政治部长。次年六月，陈炯明叛变，留守大本营，率师反攻韶关，不利，由福州去上海。民十二年回粤任大本营总参议。民十三年被举为中央第一届执行委员，任上海执行部组织部长。旋回粤任中央政治会议委员、广东省长。十一月国父北上，留守广州，代行大元帅职权。民十四年七月广州国民政府成立，任常务委员兼外交部长，并辞广东省长。九月赴俄考察，次年四月回国，住上海。民十六年四月国民政府奠都南京，被举为国民政府主席，及中央宣传部长，政治会议主席。八月辞职去上海。十七年一月赴欧考察，八月回国，起草国民政府组织法，出任国民政府委员兼立法院长，致力立法工作，完成民法。二十年二月二十八日辞本兼各职，屏居汤山，三月八日回寓。十一月去广州，居香港，至二十四年由港赴欧。十二月当选中央常务委员会主席。二十五年一月返国抵广州，五月十二日以脑溢血卒于广州。著有：《三民主义之连环性》、《胡汉民自传》、《不匮室诗钞》等。（参考：邹鲁编《中国国民党史稿·胡汉民传》。）

柯劭忞（1850—1933）

柯劭忞，字凤荪，又作凤笙，亦作奉生，号蓼园，山东胶县人。清道光三十年（一八五〇）生。父早卒，母于抚养之外，课读甚严，博极群书，过目不忘。同治六年，乡试中式。光绪十二年成进士，充翰林院编修、翰林院侍读、国子监司业。后又迭任湖南学政、湖北及贵州提学使。秩满，任京师大学堂经科监督署总监督；又出为山东宣抚使、督办山东全省团练大臣及典礼院学士等职。氏邃于国学，举凡经史、词章、音韵、训诂、金石、天文、历算，无不精研。所撰《新元史》二五七卷，费时数十年，尽取各家之长，广搜群集，尤注意利用域外史料，以补前史之阙失，实集诸家之大成。初印本八册，续增至十四册，最后印本为廿八册。民国八年十二月，徐世昌总统明令列入正史。

入民国后，被选为参政院参政、约法会议议员，皆不就。民国三年夏，设清史馆，以赵尔巽为馆长，氏为兼代馆长总纂，今《清史稿》之本纪，氏为总阅；儒林、文苑、畴人传则归其整理；并独撰天文志。十四年，东方文化事业总委员会成立，利用日本退还之庚款，聘请国人续修四库全书提要，氏应聘为委员长，并为经部易经类整理及撰著提要人之一，凡撰一五二则。

其他著作已印行者尚有：《春秋谷梁传注》十五卷、《蓼园诗钞》一卷、续钞四卷。未付梓者为：《校刊十三经附札记》、《佚史补》、《尔雅注》、《文选补注》、《文献通考注》、《蓼园文集》等。民国廿二年八月卅一日卒，享年八十四。（节录自方豪《柯劭忞》。）

段祺瑞（1865—1936）

段祺瑞，原名启瑞，字芝泉，晚号正道老人。安徽合肥人，清同治四年二月九日生。祖佩为淮军名将，同治十一年随祖读书军中，迄光绪五年佩死，始回故乡。光绪七年，投山东威海军营为哨官。十年入天津武备学堂习炮科，十三年卒业，被派到旅顺监修炮台。十五年奉派赴德国军校见习，次年归国，初任北洋军械局委员，十七年转任威海随营武备学堂教习，二十二年奉派为新建陆军炮队统领兼长炮兵学堂，驻小站。二十五年随袁世凯移驻济南，仍统带炮队，并总办随营学堂。二十七年袁世凯转任直隶总督，于省城设军政司，以祺瑞为参谋处总办。廿九年十月，清廷于北京设练兵处，以祺瑞充军令司正使。三十年六月任陆军第三镇统制，次年先后调任第四、第六镇统制，三十二年回任第三镇统制，并兼任北洋武备学堂监督及军官学堂总办。宣统元年复任第六镇统制，二年十一月署江北提督，驻清江浦。三年八月武昌革命军起，九月奉召回京任第二军军统，署湖广总督，驻兵孝感。民国元年一月二十五日率同四十二将领电请清廷退位，实行共和。袁世凯为临时大总统，受任为陆军总长。二年五月，代国务总理，十月仍任陆军总长。三年兼领河南督军，驻信阳督剿"白狼"，事平辞河南督军，回北京陆军总长任。四年五月，因不满袁世凯帝制自为，称病辞职。五年三月，袁世凯宣布废除帝制，祺瑞出任参谋总长，四月继徐世昌为国务卿，兼陆军总长。六月，袁世凯死，国务卿废，改任国务总理兼陆军总长。六年六月，因主对德宣战，与大总统黎元洪冲突，被免去本兼各职。七月张勋复辟事起，复任国务总理，并受推为"讨逆军"总司令，讨伐张勋。复辟事平，冯国璋出任大总统，祺瑞仍任国务总理。六年八月，中国对德宣战。十一月，祺瑞因推行武力统一政策受直系阻挠，辞陆军总长及国务总理职。十二月出任督办参战事务处督办。七年三月，再任国务总理，十月辞国务总理职，督办参战事务如故。八年七月，督办参战事务处撤消，改任督办边防事务处督办。九年七月直皖战争，皖系失败，祺瑞辞职，居天津。此后与粤、奉联合倒直，至十三年十月，奉系联合冯玉祥的国民军，打败直系，祺瑞出任临时执政。十五年四月祺瑞欲联合奉、直打击国民军，事泄通电下野，自是退隐天津，不复过问政事。二十二年二月移居上海，二十五年十一月二日病逝沪寓，享年七十二岁。（张玉法稿。参考：《合肥执政年谱》及《新知杂志》二年五期《段祺瑞传》。）

姚　华（1876—1930）

　　姚华，字一鄂，号重光，晚号茫父，别署莲华庵主。其先世由赣经商至黔，遂寄籍贵州贵筑（附郭首县）。生于清光绪二年丙子。光绪三十年以甲辰恩科进士留学日本，习法政。光绪末年回国，留京任小京官，先后教授于京师五城学堂，清华学堂，寻补邮传部主事。宣统元年以后，曾三次代表贵州咨议局向清廷请愿速开国会。民国二年，被选为参议院贵州议员。民国三年，任北京女子师范学校校长。性澹泊，不耐繁剧。除沉溺于金石书画外，精究音律、昆曲、皮黄。其书法，无论篆隶行草，悉具风格，为时珍重。画则纯系文人游戏，虽随意抒写，而书卷味盎然。所居北京宣武门外烂缦胡同之莲花寺，宜为北京文士艺人集会之所。经常往来者，有梁启超，王梦白，陈师曾，梅兰芳，程砚秋诸人。陈师曾尝为写莲华庵图，以志其盛。性嗜酒，与乡人蹇念益（季常），湘人周大烈（印昆），几无日不聚，聚则剧饮。或争辩金石真伪，竟至攘臂，或诙谐百出，全屋鼎沸。饮酒过多，笔债尤繁，致晚年右臂瘫痪，执笔困难。民国十四年，五十生日，梁启超特作五古一首申贺。诙谐百出，极富风趣，读之可见其为人。华有和作，言志抒怀，滑稽生动，不亚梁诗。民国十九年秋，病逝故都，年仅五十六岁。

　　华晚年恃鬻书卖画为生。书画真迹，流布于故都厂甸者不少，惟颇多赝品，或谓出其次子鋆（苍均）之手。著作有：《弗堂类稿》，系门人王伯群所辑，上海中华书局出版；《曲海一勺》，贵阳文通书局出版；《绿漪室曲话》，曾分期刊载于《庸言》，及《大中华》杂志。未刊者，有：《小学问答》，《说文三例表》，《金石系》，《古盲词搜存》，《黔语》，《题画一得》等。陈敬第（叔通）藏有所写《寒林图》，经编入《宣古愚、杨无恙、汤定之、姚茫父画选》，由中国古典艺术出版社印行出版。（姚崧龄稿。）

姚从吾（1894—1970）

姚从吾，原名士鳌，字占卿，别号从吾，存吾，以从吾行，晚年又自署善因。河南省襄城县人。生于清光绪二十年九月初九日（一八九四年十月七日）。民国三年毕业于河南第二中学，考入北京中华大学预科。民国六年，入北京大学史学系。民八，应第二次高等文官考试及格，签发教育部实习，期满留部。又应北京中国地学会主持人张相文氏之聘，主编《地学杂志》，时有撰述。民九，本科毕业，得文学士。复入北大国学研究所深造。十二年，北大选送德国柏林大学研究，专攻蒙古史。十八年，应德国莱茵省波恩大学聘，任汉文讲师。二十年任柏林大学汉文研究所讲师。二十三年回国，任北大史学系教授，主讲匈奴史及蒙古史。二十五年兼系主任。廿六年抗日战起，随北大、清华、南开三校南迁，改聘为西南联大史学系教授兼主任。并负责组织该校中国国民党支部暨青年团支团部。三十五年春，复员还平；冬，奉命出长河南大学。三十六年，膺选国民大会教育团体代表。三十七年六月，中共占开封，率河大师生经商邱、徐州，至苏州复校。十月，受聘为故宫博物院文献馆长。三十八年一月，押运故宫古物来台。旋受聘台湾大学教授。一九五二年受聘为"教育部"学术审议委员会委员。一九五八年膺选中央研究院院士，并历任该院评议会评议员。一九六〇年受聘为"国家长期发展科学委员会"讲座教授。一九六七年以所著《余玠评传》获中山学术奖金。一九六九年"国家科学委员会"聘为研究教授。一九七〇年四月十五日以心脏病发，卒于台大研究室案前座椅之上。享年七十六岁。

从吾毕生辛勤治学，以整理中国边疆史为职志。为扩大研究领域，谋诸台大当局特开蒙古与满洲文课程。遍授匈奴、辽、金、宋、元诸史。卅余年来，发表专题论文百篇以上，都数百万言。先后刊布于地学杂志、北大国学季刊、史语所集刊、台大文史哲学报及大陆杂志。编成专书六种：计为《东北史论丛》、《汉字蒙音蒙古秘史新译及注释》、《耶律楚材西游录校注》、《张德辉岭北纪行校注》、《邱处机年谱》及《余玠评传》。（参考：《姚从吾先生哀思录》。）

范源廉（1876—1927）

范源廉，字静生，湖南湘阴人。清光绪二年（一八七六）生。二十三年（一八九七）十月，湘抚陈宝箴倡行新政，创设时务学堂于长沙。翌年，范入该学堂攻读，旋因戊戌政变奉令停办。二十五年九月，前时务学堂总教习梁启超在日本东京小石川区设立大同高等学校，范与蔡锷（松坡）等均应邀东渡日本，就读于大同学校，而后升入东京高等师范学校。毕业后，曾与曹汝霖等在日开设速成法政师范诸科。三十年回湘，送女生十二人入东京实践女学校，开女生留学之先河。翌年，学部议设法政学堂，聘日人主教，而任范为学部主事，佐之。卅二年创殖边学堂。又筹办优级师范学堂及清华学校。宣统元年冬，发起尚志学会。二年冬，擢升学部参事。民国元年四月，任教育部次长，总长为蔡元培。七月，继蔡出任教育总长。嗣以政见不合辞职，就中华书局编辑部长。四年秋，与梁启超、蔡锷等从事倒袁运动。五年五月，共和党成立，与汤化龙任干事。六月，袁死黎继。七月，被任段祺瑞内阁之教育总长。六年一月，兼任内务总长，至六月，始辞本兼各职。七月，段祺瑞复任范为教育总长，惟未就职。七年春，赴美考察教育。九年八月及十年五月间，又先后出任靳云鹏内阁之教育总长，至十年十二月，始辞职。十一年春再游美国。十二年赴英，议退还庚款事。二月，任北京师范大学校长。十三年一月，复被任教育总长，但未到职。九月，兼任中华教育文化基金董事会会长。十一月，任国立京师图书馆委员会委员。民国十六年（一九二七）十二月二十三日，以腹膜炎卒于津寓。享年五十三岁。他喜欢研究生物学，死后有一个静生生物调查所，即为纪念他而设立。（采自《教育大辞书》。）

马　良（1840—1939）

马良，原名志德，字斯臧，又名钦善、建常、绍良，改名良，字相伯，亦作湘伯、燕伯，别署求在我者，晚号华封老人。清道光二十年（一八四〇）生，江苏丹阳人，寄籍丹徒。马氏世奉天主教，良受洗，圣名若瑟，故亦号若石。幼岐嶷，十二岁入上海徐汇公学肄业，校长意人晁德莅（Angelo Zottoli）甚器重之，国学与拉丁文、法文及科学皆大进，尤嗜度数。

同治元年（一八六二）入耶稣会，攻哲学及神学。九年（一八七〇）晋司铎，传教宣城、徐州等地。著《度数大全》一百二十余卷，呈教会付梓，不允，因久已不满外籍教士，至是益愤慨。后调南京，遂辞神职。

光绪二年（一八七六）入山东藩司余紫垣幕，旋任职滦口机器局，并调查矿务；阅五年，任驻日使馆参赞，改任神户领事。未几返国，入李鸿章幕，赴朝鲜襄助新政、练军、外交等。

自朝鲜归，绝意仕进，致力译著。十年（一八八四）奉命稽查招商局，草改革计划。十二年，应刘铭传招至台湾，力主借款开发，未见采纳。又向李鸿章建议多端，鸿章命赴美借款，得五万万美金，朝议大哗，事败垂成，乃经英、法而归。十八年任长崎领事。

二十二年（一八九六）秋，梁启超从良习拉丁文，并与乃弟建忠（眉叔）订交。

二十四年（一八九八），隐居松江佘山，作退省，盖膺教会之惩也。同年，启超上书清廷，请设译学馆，并邀良主其事，会政变，议遂寝。二十七年三月至次年五月，英敛之筹设大公报于天津，贡献意见至多。二十八年（一九〇二），蔡元培亦随习拉丁文。次年，在徐家汇创立震旦学院。刊行《拉丁文通》，著《致知浅说》，成《原言篇》，又著《法文关键》及《尺算征用》。时于右任以诋时政被缉，即亦招之来。三十一年（一九〇五）外籍教士议改校政，乃与严复等另立复旦公学，自为校长。获福建帮首席商董曾少卿捐赠巨款。

三十三年（一九〇七），苏杭路事起，亦备极忧劳。九月，启超成立政闻社于东京，请任总务员；十一月，抵日，大受欢迎。次年正月，政闻社本部迁上海，六月二十七日上谕社员法部主事陈景仁革职，七月十七日上谕禁止政闻社。

宣统元年（一九〇九），再任复旦校长；二年，任江苏谘议局议员。民国元年，初任南京府尹，嗣任都督府外交司长，并代理都督。是年八月北上，任总统府高等顾问；十月，代理北京大学校长。与英敛之上书教廷，请设大学。明年，与章炳麟、梁启超、严复等上书政府，议设函夏考文苑，盖与今日之中央研究院类似，卒未成。

七年，草《民国民照心镜》三大篇，于民国及国民之权利与义务，阐说弥详。

九年冬，南归，息影上海之土山湾，于震旦捐地特多；北平之培根、上海之启明，斥资亦巨。至是，乃从事改译福音。及九一八事起，日以人民自救告国人，委代表出席国难会议，仍以实施民治，促进宪法为言。二十五年冬入都，明年三月任国民政府委员。七月七日，抗战军兴，西迁桂林。二十七年冬，故旧门生劝其入滇蜀，道经谅山，以病留居。二十八年，寿晋期颐，全国各地行遥祝礼。四月六日，政府颁令褒嘉。惟身体衰弱已极，十一月四日溘然长逝，政府再颁令褒扬。卒后八年，其文集由方豪编定，交北平上智编译馆印行。（参考：张若谷《马相伯先生年谱》。）

马君武（1880—1940）

马君武，原名和，字贵公，后以字行。广西桂林人。清光绪六年（一八八〇）六月廿二日生。少年家贫，事母至孝，随母勤读，后获亲友帮助，乃得苦学而成名。精通英、日、德及法文，国学造诣亦深，能文工诗。光绪二十五年（一八九九），就读于上海震旦学院。二十八年，赴日留学。三十一年七月二十日，同盟会在东京成立，加盟为会员，并任执行部书记。未几，入京都帝国大学工科研习，得工学士学位。三十二年，学成返国，在上海中国公学任教，趁机宣传革命，被两江总督端方逮捕入狱。幸有岑春煊、高凤岐营救，获释后赴德国深造，攻习冶金。宣统三年武昌革命成功后，为广西代表，曾和雷奋、王正廷等共同起草《临时政府组织大纲》。民国元年一月，南京临时政府成立，张謇任实业总长，马为次长。二年四月，国会在北京设立，任参议院议员。七月二次革命，回广西谋发动反袁，失败后，逃亡海外，再度赴德进修。民四，在柏林获得柏林大学工科博士学位，为中国留德学生第一个取得科学博士学位者。归国后，出任广东兵工厂厂长。民五，赴美国及欧陆考察。返国之后，即出席广州非常国会会议。民八，任粤之无烟火药厂厂长。九年十一月，国父孙中山先生由沪返粤，通电复开军政府政务会议，马任广州军政府秘书厅长，参与密勿。十年五月五日，国父任非常大总统职，以马为秘书长。八月，陈炯明攻略广西后，十一日，马出任广西省长。后以军阀横行，政令无从施行。至翌年五月，广西政变发生，仓惶出走，后辞去省长之职，退出广西。民十四，北京临时执政府成立，曾代表中国国民党参加许世英内阁，任司法总长。十五年三月，又在贾德耀内阁，任教育总长。四月，内阁解体，同时去职。后任广西大学校长。十七年北伐成功，功成身退，举办教育工作，历任吴淞中国公学、大夏大学等校长。十八年秋，两广内战发生，赴南洋星马各地为上海大夏大学募捐学校基金。后以年老返乡，服务桑梓，再出任广西大学校长。抗战爆发后，国民参政会于民国二十七年七月在武汉成立，被任第一届参政员。二十九年八月一日，因患肠穿孔急症，逝于桂林良丰广西大学校内。享年六十一岁。生平译著丰富，计有《德华字典》、达尔文之《物种原始》（Origin of Species）、《有机化学》等著作。其哲嗣马保之，曾任"国立"台湾大学农学院院长，美援农复会生产组长。次子马卫之，留学德国，专攻音乐美术，曾任广西艺专校长。

耿济之（1899—1947）

耿济之，原名匡，字济之，以字行，笔名蒙生。上海市人，生于前清光绪二十四年戊戌十二月七日（一八九九年一月十八日）。在上海读毕中学后，因父亲在北平做事，改入北平俄文专修馆，民八毕业。五四运动后，新思潮风起云涌，乃应北平青年会之请，与郑振铎、许地山、瞿秋白、瞿世英等人编辑《新社会》旬刊，十一月一日出版，共发行十九期。其后又刊行《人道》月刊，仅出一期。他们与王统照俱为北平"曙光社"社友，曾创办《曙光》月刊，自八年十一月维持至十年六月。耿、郑、许、瞿、王五人即为民十元月四日成立的"文学研究会"中坚人物。

济之自毕业俄专后，即在外交部服务。十二年由外部派往苏联，任赤塔中国领事馆随习领事，三年后，调伊尔库茨克副领事，并代理领事。越二年，调列宁格勒副领事，一年后，因心脏病请假回国休养，翌年，再度往赤塔任领事，从此一住四年，又因心脏病发作，二次请假回国。二十五年十一月，蒋廷黻奉派任驻苏联大使，约其同行，任大使馆秘书。廿七年一月，蒋氏离职回国，济之曾代理馆务数月，后调升海参崴总领事。正值抗战初期，工作忙碌，身体益坏，不得已辞职，取道欧洲回国。时政府已迁都重庆，即蛰居上海，化名耿孟邕，以避日人侦询。抗战胜利后，应张公权（嘉璈）之邀到东北任中长铁路理事会总务处之职。三十六年三月二日，因急性脑溢血症病逝，享年四十九岁。

济之是民国以来翻译俄国文学最为努力的一人。他一生从事翻译的年代既久,所介绍的作家和翻译的代表作品也多。从作家来说,他译过普希金、果戈理、托尔斯泰、屠格涅夫、陀思妥耶夫斯基、奥斯特罗夫斯基、安特列夫、柴霍甫、高尔基等多人之作品,且多为各家之代表作。散文及评介的文章,则多散见于《小说月报》、《东方杂志》和后来的《文学》及《译文》上。济之最早的译作是托尔斯泰的《克罗采奏鸣曲》,用文言翻译,题名为《旅客夜谭》;新文学运动后,即改以白话翻译。其早期译品大都在民十至十二,经由"共学社"及"文学研究会"交商务印书馆出版,列入"俄罗斯文学丛书"、"俄国戏曲集"及"文学研究会丛书"中,主要的是托尔斯泰和屠格涅夫的作品。中期的主要译作是果戈理的作品,及屠格涅夫的《猎人日记》。晚期蛰居上海,主要介绍陀思妥耶夫斯基和高尔基的作品。

耿济之的创作仅有《俄国四大文学家》一小册,列为小说月报丛刊之一,十四年三月由商务出版;另有四幕剧《慈母心》,三十六年六月起连载于《文艺春秋》月刊上,系由奥氏的《雷雨》改编而成,没有单行本。其他均为译作。兹将其译作的原作及书名简列于下:(一)托尔斯泰:《艺术论》(论文,十年三月,商务)、《黑暗之势力》(剧本,十年三月,商务)、《托尔斯泰短篇小说集》(十年,商务)、《复活》(长篇,十一年三月,商务)。(二)陀思妥耶夫斯基:《卡拉马助夫兄弟们》(长篇,三十六年八月,晨光。二十九年良友版仅出上册,名为《兄弟们》)、《白痴》(长篇,三十五年十二月,开明)、《死屋手记》(长篇,三十六年十一月,开明)、《少年》(长篇,三十七年四月)。(三)屠格涅夫:《村中之月》(剧本,十年三月,商务)、

《父与子》（长篇，十一年一月，商务）、《猎人日记》（长篇，三十五年五月，文化生活）。（四）高尔基：《家事》（二十九年一月，良友）、《俄罗斯浪游散记》（游记，三十二年十一月，开明）、《玛特威郭芮麦金的一生》（长篇，生活）。（五）果戈理：《巡按使及其他》（剧本，三十年十二月，文化生活）。（六）奥斯特罗夫斯基：《雷雨》（剧本，十年三月，商务）。（七）契诃夫：《契诃夫短篇小说集》（十二年一月，商务）。（八）安特列夫：《人之一生》（剧本，十二年，商务）。（九）莫泊桑：《遗产》（长篇，十三年五月，商务）。（十）其他：《俄罗斯名家短篇小说》第一集（与沈颖等合译，九年，北京新中国）、《疯人日记》（短篇，十四年三月小说月报丛刊，商务）、《俄国诗坛的昨日今日明日》（论文，十四年三月，小说月报丛刊，商务）。（秦贤次稿。参考：《文艺复兴》三卷三期：耿济之纪念特刊。）

夏曾佑（1863—1923）

夏曾佑，字穗卿，号碎佛，浙江杭县人，清同治二年十月生。父紫笙，名鸾翔，精算学，与同邑李善兰、戴煦并称为杭州算学三大家。曾佑早失怙，好学深思。年二十四入津，二十六举于乡。二十八成进士，入词林，改礼部主事。光绪二十年前后，言新学者渐起，梁启超、麦孺博等，常与曾佑言公羊学。二十一年改官知县。二十二、二十三年居天津。时孙宝琦设"育才馆"于天津，中西学并重，延会佑为师，历时三年。同时参与严复所创《国闻报》事。严所译之《天演论》、《原富》诸书，曾与曾佑反复商榷而后成篇。曾佑又邃于佛典，与沈曾植、张尔田等谈佛，昕夕不倦，故自号碎佛。毕生讲学，无门户异同之私。若汉宋之纷争，儒释之异尚，以及新学论唯心唯物之各相持不下者，皆无所左右，凭其载籍所存，与事物所托，一一平心而剖别之。庚子后，选授安徽祁门县知县，在任三年，政简刑清。嗣以直隶州知州用。旋以母丧归。服阕，会有五大臣出洋考察宪政之举，乃随赴日本，所称《宪法大纲》十则，出其手订。归国，任知府。两江总督委为代表，北上会议官制。民国成立，退居上海，四月，应教育部总长蔡元培邀，出任社会司司长，凡四年。后改任北京图书馆馆长。民国十二年三月十五日卒，享年六十二岁。有遗文二百余篇，遗诗百余首，均待梓。刊行者有《中学历史教科书》、《中国上古史》。（参考：夏元瑮《夏曾佑传略》。）

容　闳 （1828—1912）

容闳，字纯甫，广东中山人。生于清道光八年十月十一日（一八二八年十一月十七日），出身贫农家庭，一八三四年英国传教士古特拉富夫人在澳门设立书塾，时年仅七龄，奉父命入学。三年后书塾停办，再返乡学习国文。一八三九年玛礼孙学校在澳门成立，适在澳印刷所担任折叠书页工作，而古特拉富夫人返国时曾嘱托友人，该校成立，必使其入学，多方寻觅，因得获其所在，次年乃正式入学。一八四七年一月四日并得与同学黄胜、黄宽，随校长勃朗至美，入麻省孟森学校，一八五〇年并升入耶鲁大学，一八五四年学成归国。我国青年之入孟森及耶鲁两校，均自闳始。

返国后，转辗于长江一带经营商业。初对中国之改革，寄望太平天国，经赴南京提出建议无成效，怏怏而返。旋受曾国藩委办赴美采购机器，运至上海装置，即著名之江南机器制造局。又计划选派优秀青年赴国外留学，奉准实行，当时唐绍仪、詹天佑、梁敦彦、蔡廷幹等，均为第一届官派留美学生，清廷并任命闳为驻美副使兼管留学生事务。

因接受新思想较早，故当时亦与维新分子接近。戊戌政变，走避日本。辛亥革命成功，国父孙中山先生被举为临时大总统，特致函欢迎回国，不幸即于元年四月二十二日，因年老逝世于美国哈特福特镇，享年八十五岁。民国二十五年，国立交通大学特于上海校园建筑纪念堂，使青年对此中国近代留学生先驱永志不忘。（参考：吴相湘《容闳欣见民国肇建》。）

唐文治（1865—1954）

唐文治，号蔚芝，晚号茹经，江苏太仓州人。清同治四年十月十六日生于太仓州之镇洋县。七岁时，因家贫，夜间每随月光读书，目力自此受伤，为后来失明之远因。十四岁读毕五经，十六岁考取入太仓州学第六名。十八岁（光绪八年壬午，一八八二）赴南京省试，中第二十名举人。自是日夜淬厉于性理文学。初著《读孟札记》，理学日进。年十九、廿二，两赴京会试，均未中。廿一岁入江阴南菁书院肄业，经学及小学亦日进。廿三岁始编《茹经堂文集》，其后门人称为茹经先生及茹经老人自此始。

廿五、廿六岁，再赴礼部试，未售。至廿八岁（光绪十八年壬辰，一八九二）始中第三十一名进士，以主事用，签分户部（今财政部），座师翁同龢延至其家教读，同时受业于沈曾植之门。光绪二十四年，传补总理衙门章京。

二十七年奉命随专使那桐赴日谢罪。二十八年，复以英皇加冕，奉命随专使载振赴英致贺，并游比、法、美、日诸国。代载振编有《英轺日记》十二卷，于欧美风教与沿途景物纪述甚详，由上海文明书局印行。二十九年，擢商部右丞，旋迁左丞。三十二年，中央更定官制，设农工商部，乃以左侍郎署尚书，旋以丁母忧开缺。自此遂绝意仕宦，专致力于教育事业。

光绪三十三年，奉派为上海高等实业学堂监督，即原上海徐家汇之南洋公学，亦即今交通大学前身。三十四年当选江苏教育总会会长，隐执东南文化牛耳。民国成立后，仍长斯校。嗣以目眚，迭辞，终于民国九年奉准去职，时交通部已将上海、唐山及北平三校合并改组为交通大学。计长校达十四年之久。门弟子为报其劳勤，于交通大学建文治堂以资纪念。除致力于交大外，又先后创办北京实业学堂、吴淞商船学堂、无锡国学专修馆，辞卸交大校务后，长期主讲于国学专修馆，直至七七抗战事变起，以七旬高龄，尚随校内迁，可谓尽瘁于教育矣。大陆撤守时，因年事已高，且双目早已失明，无法避离，闻于一九六四年谢世。

其治学，首重经义，著作有《尚书大义》、《诗经大义》、《紫阳学术发微》、《阳明学术发微》、《政治学大义》、《国文阴阳刚柔大义》、《论语大义定本》、《论语大义外编》、《大学大义》、《中庸大义》、《孟子大义》、《礼记大义》等。至生平所作短篇，均收于《茹经堂文集》第一至第六编。（参考：凌鸿勋《记茹经老人太仓唐蔚芝先生》。）

唐绍仪（1859—1938）

唐绍仪，字少川，广东中山县人。生于清咸丰九年（一八五九）。同治十三年（一八七四），随清廷所派第三批幼童赴美留学，毕业于耶鲁大学。光绪初年学成归国。光绪十年（一八八四），由北洋派驻朝鲜帮办税务，因忠于职守，深获袁世凯之赏识。二十一年四月，袁在小站练兵时，以徐世昌为总理营务处，唐副之。二十五年四月，李鸿章出任两广总督，唐以僚属随同赴任。十一月，袁奉命为山东巡抚，唐复以道员随往山东，办理外交。后设商务总局于山东省城，唐奉命总揽局务，拟订规则，试办有成。

光绪二十七年（一九〇一）九月，袁继李出任直隶总督兼北洋大臣，任唐为天津海关道。三十年九月，英兵攻入西藏，达赖向清廷求救，清命德麟安抚之，唐以四品京堂候补奉命为议约全权大臣，赴印度议订《中英藏印条约》。翌年正月，奉命为出使英国大臣。十一月，袁任军机大臣兼外务部尚书，以唐为外务部右侍郎兼督办京汉、沪宁铁路大臣。三十二年正月，盛宣怀以病辞去铁路总公司督办后，由唐继任。九月，为邮传部左侍郎，仍兼外务部右侍郎。三十三年三月，东三省改设行省，徐世昌为总督，唐为奉天巡抚。三十四年六月，清廷以美国减退庚子赔款，命唐为专使，前往美国致谢，并赴西洋考察财政。宣统元年（一九○九）五月，唐卸任奉天巡抚，以侍郎候补，返回中山原籍。二年七月，继徐世昌为邮传部尚书。十二月，因病辞职。三年九月，盛宣怀因铁路国有政策被革职，以唐出任袁内阁之邮传部大臣。未到任前，由吴郁生暂署。十月，南北和议时，袁任唐为北方全权代表。民国元年四月，出任北京临时政府首任阁揆；六月十五日，因与袁政见不合，辞职赴津。

民国四年，袁世凯积极进行帝制运动时，唐曾率先电袁严厉警告，希即取消帝制。五年，段祺瑞奉命组阁，以唐为外交总长。九月十七日，自沪抵津，行将入京就职，因不为北洋系所容，乃于二十九日，致电黎、段请辞。六年九月十日，国父孙中山先生在粤任中华民国军政府大元帅，以唐为财政总长。七年五月，西南护法军政府大元帅制改为总裁制，国会非常会议选举唐为七总裁之一。后以内讧，随孙中山先生之后离粤赴沪。九年十月，粤军陈炯明奉命率师回粤。十一月，孙中山先生偕唐、伍（廷芳）等自沪返粤，宣告恢复军政府，以唐为财政部长。十年五月，国父孙中山先生任非常大总统，唐仍蝉联财政部长。十八年二月，国民政府以中山县为模范县，设中山县训政实施委员会，以唐任委员会主席。十九年一月，为赈务委员会委员。二十年三月，因约法问题引起政潮，与部分粤籍元老与国府委员，如萧佛成、邓泽如、古应芬、汪精卫、孙科等返粤，至五月二十七日，在广州成立"中央执监委员非常会议"。二十八日，成立"伪军政府"以抗中央。未几，唐兼任中山县县长。迨至"一二八"事变发生后，西南始拥戴中央，撤销广州"国民政府"。七七事变后，上海沦陷，唐反自港迁沪。日寇多方设法胁诱出组伪府，以资号召。民国廿七年九月卅日，在沪寓被人以利斧暗杀，年八十岁。

徐 谟（1893—1956）

徐谟，字叔谟，江苏省吴县人。清光绪十九年（一八九三）生。民国三年入北洋大学习法律，六年冬毕业后，即任扬州中学英文教员。八年，应司法官及外交官考试，均列前茅，选派驻美使馆实习，同时在乔治华盛顿大学攻读，得法学硕士。十一年七月返国，任天津南开大学政治系教授兼文科主任。十四年上海特区法院成立，被选为推事。十六年调镇江地方法院院长。十七年任外交部参事，旋调欧美司司长，兼特派上海交涉员。二十年，兼任中央政治大学教授。廿一年任外交部常务次长，七月调政务次长。三十年七月，任驻澳洲公使。卅二年澳洲墨尔本大学赠与法学博士学位。三十四年一月调升驻土耳其大使。四月，赴华盛顿出席联合国法律专家会议，参加新国际法庭章则起草，并任旧金山联合国组织会议中国代表团顾问。三十五年膺选为国际法庭法官。三十七年重选连任。一九五四年被选为国际法学会会员。一九五六赴西班牙开会，被选为副会长。六月二十八日以心脏病逝于海牙。享年六十四岁。（参考：《徐叔谟先生追思录》。）

徐志摩（1897—1931）

徐志摩，谱名章垿，初字槱森，小字又申，民国七年更字为志摩，即以字行。笔名计有：谷、诗哲、南湖、黄狗等。浙江省海宁县硖石镇人。清光绪二十二年十二月十三日（一八九七年一月十五日）生。五岁入家塾，从孙荫轩读，聪明超侪辈，十二岁入硖石开智学堂，十四岁（一九〇九）毕业。翌年入杭州府中学求学。辛亥秋，杭州府中停办，后改名杭州一中，民国四年毕业，即考入北京大学预科。同年旧历十月廿九日，返里与张幼仪结婚，遂辍学。后改入上海沪江大学。五年秋，入天津北洋大学预科，六年毕业，改入北京大学法科政治学门。七年夏，入赞梁启超门。八月离北大，在上海乘南京号轮赴美留学，入克拉克大学（Clark University, Worcester, Massachusetts）社会学系。八年六月毕业，得一等荣誉奖。九月，入纽约哥伦比亚大学研究院习政治。九年九月，得哥大文学硕士学位。偕刘叔和离美，到巴黎小住，即同去英国，入剑桥大学研究院为研究生。后从赖斯基（Harold J. Laski）教授学政治，与文学家威尔斯（H. G. Wells）交最密。十年，开始写诗。十一年三月，在德国柏林与夫人张幼仪离婚，很不为家庭与社会所谅解。十月十五日，自欧返国抵沪。十二年，开始为北京晨报写稿。暑假，在南开大学暑期学校授课两星期，讲近代英文文学和未来诗派。十三年，在北大任教授，与陆小曼相识。四月，印度诗哲泰戈尔来华抵沪，志摩代表北方学界前往欢迎，然后陪同北上，所有演讲或谈话，皆由他翻译。是年，新月社在北京成立，奔走最为热心。十四年，与陆小曼恋爱事，在北京闹得满城风雨，乃于三月十日赴欧旅行，以避风头。七月，因陆小曼病，兼程返国。十月一日，接编晨报副镌。十五年四月一日，所主编之晨报副镌诗刊创刊，每星期四刊出一次，六月十日停刊，又创刊剧刊。八月十四日，与陆小曼订婚，十月三日结婚，由梁启超证婚，在致证婚词时，将新郎新娘大加训斥。十六年春，与胡适、潘光旦等筹设新月书店于上海。秋，应上海光华大学聘，担任翻译、英文小说派别等课教授，并兼东吴大学法学院英文教授。十七年三月，所主编之新月月刊创刊。是年秋出国，至年底返。十八年，在光华大学及南京中央大学任教，并兼中华书局编辑。十九年，并任中英文化基金委员会委员。二十年一月，创刊诗刊，任主编，由新月书店发行。十一月十九日，由南京乘飞机赴北平，在济南附近误触开山，遇难，年仅三十六岁。

其著作甚多，计诗集有：《志摩的诗》、《翡冷翠的一夜》、《猛虎集》、《云游》，文集有《落叶》、《巴黎的鳞爪》、《自剖文集》、《秋》，及《轮盘小说集》、《卞昆冈》（戏剧）、《爱眉小札》（日记）、《志摩日记》等，翻译有：《涡堤孩》、《曼殊斐尔小说集》、《赣第德》、《玛丽玛丽》。传记文学社将上列各书及未收之诗集、文集、翻译及未刊稿等，编为《徐志摩全集》六巨册，于一九六九年一月出版。（参考：《徐志摩年谱》。）

徐树铮 （1880—1925）

徐树铮，字又铮，幼号铁珊，又尝自号则林，江苏省萧县人。清光绪六年十月九日（一八八〇年十一月十一日）生。十岁，赴徐州读书，十三岁中秀才，十七岁补廪生，十八岁至南京考举人，不中，即不再求功名。二十二岁赴济南投靠山东巡抚袁世凯，不成，转依袁世凯在保定设立之督练公所参谋处督办段祺瑞。二十六岁赴日本入日本士官学校，三十岁毕业。翌年回国，出任段祺瑞之第一军总参谋，驻湖北孝感，后遂成为段之智囊。民元三月任北京陆军部军学司司长，九月调任军马司司长。十一月，所创办之《平报》出版。民二，奉派为袁世凯所召集之政治会议委员。民三，擢升为陆军部次长。四年六月廿六日免职，遂全力注重其在北平创办之正志中学。民五，任国务院帮办秘书，六月十三日任秘书长。十一月廿二日免职。六年八月，仍任陆军部次长，十一月廿日辞职。七年，任参战督办参谋处参谋长兼西北国防筹备处处长。十一月三日，北京政府令加陆军上将衔，派赴日本观操，十二月十六日回国。八年六月十三日，任西北筹边使，廿四日兼西北边防军总司令。十月廿九日抵库伦，十一月六日见哲布尊丹巴活佛，劝其取消自治，十七日，外蒙自治政府将请愿取消自治呈文递都护使署，廿一日，以任务完成离库返京。十二月一日，奉派兼办外蒙善后事宜，二日，任外蒙活佛册封专使。九年二月十四日，兼张恰铁路督办。七月四日，封远威将军，被开去筹边使及西北边防总司令职。

九日，段祺瑞派其为定国军总司令部总参谋长。十四日，直皖开战，十九日皖系战败，树铮避入东交民巷日本兵营中，旋逃往上海。十年十二月廿二日赴广州。十一年一月三日往桂林，晤孙中山先生，计划与段张三角同盟向曹吴进攻。十月二日在福建延平设立建国军政制置府，自任总抚，尊奉中山先生及段祺瑞为领导。因各方反对，十一月二日离福建去上海。十三年十月十五日，被租界工部局拘禁，强迫出洋，先至香港。十四年一月四日，段祺瑞令派为考察欧美日本各国政治专使。乃考察法、英、瑞士、意、德、俄、波、捷、比、荷、美、日等国，十二月十一日返国抵沪，二十三日赴北京谒段。廿九日离京南返，三十日晨一时许，车次廊房车站，冯玉祥令部将张之江拘杀之，而诿称陆建章之子承武为父报仇。享年四十六岁。遗著有：《建国诠真》及文集、电稿等。（参考：徐道邻编《徐树铮先生文集年谱合刊》。）

袁希涛（1866—1930）

袁希涛，号观澜，江苏宝山人，清同治五年九月三日生于杭州。六岁就傅，年二十一，补县学生，旋肄业上海龙门书院，研习宋儒性理之书，继治汉儒通经致用之学，旁及天文地理博物。光绪二十三年，赴安庆充经古书院襄校，提倡实学。是年秋闱中式举人。翌年，应江南制造局之聘，为广方言馆教授，益攻究天文、地理、历代政治。二十九年，在宝山创办县学堂、蒙学堂，以为兴学倡。三十年，与龙门书院诸人，倡改办师范学校之议，得汤寿潜院长及袁树勋赞助，于是年秋，与沈恩孚、叶景澐、夏璇奉派赴日本考察教育。三十一年，龙门师范学堂成立。嗣是五年之间，先后筹办复旦公学，创办太仓州中学，历任各校教职员或监督，兼充江苏学务处议绅、上海总工程局议董。后应直隶提学使傅增湘召，赴津任学署总务科科长，兼图书科科长。三年之间，遍历河北各县，视察劝学。又尝与张相文创设地理学会。辛亥革命爆发，旋即南归。民国元年，应教育总长蔡元培召，赴北京任教育部普通教育司司长。于教育制度、法令等，悉心规划，主张高等师范学校归国立，集中办理，部议通过，于是亲赴各省视察，勘定设校地点，指导筹备，而于北京、南京、武昌三高师，尽力尤多。（后皆改办大学）其后张一麐、范源廉、傅增湘续长教部，皆任次长，前后在部七年，代理部务三次。六年八月，对德宣战，上海同济学校为法领事封闭，希涛以次长充国际事务委员会委员，竭力维持，迁校于吴淞。八年，五四运动起，蔡元培、傅增湘相继出都，希涛力任艰巨，周旋维护，终于辞职。发起组织欧美教育参观团，出洋考察，先到美国，转赴欧洲，民国十年归国。居北京数月后南归，旋被选江苏省教育会会长，发起组织义务教育期成会。又倡设乡村师范学校，以为推行义务教育之基础。卒因积劳致疾，于民国十九年八月二十九日病逝上海，时方主人文社编审史材事，享年六十五岁。（参考：汪懋祖、黄炎培、沈恩孚《袁希涛先生事略》。）

秦德纯 （1893—1963）

　　秦德纯，字绍文，山东沂水人，生于光绪十九年十一月四日。幼时受业私塾，十三岁就读沂水高等小学，历时三年，光绪三十四年考入山东陆军小学第三期，宣统三年夏毕业，旋考入陆军第一中学，因辛亥革命学校停办返里。民国元年复入陆军第一预备学校，三年夏毕业，再入保定军校第二期步科，五年夏毕业，分发陆军第五师充见习官。七年，任第二补充旅第一团副官。九年春，考入陆军大学第六期，十一年冬毕业，任豫东镇守使王为蔚之参谋长。十三年冬，王部扩编成师，仍任参谋长。十四年接受国民第二军（军长岳维峻）第五师番号，仍任参谋长兼骑兵团长。十四年吴佩孚再起，王为蔚等直系旧部均听命于吴氏部将靳云鹗。十五年夏，王师改编为军，任师长，时吴佩孚外遭革命军击败，内受靳云鹗掣肘，乃离河南。靳氏称河南保卫军总司令，德纯任第一军（军长王为蔚）第一师师长。靳、王失和，王离去，乃升第一军军长。靳氏后投冯玉祥，任第二集团军第二方面军总指挥。靳、冯反目，靳被击败逃走，德纯所部被编入冯部为第二十三军，后调十四军军长，再调总司令部副参谋长，参与北伐大业。十九年中原大战时，任第二集团军参谋长兼前敌总司令部总参议。战事结束后，冯部宋哲元军改编为第二十九军，德纯任参谋长，旋改总参议，再改任副军长。二十二年长城之役，宋部被编为第三军团，德纯任副总指挥，与日军激战于喜峰口，大捷，获授青天白日勋章，官至陆军中将。察哈尔省政府局部改组，兼民政厅长，二十四年六月代理察哈尔省主席，二十四年十月，真除察省主席，兼冀察政务委员会常务委员（委员长为宋哲元），十一月六日调任北平市市长，仍兼冀察政委会常委。是月底，中国国民党召开五全大会，当选中央监察委员。七七事变爆发，宋哲元派其与石敬亭赴南京报告。二十八年被派为军风纪第五巡察团主任，巡察陕甘晋等地。二十九年春调任军法执行总监部副监（总监何成濬）。三十二年，任政府新设兵役部之政务次长（部长鹿钟麟），三十四年冬调任军令部次长，国防部成立，又调任国防部次长。三十五年五月，出席远东军事法庭作证："日本侵略我国"、"土肥原是执行侵略政策最重要的主持人"。三十六年国防部长白崇禧兼任华中"剿匪"总部军政长官，奉命暂代部务。三十七年九月济南失陷，省主席王耀武被俘，十月，继王为山东省政府主席，旋兼青岛市长。三十八年十二月来台，一九五〇年任"总统府"战略顾问委员会顾问，一九五二年假退役，一九五九年正式退役。一九六〇年，应中央研究院近代史研究所之请，作口述历史纪录，成《海滨谈往》一稿，又在《传记文学》发表回忆性文字多篇，嗣由该社辑印为《秦德纯回忆录》一册刊行。一九六三年九月七日病逝，享年七十一岁。（于翔麟稿。参考《海滨谈往》、《秦德纯回忆录》。）

高仁山（1894—1928）

　　高仁山，幼名宝寿，江苏江阴人。为民国初年之实验教育家。清光绪二十年（一八九四）生于江阴观音寺巷故宅。幼入江阴立本小学，成绩优异。后随父赴津，改入南开学校肄业。为人诚朴敦厚，温文尔雅，生平无他志，惟欲以教育为终身事业。民国六年，自日本返国，历游东三省、直隶、山东、江苏、浙江七省，从事于教育与实业状况之调查。嗣欲有所深造，乃赴美留学，专研究欧美各国之教育制度，四年又半。复至英国考察二十六大城市之教育，凡六阅月。再赴德、法观察。至民国十一年回国，任北京师范大学及北京大学教育系教授。于道尔顿制（Dalton Plan），深有研究，因特办北京艺文中学以实行其"根据科学方法，办理实验学校"的素志，每月以薪俸所得维持之，并举债以补其不足。又组织新教育评论，与同志讨究中国教育问题，欲由此产生一种合理的教育制度。民国十六年，革命势力由南而北，北平之张作霖深恐党人相机活动，乃大兴党狱。北平教育界中之革命分子，人人自危，纷纷南下，有劝其同行者，以不忍离弃所经营之事业，故不果行。十月下旬，以加入政党，反对当时北京政府嫌疑被捕。被捕前，犹正在组艺文幼稚园，计划由幼稚园而小学，而中学，而大学，造成一贯的实验学校。在狱八十多天，各方营救无效，终于十七年一月十七日与尹运新同时被枪杀于天坛，年仅三十五岁。当时宣布的罪状为散发传单，有打倒现政府字句，作为内乱罪，判决死刑。妻陶曾谷携遗孤南下，入教育部工作，后改嫁蒋梦麟。

仁山自谓研究教育之计划约分为五期：自日返国，以半年时间调查七省教育与实业之关系，是谓第一期。自赴美留学，至民国十五、十六年，为完成其研究教育制度之第二期。此后拟再赴欧美继续研究，是谓第三期。返国后拟往调查中国西北与西南各省之实况，是谓第四期。最后乃创议我国全国之教育制度。不料中途遇害，未竟其志。（参考：《教育大辞书》。）

高平子（1888—1970）

高平子，本名均，字君平。江苏省金山县人。因慕汉代天文学家张平子（衡）之为人，自号平子，以号行。清光绪十四年（一八八八）十二月二十三日生于金山张堰之秦山。民国元年毕业于上海震旦学院。旋入松江佘山天文台，从台长法人蔡尚质神父研习天文。继自行研读中国历代天文历法之学，并在震旦大学执教。民国十三年就职于青岛观象台，指导地磁及天文观测。民国十七年就任中央研究院天文研究所研究员，协助建设紫金山天文台，并研究中西天文学史。民国廿四年代表我国出席巴黎国际天文学联合大会，为中国参加国际天文学组织之始。民国廿六年与董作宾、余青松等调查河南周公测景台并测定其经纬度。中日战争时期，侍父病于沪滨，杜门不出，研经诹史，八年家居，学问遂益精进。民国三十七年来台后，在台湾省气象厅作太阳观测及研究，并主编"国民历"

及"天文日历"，担任"教育部"学术审议委员，并主持"中国天文学会"。一九六三年以后，在"国立"中央大学地球物理研究所与中正理工学院讲授天文学。一九七〇年一月以心脏病入医院，延至三月二十三日逝世。享年八十有二。生平著作论文百余篇，其中有关历法之最重要论文十三篇汇为《学历散论》，有关天文学内容与进展以及有关问题和传记者二十六篇汇为《平子著述余稿》，其他有《史记天官书今注》、《史日长编》、《牛顿传》、《加里略传》、《周髀北极璿玑考》等。逝世后，"教育部"并发表为"学术奖章"得奖人。（参考：高准《先祖父天文学家高平子先生传略》。）

高步瀛（1873—1940）

高步瀛，字阆仙，清同治十二年（一八七三），生于河北霸县。祖父庭蕙，清户部主事。父德沛，诸生，早卒。步瀛九岁而孤，随母氏张侨寓安新县外家。与诸外兄弟从邑儒黄秉钧学。年十七，返霸县本籍应府院七试，皆名列第一，遂入庠。光绪二十年（一八九四），中式甲午科乡试举人。时桐城吴汝纶主讲保定莲池书院，步瀛从受业，学益进。既而任定兴书院山长，旋任保定高等，及优级师范学堂教习。光绪二十八年（一九〇二年），赴日本游学，习师范。归国后，严修适主持直隶全省学务，亟称道之，署为省视学，寻改任学务处编纂。未几保定两学堂请其仍回任教习。光绪三十二年（一九〇六），严修内任学部侍郎，调步瀛入图书局任编审，兼董理顺天府学务总处，旋奏补学部主事。

民国成立，学部改称教育部，步瀛任金事，公余与友人创设国群铸一社，著讲演录数十卷，以导化风俗，开启民智。民国四年八月，泳任社会教育司司长。教育部经费有限，虽有策划，十难行一。然如设立模范讲演所，以培植社会教育人材，设立通俗教育研究会，编著通俗教育书籍六十余种，监督正俗育化社，审定剧本，指导评书改良会，辑录话本等，步瀛均努力推动，次第实行，成效昭著。

民国十年，国立北京高等师范学校校长陈宝泉特约步瀛到校讲学，是为其重莅教席之始。民国十六年五月，张作霖入京自称大元帅，步瀛遂立辞部职，专任师大讲师，兼女师大教授。除授课外，颇事撰著。民国十九年秋，应沈阳萃升书院之聘，渡辽主讲三礼。九一八事变后，退归北平，专任师大教授，主讲文选学，先后兼任中国大学，及保定莲池书院讲师。七七事变后，谢绝宾客，杜门不出，茹蕨泣血，惟祈速死。有故知强见之，欲陈说利害，步瀛慷慨自誓，其人惭沮而退。民国二十八年，余嘉锡、陈垣、沈兼士诸老友，共强起其任教辅仁大学，主讲三礼等课，同时以中国大学无力聘任教员，因愿义务任教，盖以两校均未受伪命也。学生方欣得良师，讵甫届周岁，竟以脑病谢世，时为民国二十九年（一九四〇）十一月十一日，享年六十有九。

步瀛受知于吴汝纶，尽通其学。长于文诗，复肆力于考据，佐以辞章义理，故著作皆精博。为学务博涉精取，实事求是，尝谓"学问之事，不可殉人。"其著作已出版者，有：吴氏孟子文法读本笺注二卷，古文辞笺证十二卷，唐宋文举要笺证甲编八卷、乙编四卷，唐宋诗举要笺证十卷。其未出版者，有文章流别新论二卷，赋学举要笺证四卷，古文辞类纂注七十九卷，周秦文举要笺证四卷，汉文举要笺证四卷，魏晋文举要笺证二卷，文选李注义疏六十卷，已印八卷，三礼举要已印五卷，古礼制研究，经史诸子研究，庄子研究，杜诗研究，史记举要，史记正义校补，太史公自序笺证，国文教范笺注，汉魏六朝文选，骈文举要，文章源流，立国根本谈，侠义国魂，诗文集及日记等。其常举以教人者为三礼，史记，文选，唐宋文。故对于各书，用力最勤，而所撰文选李注义疏，尤称巨著。其赋篇八卷，近年经由中华丛书委员会印行。（参考：余嘉锡撰《高阆仙先生墓碑铭》、姚渔湘《高步瀛的思想与著作》、董璠撰《高步瀛先生 1873—1940 事略》。）

高凤谦（1869—1936）

高凤谦，号梦旦，福建长乐县人。生于清同治八年十二月二十七日，民国二十五年九月二十三日殁，享年六十八岁。

幼而颖悟，太夫人程氏，口授四书五经。稍长，伯兄啸桐，教之作文。二十五岁时，梁启超在上海创办时务报，投稿论废除拜跪事，梁读之，大为叹服；会杭州求是书院改为浙江大学堂，劳乃宣任监督，聘其为总教习。翌年大学堂选派学生十人赴日，任留学监督，率学生东渡。在日年余，考察日本所以兴盛之由，端在教育，而教育根本在小学，因发编辑小学教科书之志愿。

回国后，接任上海商务印书馆国文部长，编印最新初等小学国文教科书，同时出版修身、历史、地理、唱歌、字帖等教科书，全国学校，多数采用。当时全国人士，怀抱革新思想，咸感法律知识之需要，乃创讲翻译日本法规大全，三年书成，国内各官署及公共机关，几乎每处订购一部。学校既兴，国人渐知科学之重要，而研究学术，必有赖于工具之书。又创议编印新字典、辞源。新字典先出，辞源稿经屡易，费时八年始得成书，出版后各方争购，至今犹为学界所重。后商务印书馆日益扩充，张元济主持总公司，凤谦实任编译所所长。旋改任出版部长，年六十告退。迨一二八沪战公司被炸时，复以退职之身，仓皇赴救，几忘寝食。忠心耿耿，可谓至矣。（参考：蒋维乔《高公梦旦传》。）

夏丏尊（1886—1946）

夏丏尊，单名铸，初字勉旃，后改字丏尊，以字行。浙江上虞人，清光绪十二年（一八八六）生。

丏尊祖上以经商致富，父亲是位秀才，十岁时，家道中落，父祖都期望其能中举人点翰林，以光大门楣。十六岁中秀才，不久，清廷废八股，改以策论取士，家人觉举业无望，乃送入新学堂，时年十七。在上海中西学院（东吴大学前身）初等科肄业半年，因学费不足，又回家自修。十八岁进绍兴府学堂（浙江第五中学前身），肄业半年，又因需代父亲坐馆而辍学。翌年，向亲友借贷五百元即冒险赴日留学，先插班入宏文学院，未及毕业又跨考东京高等工业学校，肄业一年，因未领到官费，无法续读，不得已辍学回国，时年廿一，中学时代就此结束，以后也未再进过大学。

宣统元年，浙江两级师范学堂成立于杭州，丏尊为校中日本教师翻译。其后学堂改为浙江第一师范学校，同乡经亨颐（子渊）为校长，丏尊充任国文教师，与校中同事李叔同、校长经亨颐、学生吴梦非均先后加入南社为社员。

五四运动前后，新思潮发扬，北方推北京大学，南方则推浙江一师，丏尊和刘大白等，被称为一师"四大金刚"，惹起许多守旧者的嫉忌和反对。及一师学生施存统（复亮）在报章上发表了《非孝论》，校长和四大金刚大受旧派攻击，先后被迫离去。其后丏尊和沈仲九联袂去长沙第一师范学校任教。

民国八年，丏尊赴长沙。十一年，上虞士绅陈春兰出资创办春晖中学于白马湖，经亨颐为校长，丏尊也被聘为教师，不到二年，因亨颐从事政治活动，与之意见不合，终于离开春晖。

十四年三月，与朱自清、朱光潜、刘大白、叶绍钧、章锡琛、陈望道、刘薰宇及周予同等多位毕业于北高师者，在上海发起"立达学会"。学会创办有"立达学园"；发刊杂志《立达季刊》（仅一期）及《一般》（月刊），《一般》由十五年秋维持至十八年夏季才停刊；"立达学园"至八一三后因学校被毁而停办。此时，丏尊除任《一般》杂志主编外，并兼任国立暨南大学文学院长。

开明书店于十五年成立，丏尊为创办人之一，至十八年，开明由合伙经营，改变为股份有限公司，丏尊任编辑所长，除继续刊行书籍外，并于十九年元旦创刊《中学生》杂志，至抗战时共发行七十六期，皆由丐尊主编。

八一三沪战爆发，开明厂房被毁，书店同人大多流迁后方，丐尊因年老多病，未能离开上海，除替开明编辑字典外，同时在私立南屏女中教国文。卅二年十二月与章锡琛一起被日本宪兵队关了十天，深受刺激。卅五年四月二十三日以肺结核病逝，年六十一岁。

丐尊除创作及翻译外，一生专致力于教书及编著国文教材，给中学生作文和阅读时许多方便。

著有：《文章作法》（与刘薰宇合著，开明）、《文艺论ABC》（十九年，世界）、《生活与文学》（北新）、《现代世界文学大纲》（神州）、《平屋杂文》（二十四年十二月，开明）、《文心》、《文章讲话》、《阅读与写作》（三书皆与叶绍钧合著，开明印行）。

编有：《芥川龙之介集》（诸家合译，开明）、《国文百八课》（与他人合编）、《开明国文讲义》（三册，二十三年十一月，与他人合编，开明）、《十年》（小说集，二十五年七月，开明）、《十年续集》（小说集，二十五年十二月，开明）。

译有：《社会主义与进化论》（高畠素之著，与李继桢合译，十一年，商务）、《绵被》（田山花袋著，商务）、《蒲团》（田山花袋著，十六年，开明）、《国木田独步集》（十六年，开明）、《爱的教育》（亚米契斯著，十五年三月，开明）、《续爱的教育》（孟德格查著，十九年三月，开明）、《近代的恋爱观》（厨川白村著，十七年，开明）、《近代日本小说集》（十七年，开明）。（秦贤次稿。）

孙伏园 （1894—1966）

孙伏园，原名福源，字伏园，以字行，笔名有：伏、伏庐、松年、柏生、桐柏等。浙江绍兴人，清光绪二十年生。宣统三年，入绍兴初级师范学堂肄业。民国二年，初级师范与中学合并改立为浙江省立第五中学。伏园毕业后，于民六秋在沪应北大招生考试，未录取。七年秋，入北大文科国文门旁听，翌年随班考试及格，改为正科生，民十夏毕业。在北大肄业时，曾任图书馆长李大钊之书记，后来得入晨报，可能出于李大钊之推介。

五四运动时，在研究系的北京《国民公报》工作，不久国民公报停刊，乃转入晨报当记者。至十年十月十二日，晨报副镌创刊，由伏园主编。此后报纸副刊之逐渐受人重视，伏园实为一大功臣。八年元旦，北大学生创办《新潮》月刊，伏园旋加入为社员。十年元月四日，以新潮杂志、改造杂志、新社会旬刊、曙光月刊等刊物为主的作家周作人、郑振铎、沈雁冰、郭绍虞、朱希祖、瞿世英、蒋百里、孙伏园、耿济之、王统照、叶绍钧、许地山等十二人，于北平发起"文学研究会"。以研究介绍世界文学，整理中国旧文学、创造新文学为宗旨，主张"为人生而艺术"的文学，提倡自然写实主义，为新文化运动后人才最多，影响最大，为时最久的新文学团体。

民国九年至十年，罗素来华讲学，伏园将其在北大演讲时的笔录编成《罗素五大讲演——心之分析》一书，以孙伏庐笔名，由北京大学新知书社出版。

十年夏，伏园毕业后，曾在北大担任短时期的讲师，其后即专心致力于编辑晨报副刊。十三年十月间辞职。乃联合北大师生多人，于十一月组成"语丝社"，十七日创刊《语丝周刊》，由周作人主持编务，李小峰、章廷谦（川岛）负责发行，维持至十九年三月停刊。十三年十二月五日，伏园又应京报主人邵飘萍之约，为京报创刊《京报副刊》。此后北方局势动荡不安，革命军北伐，伏园应林语堂之邀赴厦门大学，旋因学潮转至广州中山大学，然后到达武汉，主编汉口中央日报（十六年三月二十二日至九月五日）副刊，其弟福熙编画刊（周刊），时社长为顾孟余，同时刊有英文版的中央日报，由林语堂主持。

十六年冬回上海，与友人创办嘤嘤书屋，十二月五日出版《贡献》旬刊，翌年二月出版《当代》月刊，皆由伏园主持编务。十七年与乃弟赴法留学，二十年回国，应河北定县晏阳初等主持的"中华平民教育促进会"之请，出任文学部主任，从事推动平民文学教育工作，曾与瞿菊农主编《民间》杂志。

二十六、二十七年间，曾任过湖南衡山实验县的县长，旋转至大后方。二十八年三月二十七日中华全国文艺界抗敌协会第二届大会，伏园与王礼锡、洪深等当选为理事。在抗战期间，曾任军事委员会设计委员，兼士兵月刊社社长；齐鲁大学国文系主任兼教授，大竹乡村工作人员训练班主任，又创办"中外出版社"。胜利后，任四川华西大学及四川大学教授，同时主持《新民报》副刊。一九六六年元月二日病逝北京，年七十三岁。

伏园早期之创作与译文散见于《晨副》、《新青年》、《新潮》及《语丝》等报刊，但未成集。出版者有：《伏园游记》（十五年北新书局）、《鲁迅二三事》（三十三年作家书屋）、《山野掇拾》（与孙福熙合著，十四年二月初版，二十年十月开明四版）、《三湖游记》（与孙福熙、曾仲鸣合著）。（秦贤次稿。参考：闻堂之《记孙伏园》及谢冰莹《作家印象记》。）

孙洪芬（1889—1953）

孙洪芬，名洛，字洪芬，以字行，安徽黟县人。生于清光绪十五年（一八八九），逝于一九五三年，享年六十五岁。

洪芬幼习八股试帖之学，旧学精湛，十六岁举秀才，民国二年武昌文华书院肄业，修习英文及近代科学。四年赴美深造，初入科州矿专，继入芝加哥大学及宾州大学，均治化工，尤专于造纸工业，得宾大硕士学位。毕业后，宾大化学系主任以其成绩优异，深为激赏，约渠留校任助教，继升讲师。某年南高师校长郭秉文（鸿声）考察欧美教育，莅该校参观，即面约其回国，任教高师。洪芬在宾大时，同时在加士制漆公司（Gibbsboro，N. J.）任化学技师，以求学用一致。

八年自美返国，任国立南京高等师范学校及国立东南大学之预科主任、理科主任兼化学教授，国立中央大学理学院院长，及华中大学与武昌文华图书馆专科学校董事。十六年，入实业界，主办上海江南制纸公司厂务。

中华教育文化基金董事会，系一以美国退还庚子赔款余额，作为我国教育文化事业基金运用之机构，董其事者，均为中美两国教育界名流，成立于十三年九月。十八年洪芬担任该会执行秘书，二十四年继任鸿隽（叔永）任干事长兼为董事之一。中基会之主要事务诸如：设置科学讲座、研究讲座；提供科学研究奖励金及补助金；设立静生生物研究所、社会调查部；增设著名学院之科学研究设备；充实国立北平图书馆；考选优秀青年学者，出国研究科学等。多由洪芬悉心擘划，躬自料理，十余年如一日。

抗战胜利后，曾任国民政府农林部顾问，旋代理技监，并代行常务次长职务。后来又任中华化学工业会总干事兼大同大学有机化学教授。三十八年前，从事金融事业，任中孚银行研究部主任及安徽芜湖分行经理。一九五二年春自大陆来台。嗣应台南省立工学院院长秦大钧之请，担任化工教授兼院长室秘书，不久又兼教务主任，院长秦大钧为其任教南高时之高足。因责任心重，又兼校务繁忙，终于积劳成疾，于一九五三年九月十三日突患脑溢血，卒于任所。死后有译作《人事行政》一书，列入汤元吉主编的"台肥丛刊"，于一九五五年九月出版。（秦贤次稿。参考：《孙洪芬先生逝世二周年纪念刊》及《传记文学》二十三卷三期《孙洪芬先生逝世二十周年纪念》特辑。）

孙宝琦（1867—1931）

孙宝琦，字慕韩，浙江杭县人。生于清同治六年三月。父诒经，清户部侍郎，为光绪帝师。宝琦幼而岐嶷，好经世学，事亲以孝闻。由父荫任主事，改直隶道员。创设育才馆。为聂士成所器重，邀办开平武备学堂。庚子变起，随帝至西安。值军机处。每日译录电报数千言，皆出自记忆，不假手于电码书。和议成后，出使法日葡各国。深究欧亚大势。力主与中亚土耳其各国，罗马教廷，及东南亚暹罗等国，建立邦交。光绪三十三年，奉命使德国，坚持收回青岛，为廷议所格，乃辞归。旋襄办津浦铁路，晋山东巡抚。励廉洁，裁陋规。疏清廷陈改革官制，画一币制，用党人，罢宦官，赦逋臣，抑亲贵。两疏各万余言，均留中不报。时德据胶州，谋胶济路矿权。君据理力争，德人气沮。民国初建，当局以其为经济及外交长才，邀管税务，充日本专使。民国二年入长外交，三年摄国务总理。日人瞰袁世凯图帝制，趁机提出二十一条迫中国承认。宝琦力争不得，乃引退。复起为审计院长，转财政总长。又因反对中交两行停兑事辞退。改主汉冶萍公司董事会及督办税务。民国七年欧战停止。中国将参加华府会议。乃组外交后援会，宣言废除不平等条约，收回治外法权及租界，列强各归还太平洋侵地，全国响应。民十三年再任内阁总理，因反对法国金佛郎案，拂袖而去。见内忧外患日亟，以在野之身，呼吁息兵弭战。遇各省有水旱灾殄，辄尽力募款赈济。终因救灾事，奔驰港沪，积劳致病莫能兴。易箦之顷，犹喃喃以灾民为念，语不及私。于民二十年二月卒于上海。年六十五岁。宝琦长身玉立，美须髯。持躬廉正。服官数十年，不治生产。每去官之日，恒无以治装。囊无一金，不妄取于人。囊有一金，辄慨施于人。在朝则一心为国，在野则救灾恤难。每感世风日下，欲挽无力。辄发为诗歌，以消块垒。谆谆训子孙，以勿染汙俗为诫。在使欧时，汤芗铭偷割国父孙中山先生皮包，窃取秘密文件送其邀功，乃严加斥责，嘱汤送还，尤为革命史上留一佳话。（秦慧伽稿。）

连　横（1878—1936）

连横，字武公，号雅堂，改雅棠，又号剑花，清光绪四年（一八七八）正月十六日，生于台湾台南府宁南房，原籍福建龙溪县。少承庭训，好学不倦，父永昌尝购《台湾府志》一部授之曰："汝为台湾人，不可不知台湾历史。"十三岁即读毕，病其疏陋，后日以著《台湾通史》为己任，实源于此。甲午战后，日本占台湾，氏留心搜集台湾民主国文献，后为《台湾通史》中之珍贵史料。尝主台南新报汉文部，写作之余，并习日文。光绪卅一年，携眷返国，在厦门创福建日日新报，鼓吹排满，旋遭封闭。又返台主台南新报汉文部。三年后移居台中，主台湾新闻汉文部，并与林痴仙、赖悔之、林幼春等创栎社，以道德文章相切劚，并计划撰写《台湾通史》。辛亥秋，假道日本，返祖国观光。先后入新吉林报及边声报工作。赵尔巽长清史馆，延入馆共事，因得尽阅馆中所藏有关台湾建省档案。民国三年冬回台，潜心著作，民国七年，完成其名著《台湾通史》，自九年十一月至十年四月，上中下三册全部印出，共卅六卷，仿中国正史体裁，专记台湾历史，起自隋朝，终于割让日本，明实详备。十三年二月，创刊《台湾诗荟》月刊，以登载汉诗汉文笔记掌故为主，并时时向读者灌输爱国思想，收效至宏。十五年夏，移家杭州西湖，翌年春返台，开办雅堂书局，专卖中国书籍，以抗议日本之禁止中文，于十八年结束。廿二年春返祖国定居。廿五年六月廿八日，以肝病逝于上海，享年五十九岁。一九五〇年三月十五日"总统"明令褒扬。遗子一，名震东。

氏毕生尽瘁于保存台湾文献，冀维民族精神于不堕，其著作除《台湾通史》外，尚有《台湾诗乘》六卷（台湾文献委员会印）、《台湾语典》四卷、《剑花室文集》（现存二本）、《剑花室诗集》四集、《大陆诗草》一卷、《宁南诗草》一卷、《大陆游记》、《台湾赘谈》、《台湾漫录：台南古迹志》等。又搜集先民有关台湾著作三十余种，编为"雅堂丛刊"，均系海内孤本，弥足珍贵。（采自连震东《连雅堂家传》、方豪《连横先生事略》。）

许地山 （1893—1941）

许地山，原名赞堃，又名叔丑，笔名落花生。清光绪十九年（一八九三），生于台湾台南马公庙祖屋。父南英，为台南"南社"诗社倡导人，光绪十六年庚寅恩科进士，蓬壶书院山长。甲午（光绪廿年）战后，台湾为日所据，地山随父内渡，旅居闽粤各地，旋寄籍福建龙溪。（祖籍广东揭阳）

十三岁时，与兄弟入随官学堂读书，课外先后请倪玉笙、韩贡三等补习经史。中小学均在广州完成。民元，任福建省立第二师范教员。次年，转赴缅甸仰光侨校任教。六年，考入燕京大学攻读文学与研究神学，得神学士学位。十二年，与梁实秋、谢婉莹（冰心）等赴美留学，得哥伦比亚大学文学硕士。十五年，在英国牛津大学得文学硕士。次年，由英返国途中，道经印度，留而研究梵文、佛学。归国后，即在燕京、清华、北大等校任教，及教育部国语统一筹备委员等职。十九年，南下广州，任教中山大学。旋即再度西游，研究印度之文学与宗教、哲学。廿四年秋，受聘香港大学，主持中文系，（以其毕业英国大学，对中西文化史有积深造诣，且为华南籍通闽粤方言之国人，为最理想人选。）贡献良多。卅年八月四日，以心脏麻痹症病逝于香港罗便臣道寓所，享年四十九岁。

地山为五四运动的中心人物之一。常用"落花生"笔名写作，以"落花生是有用的，但不是伟大好看的东西"。崇实去华，恰如其志。

其遗著小说与散文有：《命命鸟》、《缀网劳珠》、《换巢鸾凤》、《玉官》、《春桃》，《空山灵雨》等，其形式有属浪漫派，有属写实派。历史与宗教有：《达衷集》、《印度文学》、《中国道教史》、《扶箕迷信底心理》等。《达衷集》为叙鸦片战争以前，中英的外交史料。对早期移民台湾，亦有颇具见地的分析。（林汉楼稿。参考：《畅流》三十四卷七期谢冰莹《作家印象记》。）

许寿裳（1882—1948）

许寿裳，字季黻，亦作季茀，号上遂，浙江绍兴人。生于光绪八年（一八八二），早岁负笈东瀛，毕业于东京高等师范学校。宣统元年（一九〇九）返国，任译学馆教习。民国肇建，教育总长蔡元培邀请入部供职，兼任国立北京大学及国立北京高等师范学校教授。民国六年冬，出任江西教育厅长，九年春离职返部。十一年，任国立北京女子高等师范学校校长，凡二年余，复回教育部，主持编译事宜。十四年，北京女师大被非法解散，乃发动护校，全校教员，义务授课，并自任教务长职，生徒云集，弦诵不辍。如是者三月，女师大卒得复校。十六年春，应国立中山大学之聘，任中国文学系教授。迨国民政府奠都南京，蔡元培为大学院院长，复邀任秘书长。其后蔡专任中央研究院院长，又任其为文书干事。是时蔡常在上海分院，寿裳则留南京本院，院务纷繁，日无暇暑，先后凡五年。民国二十三年，应国立北平大学聘，任女子文理学院院长。越年余，而抗日之战起，任西北联大史学系主任，又兼代法商学院院长。二十九年，西北联大改组，遂离陕入滇，重任国立中山大学中国文学系教授。居半年，以英庚款讲座教授受聘成都华西大学，主讲文字学、传记文学、中国小说史等科目。三十五年，抗战胜利，台湾光复，应台湾长官公署之请，来台任台湾编译馆馆长。三十六年夏，应国立台湾大学陆志鸿校长之聘，任中国文学系主任，于三十七年卒，享年六十六岁。著有《章炳麟》、《鲁迅年谱》等书。（节录：许世瑛《先君传略》。）

曹汝霖（1877—1966）

曹汝霖，字润田，江苏上海人。生于清光绪二年丙子十二月初十日（一八七七年一月二十三日）。二十年，应童子试。以第五名入泮，后入高昌庙高等学堂攻读。二十六年，东渡日本，入早稻田专门学校，旋改入东京法学院（后改称中央大学）深造。三十年毕业后，与范源廉同在日本开设"法政速成班"。翌年归国，六月，参加学务处考试回国出洋学生，获授进士。奉派在商部商务司服务，并兼商律馆编纂、进士馆助教。三十二年，调外务部庶务司工作，不久，擢为五品员外郎。三十三年，经徐世昌保荐，获两宫召见，旋奉上谕："着以参议（四品京堂）候补。"宣统元年（一九〇九），由右参议升右丞。二年四月，外务部左侍郎胡惟德升任外务大臣，汝霖擢为左侍郎。民国二年二月，任国会参议员及宪法起草委员。后任外交部次长，在其任内，于民国四年五月，曾参与日本签订丧权辱国之二十一条条约之交涉。以致谤满天下，身被恶名。五年四月，袁世凯取消帝制，以段祺瑞为国务卿，任汝霖为交通总长。五月十五日，外交总长陆征祥辞职，汝霖奉令兼署，至六月内阁改组去职。六年七月，段祺瑞再度出任阁揆，汝霖仍蝉联交通总长。七年，财政总长王克敏离职，曾一度兼摄财政。十月九日，又兼任币制局督办。

民国八年五四运动起，学生请北政府惩办国贼，即指曹汝霖、章宗祥、陆宗舆三人。会后游行，途经赵家楼，烧毁曹宅，并毁伤适在曹宅之驻日公使章宗祥。为平息学生公愤，于六月十日，下令免去曹与驻日公使章宗祥及币制局总裁陆宗舆三人职务。

汝霖从此脱离政治，息影津门。民国十六年，张作霖称"大元帅"开府北京，设有政治、财政两委员会，以汝霖为财政委员会会长，叶恭绰副之。冀察政务委员会成立，被派为委员。二十六年，国民政府邀集各界人士，在庐山举行谈话会，汝霖奉召前往，应对咨询时，曾陈述日本军人政客内外不和，主张联美抗日。七七抗战开始，平津沦于日寇之手。十二月十四日，北平伪组织"北京临时政府"成立，由王克敏任伪"主席"。汝霖遭威胁利诱，虽未参加伪组织重要职务，但因环境关系，曾出任敌伪数公司之"董事长"。二十九年三月，南京汪伪政权成立，被任为伪"华北政务委员会"之咨询委员会"咨询委员"。

抗战胜利后，汝霖在平一度被拘，旋即释放。三十八年，仓卒赴港，赖其友钱新之资助一切。嗣东渡赴日，然后再由日转美，至一九六六年八月四日，病逝美国密歇根州特兰城医院。享年九十一岁。著有《曹汝霖一生之回忆》一书，对其一生辩述甚详。（参考：传记文学社《曹汝霖一生之回忆》。）

常燕生（1898—1947）

常燕生，初名乃英，改名乃瑛，又改名乃德，字燕生，以字行。山西省榆次县车辋村人。清光绪二十四年十月二十二日（一八九八年十二月八日）生。八岁从关雁秋学。十四岁入本乡笃初小学。民五毕业于阳兴中学，考入北京高等师范。五四运动发生，参加北京学生联合会，被举为该会教育组主任，并任该会主办之《国民杂志》编辑。民九夏，毕业于北京高师，即留教高师附中。民十任教于吴淞中国公学中学部。十二年辞职。十三年春，任教于北京师大附中，秋，应燕京大学之聘，教授历史。十四年，组织"青年山西学会"，以私资刊行《山西周报》。十一月加入中国青年党。十五年夏，辞燕大教授职，创"爱国中学"，自任校长，兼办《学园》周刊，并参加鲁迅主编之《莽原》周刊（二者均为北京《世界日报》副刊）。七月，青年党召开第一届全国代表大会，被选为中央执行委员，兼宣传部长。十六年，辞"爱国中学"校长职，专力中青党部，主办《醒狮周报》。二十三年，任山西大学教授。二十四年在上海创办并主编《国论》月刊。二十五年在太原创办《青年阵线》半月刊。二十七年，任四川大学教授，在蓉恢复《国论》，改为周刊。夏，被聘为国民参政员，冬，任新中国日报总主笔。二十八年，代表青年党访问延安。二十九年，将《国论》改为半月刊。三十年，任教于川康农工学院及华西大学。三十三年，任教于齐鲁大学。三十四年青年党在渝召开十全代会，被选为中央常务委员，兼文化运动委员会主任委员。三十五年一月十三日，政治协商会议在渝举行，被推为青年党五代表之一。三十六年四月，青年党参加政府，被提任为行政院政务委员，旋被选为国府委员。七月二十六日晨逝于华西大学医院。享年五十岁。

遗著有：《全民教育论发凡》、《社会学要旨》、《中国史鸟瞰》、《中国文化小史》、《中国思想小史》、《中国政治制度小史》、《中国财政制度史》、《法兰西大革命史》、《文艺复兴小史》、《德国发达简史》、《生物史观与社会》、《社会科学通论》、《德意志民族自由斗争史》、《生物史观研究》、《青年的路》、《蛮人之出现》、《十九世纪初年德意志的国难与复兴》、《历史哲学论丛》等。（参考：《常燕生先生遗集》。）

梁思永 （1904—1954）

梁思永，原籍广东新会，清光绪三十年生于上海，为梁启超第三子。幼年随父流亡日本，曾在日本读小学。民国十二年毕业于清华学校留美预备班，即赴美入哈佛大学研究院习考古学与人类学，曾参加印第安人古代遗址之发掘。为了解国内考古情况，曾一度返国在清华国学研究院担任助教，并参加整理在山西夏县西阴村所采集之史前遗物。十九年夏毕业归国，任中央研究院历史语言研究所编辑员，参加考古组工作。是年秋赴黑龙江，发掘昂昂溪遗址。冬，入热河调查，获查不干庙、林西、双井、陈家营子、赤峰等五处新石器时代遗址，并采集陶片、石器等遗物。二十年春，参加安阳殷虚第四次发掘，发掘小屯及后冈。秋，参加山东历城龙山镇城子崖第二次发掘，结束后又赴安阳参加殷虚第五次发掘工作，继续发掘后冈。二十一年升任专任研究员，因田野工作过于劳碌，患急性肋膜炎卧病两年。二十三年春病愈后，秋即赴安阳主持殷墟第十次发掘，发掘侯家庄西北冈殷代陵墓，至二十四年冬暂告结束，获殷代大墓十余处，小墓一千余处，收获丰硕。二十五年，一方筹备参加教育部第二次全国美术展览会，一方着手编著侯家庄西北冈发掘报告。二十六年对日抗战发生，随机关迁至长沙，又经桂林入昆明，二十七至二十九年，加紧整理侯家庄西北冈之出土品，侯家庄发掘纲领，即于此时粗加拟定。三十年夏，肺结核剧作，三十四年抗战胜利，至重庆施行大手术，截去数根肋骨，使受害之左肺萎缩。三十五年夏，返至北平休养，三十七年被选为中央研究院第一届院士。一九五四年四月二日病逝北京。年五十一。遗著由中央研究院院士、历史语言研究所研究员高去寻辑补出版。（参考：《大陆杂志》第四十二卷第二期《梁思永先生传略》。）

梁启超（1873—1929）

梁启超，字卓如，又字任甫，号任公，别号饮冰室主人；广东新会人。生于清同治十二年（一八七三）正月二十六日，民国十八年（一九二九）一月十九日午后卒于北平协和医院，享年五十七岁。

任公六岁入塾，十二岁应试学院，补博士弟子员。十七岁中举人，同时亦是南海康有为所主持的万木草堂的受业门生，此后康、梁师徒并称的最大表现，厥为清光绪二十四年（一八九八）的"戊戌变法"；变法未成，维新中辍。任公亡命日本十四年（一八九八——一九一二），为其思想激变时期，曾先后主办五种刊物：清议报、新民丛报、新小说、政论、国风报等，鼓吹政体的改造、思想的解放，予全国久蛰之人心以莫大振奋。民国成立后，自日返国，结束其流亡生涯。

任公为民初进步党（一称研究系）人，曾任司法总长（民二熊希龄内阁）、财政总长（民六段祺瑞内阁）两职。民国五年（一九一六），发表《异哉所谓国体问题者》一文，反对袁世凯称帝；民国六年，以《代段祺瑞讨张勋复辟通电》，痛斥复辟。

任公的政治主张，虽时变而有原则；他底唤起求变思想，诱发了中国知识分子的苏醒和自觉；他的"先破坏后建设"的革命理论，点燃了革命运动的火种；他维护共和的坚决和执着，使袁的"帝制"与张的"复辟"一一烟消云散。

民国九年（一九二〇）初，任公自欧洲考察返国，决定自此放弃政治生涯，全力从事于国民实际基础之教育事业，如组织共学社，发起讲学社，邀请国外著名学者来华讲学。其本人并先后任教于北京大学、南开大学、东南大学，后任清华学校国学研究院的导师、北京图书馆馆长、司法储才馆馆长等职。

任公在学术界的贡献，尤为卓著，计其一生著述，当不下一千四百万言。多为脍炙人口的不朽之作，如：《饮冰室文集》、《中国近三百年学术史》、《中国历史研究法》、《中国文化史纲》、《先秦政治思想史》、《墨子学案》、《墨经校释》、《清代学术概论》、《梁任公学术讲演集》、《佛教研究十八篇》等。（林博文稿。参考：张朋园《梁启超》、田原天南《中国官绅人名录》、丁文江《梁任公先生年谱长编初稿》。）

崔书琴（1906—1957）

崔书琴，河北省故城县人。清光绪三十二年（一九〇六）生于天津。民国十年毕业天津市立小学，十五年毕业天津南开中学，十六年加入中国国民党，十九年毕业南开大学，旋赴美入哈佛大学研究院，二十年得政治学硕士，二十三年获政治学博士学位后即返国。历任东北外交研究委员会研究主任，中央政治学校、国立西南联合大学、国立北京大学、国立政治大学、国立台湾大学等校教授。三十七年政府行宪，当选为立法委员。一九五〇年中国国民党改造委员会成立，膺任中央改造委员，旋任中央改造委员会设计委员会主任委员。一九五二年任中央委员会设计考核委员会主任委员。一九五七年七月十七日以脑炎症逝于台北，享年五十二岁。

书琴为国际法权威，并对孙中山先生学说与思想有深刻研究。著有《三民主义新论》、《国际法》、《条约论》、《全民政治与议会政治》、《高初中及高初职公民》、《中国建设的途径》、《民主政治》、《论民生主义与共产主义》、《孙中山与共产主义》、《大陆学人的悲剧》、《论立法与党政关系》。并译著《叛国种子》等书。
（参考：《崔书琴先生纪念集》。）

张 謇 （1853—1926）

　　张謇，字季直，号啬庵，江苏南通人，清咸丰三年（一八五三）五月二十五日生。是清民交替之际政坛上极关重要的枢纽人物之一。出身农家。自光绪二年（一八七六）即在提督吴长庆处任幕友，袁世凯曾师事之。十一年中顺天乡试，先任开封知府孙云锦幕宾，后历充赣榆、太仓、崇明各书院山长。二十年甲午殿试，中状元，授翰林院修撰。大魁后，值中日战事新败，有识之士，莫不以兴办实业及教育为强国富民之要图。謇鉴于当时政治之无望，适遭父丧，即归故里，从事自己乡里的建设。庚子拳乱，建议两江总督刘坤一宣布东南各省自保，卒获保全。三十二年，组"预备立宪公会"，任副会长，从事请愿开设国会运动。宣统元年（一九〇九），任江宁高等商业学堂监督。八月，江苏谘议局成立，任议长。三年，被任为农工商部大臣兼江苏宣慰使，辞不就。民国元年，南京临时政府成立，任实业总长。曾担保向日本三井洋行借款三十万元，以解救临时政府财政困难。二年，任熊希龄内阁工商、农林总长及全国水利局总裁。三年五月，国务院改制，任农商总长。袁世凯称帝，封为"嵩山四友"，不受。八年，任江苏新运河督办。十年，任吴淞商埠督办。十五年八月二十四日，病逝南通，享年七十四岁。遗著有《张季子九录》、《柳西草堂日记》、《啬翁自订年谱》等。

　　謇出身寒微，力学成名，于经史之外，留心实业，曾先后创办大生第一、第二、第三、第八等纱厂，广生榨油公司，复兴面粉公司，资生铁冶公司，大达轮船公司，通海大有晋、大豫、大赉、大丰、华成等盐垦公司。复设淮海实业银行，以助事业之发展。清末江苏学务总会成立，被推为总理，旋改江苏省教育会，数度当选会长。言论主张，举国宗尚。一面以经营实业所获盈余之部分，作振兴教育之用，先后在籍创办通州师范（为中国师范学校之滥觞）、女子师范学校、通海五属中学、银行专修校、国文专修校、测绘校、土木工校、法政讲习所、巡警教练所、女工传习所、商业学校、南通大学农科、医学专门、纺织专门、伶工学社、盲哑学校、博物院、图书馆，以及南京河海工程专门学校、吴淞商船学校、水产专门学校、东台母里师范学校等，以养成师资，及各项专门人才。他如建立公园、设立养老院、育婴堂、贫民工厂、济良所等，亦莫不成效昭著。其毕生心血，全部贯注在整个事业上，不仅使其故乡以一个风气闭塞之区，变成具有近代化都市规模为全国知名的南通模范县，且由于他排除万难毅然提倡盐垦植棉的结果，使海门、南通接壤的荒滩和范公堤以东跨越如皋、东台、盐城、阜宁四县滨海数百万亩的斥卤之地，变成膏腴沃壤的广大棉田。以一个人的精力，竟能开创出如许大事业，真是难能可贵之极。（参考：沈云龙《张季直及其柳西草堂日记》、张孝若《南通张季直先生传记》。）

张　继（1882—1947）

　　张继，初名溥，十九岁时改名继，字溥泉。先世山东，后迁河北沧县。清光绪八年（一八八二）七月八日出生。七岁入塾，十六岁就读保定莲池书院，从吴挚甫攻经史。十八岁赴日就读，次年以拳乱归国。旋复渡日入早稻田大学，攻政治经济。读法兰西大革命、民约论等书，革命思想勃然以兴。初入励志会，继与秦毓鎏等组青年会，一九〇一年与秦力山等创办国民报月刊，昌言革命排满；又组兴亚会，主张中日同举革命。二十一岁（一九〇二）始至横滨识孙中山先生，又识章炳麟。同年，赴沪办作新社，继又返日。次年（一九〇三），以与邹容剪留学生监督发辫，被逐回沪。与邹容、章炳麟、章士钊等游，董理苏报。及苏报案发，改办国民日日报以继之。一九〇四年，赴长沙，任明德学堂教习。十月，黄兴举义失败，同走沪，以万福华刺王之春案被捕。出狱，赴日，任留学生会馆总干事。一九〇五年八月，同盟会成立，任司法部判事兼民报发行人及主编人。一九〇六年游巴达维亚、泗水、新加坡，旋北赴烟台，冬末赴日。一九〇七年，复任民报编辑。与日人幸德秋水、宫崎寅藏交，倡社会主义。一九〇八年，赴巴黎，与吴敬恒、李煜瀛等办新世纪周刊，一度至鹰山共产村实验共产。一九一一年武昌起义，经南洋归国。民国元年，任同盟会本部交际部主任，临时参议院参议员。同年八月，同盟会改组为国民党，任参议。国会议员选举，当选为参议员。二年四月，国会成立，当选为参议院议长。七月，以讨袁去职，冬，渡日本。三年，赴欧，历意、法、英、美等国；五年四月，返沪。袁死，国会复会，与褚辅成等成立益友社。六年八月，自沪侍国父赴粤护法，任护法军政府驻日代表。七年，返粤。八年，居沪。九年，再赴欧考察，历法、德、西班牙等国；夏，返国，任军政府顾问。十年，任中国国民党特设广州办事处干事长，中国国民党宣传部长，北京支部部长。十一年，奉国父命赴保定、洛阳，答聘曹（锟）、吴（佩孚），并赴北京与苏俄来华代表越飞联络。十二年，奉国父命赴奉，说张作霖。十三年一月，中国国民党召开第一次全国代表大会于广州，当选中央监察委员；六月，提案弹劾共产党。十四年七月，国民政府成立，任委员，未到任。十一月，与林森、邹鲁等召开中央执行委员会第四次全体会议于北京西山国父灵前，决议开除共产党员，移中央执行委员会于上海。十五年三月，召集第二次全国代表大会于沪，当选第二届中央执行委员。十六年，任中央特别委员会委员，并再访问日本。十七年返国，任中央政治会议委员、司法院副院长，北平临时政治分会主席。十八年，中国国民党第三次全国代表大会在南京召开，当选中央监察委员，兼国民政府委员及蒙藏委员会委员。十九年，赴日答谢犬养毅等来华参加国父奉安礼。二十年，立法院长胡汉民去职，当选立法院长，辞不就。二十一年一二八事起，政府迁洛阳办公；三月任西京筹备委员会委员长。二十二年二月，任中国国民党华北办事处主任，二十六年，兼任中央党史史料编纂委员会主任委员、中央监察委员会常务委员、国民政府委员等职，二十八年兼任中苏文化协会四川分会会长，又任中央慰劳团总团长。二十九年任国史馆筹备委员会主任委员。三十四年，出席第六次全国代表大会，当选连任中央监察委员。三十五年还都筹备国史馆；冬，出席国民大会。宪政开始，任宪政实施促进会副会长。三十六年一月，就任国史馆馆长。十二月十五日病逝南京，享年六十六岁。生平著述，编为《张溥泉先生全集》及《张溥泉先生全集补编》两书行世。（参考：《张溥泉先生全集》中之年谱、日记、回忆录等部分。）

张一麐 （1867—1943）

张一麐，字仲仁，初字峥角，号公绂，别署民佣、大国居士，江苏吴县人，清同治六年（一八六七）生。兄弟三人，兄一夔，字寅皋，弟一鹏，字云博，仲仁居次。幼颖异，十二岁中秀才，十六岁中江南乡试副贡，十九岁中顺天乡试举人。戊戌政变，偕弟就苏城创苏学会，倡新教育以应之。光绪廿七、廿八年间，受四川学政吴郁生聘，入川襄试。廿九年应试经济特科，试卷为张之洞激赏，拔置第一，但瞿鸿礼以大魁宜出翰林院，因屈居第二。为北洋大臣兼直隶总督袁世凯所罗致，佐办文案，参预机密。卅三年，袁入参宪政，凡有关宪政诏论章制文电，咸出其手。卅四年底，袁以足疾开缺，遂南下就苏城筹建图书馆，旋入浙抚增韫幕。武昌起义，清廷复起袁为湖广总督，又应召入都。民国后，任总统府秘书，兼政事堂机要局长。及袁欲称帝，一再入谏，不纳。四年十月，调为教育总长，重视社会教育，创注音字母传习所。五年四月引去，走日本。及帝制取消，文告仍出其手笔。袁死，亟思退隐。六年冯国璋代总统时，曾一度担任总统府秘书长。时南北两国会两政府对峙，国事偬扰，乃倡统一，倡和平，继且倡民治。八年二月，上海开南北和平会议，被推为和平期成会副会长。十年九月，与蒋方震、张绍曾等发起庐山国是会议，电征各省意见，期实现和平与统一，卒无所成。自是杜门不复谈国政，然遇地方重要事故，仍挺身代表人民力争，如齐、卢之战，集江浙两省人士奔走京杭间，弭战谋和；又在乡兴教育，改良农事，为一般乡村示范。东吴大学曾赠以名誉法律博士学位。北伐成功，全力赞助政府。一二八之役，偕江苏人士抚伤兵，救难民；至八一三之战，先后设医院二十四，救治伤兵五六万，收容难民十余万，为诗文大呼杀敌救国，更倡组"老子军"以作民气。迨苏州沦陷，乔装老僧，间关抵达后方。廿七年，当选国民参政会第一届参政员，以迄卅二年第三届，在参政员中齿最长，非病不缺席。廿八年秋居香港，设新文字学会，与许地山等倡新文字，俾使大众易读易写，著文数十万言。卅二年十月廿四日病殁，享寿七十七。有日记藏于家，历劫散缺；所著《心太平室诗文钞》及《古红梅阁笔记》等，由顾廷龙、徐子为编为遗集十卷，名《心太平室集》，于卅六年九月出版。（节录自《心太平室集》卷一《张仲仁先生传》。）

张人杰（1877—1950）

张人杰，谱名增澄，又名人杰，字静江，别署饮光，或称卧禅，浙江吴兴人。清光绪三年（一八七七）八月十三日生。幼身体尚健，喜骑术。一八九五年以后患骨疾及目疾，改习书画，尤精鉴赏。初于一九〇一年，以江苏候补道衔，随清廷驻法公使孙宝琦赴法，为商务随员。翌年（一九〇二），在巴黎独资经营通运公司，专销古玩古瓷，兼销茶叶，获利颇丰，以之济助革命，如萍浏醴之役（一九〇六），广州黄花岗之役（一九一一），均慷慨捐助巨款，国父盛赞之。一九〇六年，与李煜瀛、吴敬恒等成立世界社，刊行新世纪周刊，又编印新世纪丛书及大型画刊，宣传革命，与东京民报相辉映。一九〇九年回国，倡组通义银行，未成。一九一一年夏，再赴巴黎。及八月武昌起义，乃于十月回国。南京临时政府成立，孙大总统拟提名为财政总长，婉拒之。民国二年，讨袁军起，支持陈其美、蒋中正发动进攻上海制造局，并会亲临战地，鼓舞士气。事败，党人在沪者仍秘密往来于其家，并赖以资助。三年，国父组中华革命党于东京，邀任财政部长，毅然应允，惟以宿疾不良于行，不克东渡供职，概由次长廖仲恺代行其职权。十三年一月，中国国民党举行第一次全国代表大会于广州，当选为中央执行委员。十四年七月，国民政府在广州成立，任国府委员。十五年一月，中国国民党第二次全国代表大会在广州召开，当选为中央监察委员。同年三月中山舰事变发生，中央执行委员会主席汪兆铭请假赴欧，中央执行委员会因于五月召集全体会议，决议整理党务，推人杰代理中央执行委员会主席。十六年四月与中央监察委员蔡元培、吴敬恒等倡议清党，同月，国民政府奠都南京，设浙江政治分会，任主席。十七年二月，任浙江省政府主席。旋改任中华民国建设委员会委员长，任职九年，重要建设有：首都电厂，戚墅堰电厂，国内无线电台，国际电台，长兴、淮南等煤矿，江南汽车公司，江南、淮南铁路，以及公路、电信等交通事业。二十六年抗战军兴，赴汉口，后转香港赴瑞士养病。二十八年赴美。盖于夙疾麻痹症外，复患眼疾。三十四年，两目失明。一九五〇年九月三日，病逝美国纽约。享年七十有四。（李云汉稿。参考：冯自由《新世纪主人张静江》、狄膺《张静江先生事略》。）

张元济 （1871—1965）

张元济，字菊生，浙江海盐县人，为书香世家。清同治十年生，一九六五年八月十四日逝于上海，年九十五岁。

年二十四连捷成进士，授翰林院庶吉士。在总理各国事务衙门供职。富有新思想，故于甲午战后，对政治主张改革甚力，在北京办"通艺学堂"，教授英文与数学，后与康有为同为翰林院侍读学士徐致靖保荐，且于戊戌四月廿八与康有为同为光绪帝所召见，同时又为翁同龢门生，因此为慈禧集团所嫉，戊戌政变后六君子被杀，遂误被牵累，革职永不任用，通艺亦因以停办。

此后脱离仕途回沪，入南洋公学任汉文总教习，旋受夏瑞芳氏等约，参加商务印书馆经营成立编译所，任第一任所长，其所编第一套小学教科书，定名为最新教科书，延揽并聘请日本学者及教育家为顾问，首先取日本之小学教科书，研究其教材，次就我国人最常用之文字与应具之常识，编定大体计划，每成一课，亲自主持，与执笔者字斟句酌，务求取材切当，浅鲜易解，故能成为最优良之教本。后更范围扩大编（译）印各种书籍，并对于海内善本孤椠，名画碑帖，影印发售，有裨研究，厥功至伟。其毕生事业，均集中在商务印书馆，惟至民国三十七年，渐受左倾分子所包围，一九四九年后，仍任商务印书馆董事长。（参考：王云五《岫庐八十自述》。）

张自忠 （1891—1940）

　　张自忠，字荩忱，山东临清人。清光绪十七年（一八九一）七月七日生。幼随父居江苏海州任所，初习诗书。及长，回籍入临清中学就读。毕业后，升学天津法政专门学校。民国三年，投效陆军第二十师随营学校，为学兵。五年，转隶第十六混成旅，旅长为冯玉祥。历任排、连、营长及学兵团长，先后参与讨伐张勋及十三年国民军首都革命诸战役。十五年八月，国民军五原誓师，全军参加中国国民党并进军陕甘，响应北伐。十六年，国民军改编为国民革命军第二集团军，任军官学校校长。十七年，任第二十五师师长，所部以训练精良，纪律严明著称。十九年十一月，中原战争结束，西北军残部渡河入晋，接受改编。中央命改编为陆军第二十九军，任宋哲元为军长，自忠任宋部第三十八师师长。初驻晋南，继移冀境。二十一年八月，率部入察哈尔，拱卫北疆。二十二年三月，奉命驰援长城，于喜峰口获大捷，全国振奋。获中央颁授青天白日勋章。未几，塘沽停战协定签字，率部回驻察省。二十四年十二月，冀察政务委员会成立，自忠被任为冀察政务委员会委员兼察哈尔省政府主席，仍兼第三十八师师长。二十五年五月，奉命调任天津市长，乃率部由察移津。时日人图华北甚急，津市首当其冲，秉承中央秘密多方因应。二十六年三月，奉派赴日考察，未匝月而返。七七变起，奉命暂留北平与敌周旋。任务达成，即脱险南下，经天津、烟台、济南而至南京，谒蒋委员长报告一切。旋受任为第五十九军军长，率部拒敌。二十七年二月，首战却敌于肥水。三月，大败敌第五师团于临沂，成台儿庄之捷。继驰援徐州，复破敌师。以战功获升第二十七军团军团长，仍兼第五十九军军长。同年九月，武汉会战，以孤军坚守潢川，日寇终未得越雷池。十月，升任第三十三集团军总司令，旋复兼任第五战区右翼兵团总司令。二十八年三月，与日寇战于京山、钟祥，毙敌达六千之众。五月，进军随枣，破寇于田家集，于是有鄂北之捷。二十九年五月，日寇犯襄、樊，率部渡襄河猛击之。鏖战经旬，于五月十六日在南瓜店壮烈殉职。享年五十岁。国民政府明命褒扬。（李云漠稿。参考：《张自忠将军传略》及《革命人物志》第四集。）

张先培（1888—1912）

张先培，字心栽，生于民国纪元前二十四年。先世居贵州，麻哈（清麻哈州）之北乡。父梁（梓村）以戡定苗乱，两解贵阳城围，清末积功得保提督，授安义镇总兵。先培童年随父居省城，肄业贵阳私立乐群学堂。该堂教员彭述文，平刚等时以排满革命思想，灌输于学生，先培颇受影响。宣统元年，既毕业乐群，思游日本，家人以年少不许。家居郁郁不乐。宣统三年，以父荫，入北京贵胄学堂。甫抵都门，即值武昌起义，遂日往来于京津之间，结识留驻北方之同盟会革命党人，谋倾首都，为建瓴之势。认为促使革命早日成功，非先去清内阁总理大臣袁世凯不可。于是与四川资州杨禹昌，贵州贵定黄之萌二人，同习制造炸弹术。约定于民国元年一月十六日，各挟所制炸弹，相聚于北京东华门外天顺茶楼上，伺袁世凯退朝回车锡拉胡同邸寓时，由楼上掷弹击杀之。世凯马车适经楼下，先培首向掷弹，之萌继之。均未命中，仅伤马匹及街警。卫士立索之茶楼，三人咸趋前直认不讳，遂被执就刑。清廷亲贵政要，自此人人自危，世凯亦即称病不入朝议事。隆裕太后计无所出，迫得同意清帝逊位。南北和议成立，中央政府特恤先培遗族千金治丧，并礼葬之于北京农事试验场，即俗称万牲园。乐群同学亦于贵阳举行盛大之追悼会，彰其伟绩。先培死事时，年仅二十四岁，遗有寡妻。其父年逮古稀，尚健在。黔人欧阳朝相（芗蘅）挽诗中，因有"只怜少妇山上山，白发双幡更不堪，汗史定知千古事，柔肠谁解九回盘"之句。

清末贵胄学堂，除招收皇室贵族子弟外，兼及汉人之有世职者。学生中率多纨袴膏粱之辈。先培入学后，徒挂空名，时与党人往来，不时涉足花丛，借以掩护行藏，故人多讳言。彼时一部分党人作风固如此，不独先培然也。（姚崧龄稿。参考：周恭寿主纂《贵州麻江县志》。）

张廷谔（1890—1973）

　　张廷谔，字直卿，河北丰润县人。生于民国纪元前二十二年，一九七三年七月廿七日逝世台北，享年八十四岁。早岁负笈东瀛。辛亥八月，闻武昌首义讯，束装返国，参与滦州起义，事败，缒城东逃，幸免于难。旋由东北转赴烟台，奉民军都督命出长黄县。三阅月后，清廷倾覆，民国告成，即去职复学。民国三年，卒业于天津高等工业学堂，任直隶航轮局理事及直隶省议员。九年，直皖战后，辅佐张绍曾谋求南北和平统一，筹开庐山国是会议，惜事与愿违，未竟厥功。民十一，任山东盐运使，山西河东盐运使，北京电报局总办及直鲁电政监督等职。十二年初，张绍曾出任国务总理，特挽其担任国务院秘书长，以方逮而立之年即负国家重任，参预密勿，献替甚多。是年六月，总统黎元洪及国务总理张绍曾相继被迫去职，乃与内长高凌霨主持摄政内阁，至曹锟就总统职后，高兼代国务总理，氏则仍佐理院务如故。俟孙宝琦内阁组成后，始转任总统府高等顾问。

　　十三年，第二次直奉战争，冯玉祥倒戈，发动北京政变，吴佩孚失败下野，曹锟被禁延庆楼，氏亦暂离政界。越三载，吴佩孚东山再起，国民军受奉军压迫有向直系投诚意，氏为消弭战祸，居间斡旋，然事终未成。国民军撤出北京时，曹锟获释，即护送赴保定，旋转郑汴，十七年又陪其北返，寓居天津。

　　氏返津后，经营盐业，获利甚丰，本已无意于仕途。迨九一八事变后，日人得寸进尺，进窥平津，挑衅生事，危机四伏，深以为忧。适二十三年冬，行政院驻平政务整理委员会委员长黄郛与其有金兰之契，特荐为天津特别市市长，共系危局。毅然不辞艰钜，乃出与日本特务首领土肥原、酒井隆等周旋，整饬地方治安，维护国家权益，不啻为抗日之政治前哨战。未及半载，日人以其不受威迫利诱，雇用莠民，由日租界四出骚扰并悍然要求中央免河北省主席于学忠及其天津市长职务。中央不得已下令"另有任用"，方与于学忠同时去职。

二十六年，抗战军兴，平津失陷，避难沪滨；京沪撤守，暂寓租界。其时敌焰方炽，群魔乱舞，对氏威迫利诱，然终不为所屈。二十八年，汪精卫抵沪筹组伪政府，惧受胁迫，乃冒险潜出陷区，经香港转往重庆。

三十四年秋，抗战胜利复员，再度出任天津市长，莅任之日，即颁安定人事、经济公开之施政方针，深得属下协力，秩序赖以安定，政绩斐然。氏黾勉从公，竟因劳致疾，患脑平衡神经衰弱，时感晕眩，于卅六年辞职。

三十七年十二月，中共军队迫近北平，时正养疴颐和园，有鉴于平津危在旦夕，搭运输机自北平南飞青岛转沪，并即买棹来台，定居于台北市郊之永和镇。一九七三年七月二十七日病逝。

张伯苓 （1876—1951）

　　张寿春，字伯苓，以字行。河北天津人。生于清光绪二年三月十一日。出身富家，父云藻酷嗜音乐，不事生产，家道乃中落。七岁入塾读经，年十六考入天津水师学堂。光绪二十四年，天津绅士严修倡办新教育，应聘主持严氏家塾，除授英文、数学、理化外，兼教体育，一改旧式家塾之传统。光绪三十年并联袂赴日，考察彼邦教育制度。翌年将严馆扩大为现代中学，定名为私立第一中学堂，学生仅七十余人，两年后友人捐赠南开地方土地二英亩，校址旋迁该地，改名南开中学。其早期事业，颇受华北青年会影响，当时与青年会美籍干事多人熟识，并于光绪三十四年在国外实际观察教会主持之社会活动，逐渐对基督教发生兴趣，而于宣统元年受洗。民国六年去美，入哥伦比亚大学师范学院研究，八年回国，创办南开大学，分文、理、商三科，后增设矿科。同年上海圣约翰大学授予名誉博士学位。南开学校逐步扩充，先后成立女中部，实验小学，大学创立经济、化学两研究所，至民国十九年，全校拥有土地二百英亩及堂皇校舍，学生达三千人。

　　抗战发生，南开被敌机轮番轰炸焚毁，旋奉命与北京大学清华大学合并迁往长沙，称"临时大学"，二十七年迁至昆明，改为国立西南联合大学，伯苓与蒋梦麟、梅贻琦两氏同任校务常委。三十五年南开大学改为国立，伯苓任校长，同年哥伦比亚大学亦授予名誉博士学位。二十七年，国民参政会成立，任副议长，至第三、四届时，以德高望重，连任主席团主席，致力于和衷共济及和平团结。三十七年六月，出任行宪后首任考试院院长。大陆局势逆转，曾至重庆，后去天津。于一九五一年二月二十三日以脑溢血病逝，年七十六岁。（参考：王文田等《张伯苓与南开》。）

张季鸾（1886—1942）

张季鸾，学名炽章，陕西榆林人。生于清光绪十二年，卒于民国三十一年九月六日，享年五十七岁。

父母早丧，少喜读书，曾留学日本。早年即投身报界，清末在于右任所主持之民立报工作。民国二年在北京民立报主持笔政，因宋教仁案触怒袁世凯，二次革命起，被捕于军政执法处。三月后释放，至沪参加胡霖（政之）所主持之大共和报，同时在中国公学授西洋史。五年又返华北，一方面为上海新闻报撰通讯发电闻，一方面为国内重要杂志撰文，署名一苇。八年再去上海，主办中华新报。十三年冬中华新报停刊，再返北方。是时胡政之亦由沪至津，适大公报创办人英华（敛之）以经营不振休刊，十五年九月一日，乃与胡政之、吴达铨三人联合接办，时吴在津主持盐业银行，负责筹集股款，张胡二氏，负责编辑经理业务，以劳力作为股款，除约定"三人谁也不得担任与政治有关之公职"外，并议定四事诏告国人："不党""不卖""不私""不盲"。其一生态度谦冲，论事透辟，文字之委婉与对人对事之豁达胸怀以及忧国忧民爱人爱世之情感，亦跃然纸上。其恬淡一生，撰数十年之社论与专文，从未为本人印书，曾云："咱们写的文章有甚么价值？早晨还有人看，下午就被人包花生米了。"直至殁后三年，友人胡政之等方搜集遗文，印行《季鸾文存》二册。（参考：陈纪滢《报人张季鸾》。）

张善子（1882—1940）

张善子，名泽，别号虎痴，四川内江人（原籍广东番禺）。兄弟十四人，善子排行居二，今蜚声世界艺坛之张大千为其八弟。父怀忠，儒生。母曾太夫人益，精研六法，故善子兄弟皆得其薪传，以书画名家，善子擅山水、花鸟、走兽，而画虎龙尤称精绝，故有虎痴之目。移家苏州网师园时，曾饲养幼虎园中，窥状写生，力求逼真。

善子为人热诚爱国，早岁加入同盟会，参与革命。宣统年间，曾任四川谘议局议员。民国成立，又转入军事，任四川陆军第一师第二旅少将旅长，旋改任盐官，先后六年，在盐务方面颇多兴革。张绍曾组阁，复入京任国务院参议。吴佩孚在直鲁豫巡阅使时代，曾聘作顾问。以爱塞上风物，尝至察哈尔，于丰镇、兴和、凉城、商都各县，历任县官。民国十四年倦游南归，移家上海，侍亲之暇，从事丹青，在苏、沪两地，创设黄社、大风堂书画研究院，以教育青年后进。

善子既渊源家学，长就外傅，又从清道人李梅庵、曾农髯熙游，既研治诗文书画，复精鉴赏，尤富收藏，沈潜研摩，不惟娴于艺事，且学亦极精窍，故其画书卷气极浓，达神韵超妙之境。以性好山水，足迹遍五岳，尝两登华山，三游黄山，摄取自然之灵景，陶养高逸之清芬。

七七抗战军兴，由匡庐返南京，慷慨悲愤，义形于色。本匹夫救亡之志，以正义号召国人，共赴国难。八一三后，至安徽郎溪，从事四维八德之绘事，文天祥正气歌图像即创始于是时，意欲揭示民族正气，激发人心，发挥艺术上之抗建使命。旋又画一群虎图，长数丈，写雄狮怒目狂吼于日本富士山，此即世所艳称"中国怒吼了"之名作。

廿七年八月，西行入蜀，舟中写三峡扬帆图以状其雄险，仍不辍绘事。既至陪都，举办画展，轰动一时。月余后，应于斌主教之邀，同往欧美，为艺术宣传，亦即为国民外交而努力。廿八年一月抵法，四月抵纽约，与于氏分赴各大学演讲，阐明东方艺术，发挥我国抗战意旨，听者动容。同时举行画展募捐，以赈济难民。纽约佛恩大学赠以荣誉法律博士学位。奔走岁余，声名洋溢。不幸于廿九年秋，比旋国门，因备极辛劳，遂遘疾而卒，享年五十九岁。其著述有《大风堂画絮》、《曾胡治兵评论》等书行世，被誉为爱国艺人。夫人浣青，子比德，亦工绘事。（节录：胥端甫《爱国艺人张善子》。）

张梦九 （1893—1974）

张梦九，原名尚龄，来台后改名润苍，字梦九，以字行，别署赤松子。祖籍陕西，寄籍四川，清光绪十九年（一八九三）四月十七日生于成都。八岁丧父，此后读书，多赖苦读，初入私塾，继入新式中小学及成都英法文官学堂学习日文，同学李璜（幼椿）则习法文。民元，成都兵变后，奉母命与华女士仓促成婚，但梦九与唐丽娟女士青梅竹马，乃由唐筹款二万元交梦九分途出走上海。梦九于民二抵沪，而唐女士终未随来，感伤之余，在江南及北京观光游历一年后，于民四赴日留学，肄业法政大学，嗣经同乡陈清（愚生）、雷宝菁（眉生）之介，得识曾琦（慕韩），过从甚密。

民七，与曾琦、易家钺（易左）、罗益增（季则）、刘正江（泗英）、唐有壬、丘仰飞、庄仲舒等留日学生慨于日本通讯社之操纵东亚舆论，影响中国国际地位，乃发起"华瀛通讯社"于东京，逐日编印稿件，借供国内报纸刊载，同时参加"留日学生救国团"，以扩大青年救国运动。六月二十六日，由日返抵北京，留京月余，除参与救国团活动外，并与王光祈、曾琦、陈淯、雷宝菁、李大钊、周无（太玄）等七人共同发起组织"少年中国学会"。学会结合五四运动前后有志青年百余人，"本科学的精神，为社会的活动，以创造少年中国"，并标举"奋斗、实践、坚忍、俭朴"四项信条，对于近五十余年的文化政治运动有相当大的影响。

梦九在京事毕，即赴上海，任救国团所办救国日报总编辑，兼为新闻报写社论。九年八月，决定赴德留学，乃由上海乘船赴马赛，再改乘火车经巴黎转德国，留德四年，初住法兰克府一年半，继住柏林二年半，在德期间，学习德文，研究时事，并经常为上海新闻报写通信稿，报道国际新闻。

十三年，应曾琦之约，加入中国青年党，七月杪偕李璜、曾琦、罗世巍等"少中"同仁自法归国，九月四日抵沪后，即联络左舜生、陈启天、余家菊、王崇植等于十月十日创刊《醒狮周报》宣传国家主义，同时兼在大夏大学及法政大学任课。十五年秋，梦九与张子柱同赴云南，办理民治学院，不及三月，即因政变停办。十六年元月由昆明陆行，五月始抵成都，在成都大学任教未久，即又匆匆东下上海，转赴北京，任教于北师大及民国大学。后以时局大变，乃赴沈阳任东三省民报总编辑，至九一八事变后离去。

二十一年至三十五年间，曾任四川省银行顾问、西南实业协会顾问及国民公报主笔等职，复员后，于三十六、三十七年间任经济部顾问，一九五〇年至一九五二年间，任"经济部"商业司长，嗣以年老退休。退休后仍从事编辑与著述工作。一九七四年四月二十一日，以八二高龄，无疾而终。

梦九历年来在报上发表的社论及通讯稿皆未成集，至于其编著的书籍，抗战前有《近代世界外交史》（中华）、《上海闲话》（北新）、《各国民族性》（华通）、《世界年鉴》（大东）；来台后有《民国春秋》（一九六六年九月华联再版）、《民国风云人物奇谭》（一九六八年四月华联再版）、《人海沧桑六十年》（一九七一年十月五洲初版）。（秦贤次稿。参考：陈启天《张梦九先生的生平事略》。）

章宗祥 （1876—1961）

章宗祥，字仲和，浙江吴兴人，生于清光绪二年（一说生于光绪三年，另说生于光绪五年，待考）。幼就读于上海南洋公学师范班。光绪二十一年考取生员后赴日留学，初在东京帝大特别法科攻读，继改入明治大学，于二十九年得法学士学位。二十八年，清贝子载振奉派至日考察时，宗祥与曹汝霖代表学生欢迎，大得载振之欢心。三十一年新设商部电调回国到部任事。旋赐进士，调民政部内城巡警厅厅丞。适汪兆铭刺摄政王不成被捕，由宗祥鞫讯，认为革命党非杀戮所能戢，乃设法从宽处理。清末又曾历任修订法律馆纂修、民政部则例局提调、记名左右参议兼宪政编查馆编制局副局长、内阁法制院副使等职。武昌首义后，曾被派为北方代表之一赴沪议和。

民国元年六月，陆徵祥奉命组阁，提名宗祥为司法总长，未获国会同意。七月二十七日，任大理院院长。二年十二月，充中央高等文官惩戒委员会委员长。三年二月，继梁启超为司法总长。四月，奉命暂兼代农商总长。五月一日，废国务院官制，设政事堂，宗祥蝉联司法总长。十月二十二日，又暂行兼代农商总长。五年六月三十日，继陆宗舆为驻日公使，经手向日借款，牺牲济顺高徐等路权和矿山等，在七年九月换约时，有"欣然同意"之语。

民国八年五四运动时，学生游行，烧毁曹汝霖住宅，宗祥适在曹宅，即被击伤。六月十日，与曹汝霖、陆宗舆同被免职。十六年，曾任张作霖安国军外交讨论会会员。

二十九年三月，汪伪政权在南京成立后，以王揖唐为北平伪"华北政务委员会"委员长。时宗祥正卜居青岛，经曹汝霖约邀出任该会谘询委员会"谘询委员"，后改任伪电力公司董事长。三十四年八月，抗战胜利，曾遭北平肃奸分会逮捕。嗣经吴鼎昌说项，因无重大罪行，始行获释。一九六一年左右病卒。著有《日本留学指南》及《东京三年记》（收入《六十年来之中国与日本》第七卷）。（参考：英文《民国名人辞典》、《日本留学支那要人录》。）

陈　源（1896—1970）

陈源，字通伯，笔名西滢，江苏无锡人。清光绪二十二年三月二十四日生。幼入上海文明书局附设之文明小学就读。嗣转学于南洋公学（交通大学前身）之附属小学。宣统三年（一九一一）毕业，升入中院。民国元年春，受表舅吴敬恒鼓励，赴英深造。抵英后，发愤研习英文，以后对英国文学之造诣，即肇端于此时。修毕中学课程后，先入爱丁堡大学，继转伦敦大学，攻习政治经济学，获名教授拉斯基之指导，得博士学位。十一年，应蔡元培电邀回国，任北京大学教授。因感国内无公正有力之言论刊物，乃联合好友王世杰、周鲠生、杨端六、皮宗石、杨振声等合创《现代评论》杂志，每周皆有其专栏文字，倡导科学与民主，且与鲁迅展开笔战。上项文字，后汇辑为《西滢闲话》，由上海新月书店出版。十六年夏，现代评论停刊，偕夫人凌叔华女士赴日本小住。十八年五月，王世杰任武汉大学校长，聘为教授兼文学院院长，罗致很多留英学人任教，锐意求进，人才辈出。抗战军兴，迁校于四川乐山，弦歌不辍。三十年，辞去院长而专任教授。吴敬恒以其对国际情势具有卓见，且谋国忠诚，乃推介为国民参政会参政员。三十二年，政府鉴于国民外交之重要，而其又与英国名流多所往还，乃征调赴英服务，促起友邦对中国抗日运动之认识。三十五年，联合国文教科组织在巴黎成立，政府任之为该组织首任常驻代表。嗣因巴黎生活昂贵，乃寓居生活费用较低之伦敦，于开会时去法。一九六六年，辞职获准，回伦敦休养。一九六九年，又患脚软之症，不良于行，且记忆衰退，语言不畅。一九七〇年三月二十九日以脑溢血病逝，享年七十四岁。遗著除《西滢闲话》外，散篇文字甚伙，台北萌芽出版社于其病逝后，为辑印《西滢后话》一册。其他译著计有：屠格涅夫《父与子》上中下三册、《梅立克小说集》、《少年维特之创造》等。（参考：《陈通伯先生生平事略》、《珞珈》二十七期《纪念陈通伯教授特辑》。）

陈　诚（1898—1965）

陈诚，字辞修，别号石叟。浙江青田县高市人。生于光绪二十三年十二月十二日（一八九八年一月四日）。八岁始就学。民国元年，卒业于高市小学，赴丽水考取省立第十一中学，以学费困难，转入师范肄业。民六年卒业。次年入杭州体育专门学校。适乡前辈杜志远当选国会议员，携赴北京，入保定军官学校第八期炮科。九年七月沪皖战起，保定军校停办，南下至粤，加入中国国民党，服务于粤军第一师第三团。民十年保定军校复校，北返续学，次年六月卒业，分发浙江第二师第六团第三连充见习官。十二年三月任建国粤军第一师第三团上尉副官，旋调连长，担任大元帅府警卫事宜。民十三年任黄埔军官学校上尉教育副官。次年任校军炮兵连长，参加东征之后，以功升炮兵第二营少校营长。十五年北伐，任预备第一师第三团团长。预一师改为第二十一师，任副师长。十六年升第二十一师师长。秋，辞职居沪。未几，任第十一师师长。十八年八月，升十八军上将军长，仍兼第十一师师长。二十年六月，任"剿共"第二路指挥官，"追剿"江西红军。二十二年二月任赣粤闽边区"进剿军"中路军总指挥。十月，成立赣粤闽湘鄂北路军"剿共"总部，开始第五次"围剿"，任第三路军总指挥。次年二月，任北路军前敌总指挥，十一月十日收复江西瑞金，完成第五次"围剿"任务。二十六年抗战发生，任第三战区前敌总指挥兼第十五集团军总司令，负沪战指挥全责。二十七年一月任武汉卫戍总司令及军事委员会政治部部长。六月，兼湖北省政府主席，负保卫武汉之责。十一月任第九战区司令长官。二十九年七月调任第六战区司令长官，驻恩施。三十二年二月任远征军司令长官，仍兼第六战区司令长官及湖北省政府主席。十一月因病辞远征军职务，居渝疗养。未半载，出任第一战区司令长官。三十三年底，调任军政部长。三十五年六月任参谋总长。次年九月一日赴沈阳兼东北行辕主任。三十七年二月五日离沈。旋赴沪医病。年底，任台湾省政府主席。三十八年七月兼东南军政长官公署军政长官。一九五○年三月任"行政院长"。一九五四年三月当选第二任副"总统"。十一月，成立"光复大陆设计研究委员会"，受聘为主任委员。一九五七年十月，当选中国国民党副总裁。一九五八年七月，再度出任"行政院长"。一九六○年三月，当选第三任副"总统"。一九六一年七月应邀访美，历时十六日，八月十三日返台。一九六三年三月访问越南。十二月辞去"行政院长"兼职、专任副"总统"及中国国民党副总裁。一九六五年三月五日病逝台北。（蒋永敬稿。参考：《陈故副"总统"纪念集》，见《革命人物志》第五集。）

陈三立 （1853—1937）

陈三立，字伯严，江西义宁州人。清咸丰三年（一八五三）生。中岁筑散原精舍于金陵，诗文为一代宗匠，学者称散原先生。系出江州义门陈氏，先世有宦闽者居上杭，至高祖讳腾远始迁于义宁，其父宝箴，以举人从父治团练击贼义宁，历参湘军幕有声，为曾国藩所引重，而尤与深契者则为湘阴郭嵩焘。光绪二十一年（一八九五），累擢至湖南巡抚，其为学夙宗张朱，兼治永嘉叶氏姚江王氏说。怵国势积弱，思以一隅致富强为东南倡。乃厉行新政，讲时务，启民智，期年，效大著。三立自光绪十二年丙戌成进士，以主事分吏部考功司，一视事，舍去，即从父官所。佐定方略，收人材，随所任多所树白。至是，乃益本家世夙讲习者，谀稽新学，一出于镕冶抉择，以赞行新政，故当时推湖南最绩效者，亦三立之力也。其挟忠爱之忱，又盛文采，并世气节、魁伟之士咸归之。戊戌祸作，父既以疏荐杨锐、刘光第得罪罢，而并及三立，不为无故。不两岁，连遭父母丧，既痛君父家国无可复问者，遂湛冥忧愤，刿肝瀹髓，以成诗歌文字之奇，尤可悲已。三十年，诏赦籍戊戌党者复原官，终不再出。辛亥后南北兵事不绝，时避居上海杭州匡庐浔阳间，或三数年，或不一年，仍还居金陵，然昔之所谓散原精舍者已不复有。民国二十二年冬，迁居北平西城，二十六年八月初十日卒，年八十有五。元室罗淑人，生一子，衡恪，先卒，继室俞淑人，生子隆恪、寅恪、方恪、登恪，女三人，长适张宗义，次适俞大维，三适薛琛锡。（参考：《中国近代学人象传》初辑。）

陈布雷（1890—1948）

陈布雷，原名训恩，字彦及，号畏垒，在浙江高等学校读书时，同学以其面颊圆满，戏呼为"面包孩儿"，由面包而BREAD，再由译音改为布雷，乃以布雷行。笔名曰彦。清光绪十六年十一月十五日生于浙江慈溪。幼从父、兄及徐二沆等读书，十四岁（一九〇三）应府试，名列第一。十五岁（一九〇四）至宁波应院试，录取第五名，为慈溪县学生，入慈溪县中学堂肄业。十七岁（一九〇六）转入宁波府中学堂肄业，入校后二月，以言动不谨，激起风潮，乃自动退学，赴杭州，转入浙江高等学校预科二年级肄业，十九岁（一九〇八）毕业入正科。二十二岁（一九一一）毕业。是年秋，赴沪应天铎报之聘，任撰述记者。为文署名布雷。与民立报之宋教仁及南社柳亚子、高剑父等常相过从。任职半年，为总编辑李怀霜所忌，辞职归里。民国元年，任教于郡城效实中学，兼任申报特约译述员半年。三月，加入同盟会为会员。三年，又任中学教职。六月，父亲病逝，乃辞去教职，返家掌主家事及宗族事。五月，继续任课。夏，继何旋卿主持效实校政，而以副校长负实际责任。九年，兼任四明日报社撰述。六月应商务印书馆之聘，赴沪任韦氏大字典编译之职。十年正月，任上海商报编辑主任。七月辞商务职，入中易信托公司，任筹备处文书主任。十一年三月，中易公司结束，改入商务印书馆交通科任第二股长。十二年六月，辞商务事，改就修能学社之聘为国文教员。十三年六月，辞修能教职，入通商银行任文书员。十六年初，偕潘公展赴南昌谒蒋总司令，二月，由蒋公介绍加入国民党。三月，返沪。四月，任浙江省政府秘书长。五月，任中央党部书记长。八月，因蒋公辞职而返里。十月赴沪，为时事新报任特约撰述。十七年，任时事新报总主笔，主持社论。又在沪兼办戊辰通讯社，与戴季陶、陈果夫等创办新生命月刊。八月，北伐成功，曾随蒋总司令由南京转武汉赴北平，撰拟文稿。十八年春，当选国民党中央候补监察委员。七月，再随蒋总司令赴北平，起草讲稿等。八月，就任浙江教育厅长。十二月，调任教育部常务次长。二十年六月，调为政务次长，复被推为中央宣传部副部长。九一八事变起，中枢设立特别外交委员会，布雷被指定为委员之一。十二月出京返沪，辞教育部事。二十一年一月，重回任浙江教育厅长。军事委员会成立，发表布雷为秘书处处长（未到任）。二十三年四月，辞浙教育厅长职，赴南昌，任行营设计委员会主任，为蒋公佐助笔札，并留心文化宣传与理论研究，且备谘询。二十四年一月，撰《敌乎友乎》一文，以徐道邻名义发表于外交评论杂志，暗示日本以中国决不可屈服，冀稍缓其凌逼之气势。南昌行营结束，布雷设计委员会职务以该会撤消而解除。二月，就任侍从室第二处主任兼第五组组长。四月，飞重庆，旋随蒋公赴贵州、昆明、成都、峨眉，八月回京。十一月，第五次全国代表大会举行于南京，会后，以布雷为中央政治会议副秘书长。二十五年，佐蒋公处理粤事。西安事变发生，在京昼夜奔走。二十六年二月，为蒋公撰《西安半月记》。辞中政会副秘书长职。七月赴牯岭，佐理庐山谈话会事。九月，军委会设秘书厅，张群任秘书长，布雷兼任副秘书长。二十七年，军委会改组，秘书厅撤消。五至七月，蒋公筹设三民主义青年团，布雷承命准备文字并参加讨论章则规制，并被指定为临时干事兼常务干事。二十八年春，国防最高会议改组为国防最高委员会，蒋公为委员长，张群任秘书长，布雷副之。抗战胜利，还都南京，侍从室撤消，布雷任中央政治委员会秘书长，国民政府委员，总统府国策顾问，并主持戡乱宣传小组，当选国民大会代表，参与制宪、行宪工作。三十七年，国事日非，布雷触目伤心，中心抑郁，不能自解，加以体力日衰，报国无从，自悲情绪强化到顶点，乃于十一月十三日服下大量安眠药，遂与世长辞，欲以一死励大众，享年五十九岁。遗有日记、函札等文字甚伙，仅《陈布雷回忆录》手稿一册影印出版，传记文学社根据原著手稿重加排印，于一九六七年出版。（参考：《陈布雷回忆录》、徐咏平《陈布雷先生传》。）

陈其美（1878—1916）

陈其美，字英士，浙江吴兴人，光绪三年十二月十五日（一八七八年一月十七日）生。幼在当铺做学徒，曾在上海、长沙等地从事革命活动。光绪三十二年留日，入东京警监学校，习警察法律，并入同盟会，次年转入东斌学校习军事。三十四年春归国，在浙、沪、京、津等地联络革命。设机关部于上海马霍路德福里。宣统元年接办上海天宝栈，以为江浙革命的机关，并创办《中国公报》，宣传革命。二年创《民主丛报》，并参与民立报社务。三年，黄花冈之役失败后，与宋教仁、谭人凤等组中部同盟会总部，策动长江流域革命。辛亥武昌革命事起，曾去南京、杭州等地谋响应，未果，旋率部光复上海，被推为沪军都督。复组苏浙镇沪联军，攻克南京，稳定江南局势。民国元年三月，唐绍仪内阁成立，被任为工商总长，惟未正式就职。六月唐内阁倒，七月沪军交由苏督接收，一度北上会晤袁世凯，归即于上海部署反袁军事。二年七月，二次革命爆发，受推为上海讨袁军总司令，率部攻制造局，不克。十一月奉孙中山先生之命东渡，会商革命大计。三年春，与戴季陶赴大连设奉天革命党机关部，旋返东布置江浙皖军事，四年二月，亲至沪主持一切。十月，设总机关部于租界渔阳里五号，佐之者有蒋中正、吴忠信、邵元冲等人。十一月，派人袭杀上海镇守使郑汝成。十二月，运动肇和军舰起事，炮轰制造局，并分别派人进攻电报局、电话局、巡警总局、工程总局等，事均败。未几，各地讨袁军起，其美继在江浙一带策动。五年五月十八日，在上海萨波赛路十四号寓所为袁世凯遣人暗杀，年四十岁。（张玉法稿。参考：潘公展著《陈其美》及邵元冲编《陈英士先生革命小史》。）

陈果夫（1892—1951）

陈果夫，浙江吴兴人。生于光绪十八年（一八九二）九月初七日。幼入浙江陆军小学，并受其叔英士影响先后参加辛亥革命、二次革命、讨袁之役。民十三、十四年间，为黄埔军官学校在沪主持招生及办理通讯、采购事宜。民十五年当选中国国民党第二届中央监察委员，兼代中央组织部长。民十六年四月，与吴敬恒、张静江、蔡元培提出对共产党弹劾案，因有清党之举。民十七年任国民政府委员兼监察院副院长。二十一年任导淮委员会副委员长。二十二年任江苏省政府主席。二十七年任中央政治学校代理教育长。二十八年任军事委员会委员长侍从室第三处主任。三十四年任中央财务委员会主任委员，中国农民银行董事长，中央合作金库理事长。一九五〇年任国民党中央评议委员。陈氏自十五年开始，因清除党内中共分子并反共最力，为中共所集矢。其一生与乃弟立夫在政治上携手合作时期甚长，故有"二陈"（CC）之别号。三十七年卧病沪滨，咯血旧疾转剧。同年十二月迁居台中，一九五一年春迁居台北，八月二十五日卒。陈氏从政之余，对著作兴趣甚浓，出版者有《中国教育改革之途径》、《通礼新编》、《苏政回忆》、《机关组织论》、《中华国民生活历》、《理想的前途》、《鹤林歌集》、《医政漫谈》、《小意思集》等书，合其他杂著约达一百九十余万言。后汇辑为《陈果夫先生全集》十册，由正中书局出版。（蒋永敬稿。参考：党史会编《革命先烈先进传》之《陈果夫略历》。）

陈训念（1907—1972）

陈训念，字叔兑，浙江慈溪县人，光绪卅三年六月十八日生。兄弟七人，长兄训恩，字布雷，训念行五。父依仁早逝，幼弟六人及女弟若干人，均由长兄教之育之，至于成人。训念中学毕业后，入日本在上海设立之同文书院肄业，民国十九年毕业。任职上海特别市政府，职掌宣传及联系新闻界。抗战军兴，上海沦陷，随市府同人渡海至香港，入中央海外部驻港办事处工作，研究敌情，联系各方。旋任香港国民日报社社长。太平洋战起，香港沦陷，率员工间关到重庆，任中央日报总编辑。抗战胜利，奉中央宣传部命为南京特派员，接收伪报社，并筹中央日报复刊事。不久去沪任申报总经理兼总编辑。行宪后当选立法委员。卅八年，由港入台，初任中央通讯社总编辑，继任中央日报社社长，奉命去香港任中央通讯社香港分社主任，继任香港时报社社长。一九七二年，改任该报管理委员会主任委员。前后居港十五年，至是絜眷回台。训念自离学校，即从事新闻与宣传，四十年未尝间断。是年十月七日卧病，由便血引心脏并发症，十五日凌晨即告逝世，享年六十六岁。（参考：程沧波《陈训念先生传》。）

陈寅恪（1890—1969）

陈寅恪，江西义宁（今修水县）人，属客族。生于清光绪十六年庚寅六月。祖宝箴（右铭）曾为湖南巡抚，父三立（伯严）民初大诗家，号散原老人。寅恪幼承家学，少年时尝就读于上海复旦公学，后由公费资送赴日，又游学欧美，先卒业于美国哈佛大学，继又研究于柏林大学研究院及巴黎大学，所修习者，但凭兴之所至，不以学位为目的，所习外文计十三种之多，虽不足以言精通，然于日后史学研究大有助益。

民国四年曾一度返国任云南蔡锷之秘书，参加讨袁之役，蔡死后，又出国游学。民国十五年学成回国，应清华学校之聘，为国学研究院导师，与梁启超、王国维、赵元任齐名。及清华改制，中文历史二系合聘为教授，其讲学研究之范围不限于晋唐一段，南朝迄元亦多涉猎，兼及中原草原之关系。亦曾授梵文及佛教文献等课。于语言学亦有所发明，曾撰《四声三问》，以为中国之声调实基于印人朗诵吠陀之声。北伐成功后，中央研究院草创，寅恪任历史语言研究所研究员兼第一组（历史）主任。二十五年，英国剑桥大学聘为汉文教授，以病目未应聘。七七变起，南下长沙，旋讲学于香港大学，并继许地山为中文系主任。廿九年，英国牛津大学聘为汉学首席教授，终因国难方殷，道路阻隔，未能成行。卅年岁暮，日寇侵港，寅恪远走西南，执教于联大，所著《唐代政治史述论稿》、《隋唐制度渊源略论稿》亦于抗战期间问世，士林推重。卅三年后因营养不良，视觉渐失。及抗战胜利，迅赴英就医，如可复明，且可履牛津之约；不幸手术之后，几乎全盲。卅五年解牛津聘经纽约回国，翌年夏到南京，旋返清华。三十七年三月，当选为中央研究院院士（人文组、历史学）。十二月，中共军队迫北平，随胡适等飞离围城，在京小住后，即南下广州，应岭南大学之请，后移教中山大学，曾选为哲学及社会科学研究员。专著有《元白诗笺证稿》、《论再生缘》、《秦妇吟校笺》等多种，论文则散见于中山大学社会科学季刊。一九六九年十一月初逝世于广州中山大学，年八十岁。中央研究院及香港天文出版社曾编录遗著刊行问世。台北传记文学社亦将俞大维等纪念文字编为《谈陈寅恪》一书。

寅恪史学脱胎于乾嘉，而较乾嘉诸老更上一层。自谓注意者有二：一为唐史西夏，以及吐番与藏文之关系；二为大乘经典。所著论文每能以小见大，于考证之中，涉及思想之剖析，社会之背景，政治之变迁，经济之动态，以及文化之同异，常发千古之覆，命人节叹。推理亦极明晰，因近及远，有条不紊。（汪云雏稿。）

陈独秀（1879—1942）

陈独秀，原名乾生，字仲甫，别署实庵、仲（子）、由己。清光绪五年八月二十三日（一八七九年十月八日）生于安徽省怀宁县。父为秀才，早卒。六岁时，由祖父教读四书五经及左传。十二岁由长兄孟其教读昭明文选，光绪二十二年中第一名秀才。翌年乡试落第，入杭州求是书院。二十五年，编辑安徽白话报，宣传革命。翌年东渡日本留学，入东京高等师范学校速成科。二十八年冬，加入留日学生冯自由、蒋方震等所组织的"青年会"，嗣因割湖北留学生监督姚昱发辫被遣送回国。廿九年四月，在皖组"爱国会"，拟与上海爱国学社通成一气。及《苏报》被查封，乃与章士钊、张继等创刊《国民日日报》，言论激烈，发行未三月即被禁。三十年秋，在芜湖创《安徽俗话报》，开始用白话撰述。三十三年，在浙江陆军小学任国文教习。

民国元年五月，柏文蔚任安徽都督，委独秀为秘书长。七月，调任教育司司长。二年八月，二次革命失败，自安庆避难芜湖，被捕，得刘叔雅等力救获释，乃走上海赴日本东京。三年，参加"欧事研究会"，并协助章士钊创刊《甲寅杂志》。四年夏，自日本返国，九月十五日发刊《青年杂志》，五年九月一日，改名《新青年》。二卷五期刊出胡适《文学改良刍议》，独秀即于第六期（民国六年二月）中撰刊《文学革命论》，辞气激昂。除主编《新青年》外，又兼《中华新报》笔政。六年八月，应北大校长蔡元培之聘出任文科学长。《新青年》亦改由独秀与北大教授李大钊、刘复、钱玄同、胡适、沈兼士、高一涵等轮流主编，努力宣扬拥护德先生（Democracy）、赛先生（Science），并极力反对孔教及国粹与旧文学，甚至主张废除汉文。七年底，独秀又与李大钊另创《每周评论》，以讨论实际政治。五四运动发生，北京政府于六月十一日逮捕独秀，在狱三月，获释后辞北大教职赴沪。九年六月，苏俄第三国际派吴廷康来华，旋经李大钊介绍至沪与独秀会晤，于十一月七日创刊《共产党月刊》。十二月十六日，独秀应陈炯明之邀赴粤出任广东教育委员会委员长，发行《群报》，以进行共产宣传与组织工作。十年七月，中共在沪秘密举行第一次全国性会议，独秀未参加，但被推为中共中央委员长（或曰"总书记"）。是年秋赴沪与第三国际代表马林会谈，同意遵从第三国际政策并接受其财政支助，以便活动。十一年七月，中共第二次大会，被选连任总书记。八月，创刊中共机关报《向导周报》，主笔政。十四年一月，中共开四全大会，仍连任书记。五卅惨案与香港大罢工相继发生，中共势力在农工学界益见扩张，尤以煽动学生参加各地工农运动、干涉校政，对国内学风士习及教育学术，均发生影响。十六年三月"宁案"及上海三次暴动后，蒋总司令乃在京沪清除中共。七月十五日，武汉宣布分共。八月七日，中共在武昌举行紧急会议，以瞿秋白为总书记，独秀多年来领导中共党务之地位被推倒，藏身上海租界中。十八年十一月十五日，被开除中共党籍，乃本托洛斯基之主张，对斯大林及中共大肆攻击。二十年五月，托派各派系举行所谓"统一大会"，独秀被选为中央委员。二十一年十一月十五日，因又企图活动，与彭述之等被国民政府逮捕。二十二年四月二十六日，以共同以文字为叛国之宣传，宣判各处有期徒刑十三年，褫夺公权十五年。独秀在狱中以研究我国古代语文自遣，曾撰《实庵字说》送刊《东方杂志》连载。抗日军兴，获大赦，初居南京，旋移居武昌，再迁长沙，最后定居四川江津。自出狱后，思想即有变化，其友人所辑《陈独秀最后对于民主政治的见解》等函札论文，是其根据苏俄二十年来的经验，沈思熟虑了六七年的意见。三十一年五月二十七日病逝江津，年六十四岁。著有《独秀文存》（三卷）、《陈独秀先生讲演录》、《实庵自传》等。（参考：吴相湘《陈独秀悔误晚矣》。）

陈济棠（1890—1954）

陈济棠，字伯南，广东省防城县人。清光绪十六年（一八九〇）生。六岁就傅，十六岁应考乡课，榜列第三。十八岁赴穗升学，先后考入黄埔陆军小学及陆军速成学校。毕业后，其师邓铿介绍加入同盟会。民四，阴与同志丁守臣谋倾龙济光，事败，走肇庆，依护国军。嗣奉命驻阳江剿匪。民五升营长。八年由闽回粤，为第一师师长邓铿留佐营务，委以练兵之责。九年，曾以一营之众，在阳山城北，败西来犯粤之师。十一年六月陈炯明叛变，奉中山先生密令，相机助讨。旋移兵梧州，并率部攻三水马口。及广州光复，积功历任团长旅长。十五年任十一师师长。迨国民革命军北伐，留粤保卫革命基地，剿平粤南之徐闻、茂名、阳江、阳春各县匪患。十六年，奉国民政府派赴苏俄考察，历时八阅月，归国后即痛陈苏俄阴蓄侵略野心。十七年，以功升第四军军长兼广东西区绥靖委员，负节制全区军政之责。十九年任国民革命军第八路总指挥。廿一年，兼任江西"剿共"南路总司令，并兼西南政务委员会常务委员。因虑国人醉心西方物质生活，置固有文化不顾，特提倡祀孔读经。廿五年夏，陈请中央率师北上抗日，中枢以时机未成熟不即纳。是年八月赴欧洲考察政治经济，遍历英、法、德、意、瑞士、捷克、希腊、匈牙利、南斯拉夫诸国。抗战军兴返国。二十七年一月任国民政府委员，并任国防最高委员会委员及战略委员会委员等。廿九年任农林部部长。三十年冬请假赴港，日军南侵陷港，幸易装脱险，走江西转茂名迤返重庆。三十四年抗战胜利，奉派为两广宣慰使，宣慰陷区民众。三十八年春任海南行政长官兼警备总司令。嗣遵中央决策，率部退驻台湾。改任"总统府"资政、战略顾问。一九五四年十一月三日晨，以脑血管栓塞症，病逝台北，享年六十有五。（参考：《陈伯南先生荣哀录》、矢部良策《アジア問題講座》第十二卷。）

陆宗舆（1876—1958）

陆宗舆，字润生，浙江海宁县人。清光绪二年闰五月十四日生。入日本早稻田大学专门部攻读政治学，回国后，于光绪二十八年至三十年三月，任京师大学堂东文教员。三十一年六月二日，参加学务处所举行的第一次考验游学毕业生，十二日获授举人出身。

十四日，清廷派载泽、戴鸿慈、徐世昌等五大臣出洋考察各国政治，宗舆为二等参赞，遂获徐世昌赏识。三十三年三月八日，东三省改制，以徐世昌为首任东三省总督，宗舆随至奉天，充盐务督办。徐世昌内调邮传部尚书后，宗舆任资政院议员、印铸局长及度支部副大臣。民国二年，被选为参议院议员及宪法起草委员。十二月九日，奉派为驻日全权公使，三年三月二日到任，四年四月二十日离职。曾参预与日本签订二十一条之交涉，为袁世凯帝制运动支持者之一。袁死，回国，曾助段祺瑞促成西原借款。民国六年，参与中日合办中华汇业银行事，并任董事长。六年以后，为安福国会议员，与曹汝霖同属新交通系。七年七月，为龙烟铁矿公司督办，丁士源为会办。十月九日，被任为币制局总裁。八年五四运动发生，北京学生三千余人，举行示威游行，并请政府惩办国贼曹汝霖、章宗祥、陆宗舆。总统徐世昌为平息学生之公愤，乃于六月十日，下令免去其职。十三年，任临时参议会议员。十六年，任张作霖安国军外交讨论会委员。同年任交通银行总理，旋辞职，息影天津。一九五八年六月卒于日本东京。（一说卒于一九三二年，另说卒于一九四一年，待考。）著有《五十自述记》（民国十四年出版）一册，附《对日各案情实》。（参考：周策纵《五四运动史》、《日本留学支那要人录》、《现代中国人名辞典》。）

陆徵祥（1871—1949）

陆徵祥，或称增祥，字子兴，又作子欣，江苏上海人。清同治十年六月十二日生。十三岁就读于上海广方言馆，二十一岁入北京同文馆攻读。二十二岁，随使俄大臣许景澄赴俄，任学习员、四等通译官、参赞等职。光绪三十一年（一九〇五）十月，升任出使荷兰钦差大臣。三十三年（一九〇七）三月，为保和会专使。翌年二月，又继钱恂为使荷钦差大臣，至宣统三年七月（一九一一），奉调出使俄国钦差大臣。民国成立后，改派为外交代表。

辛亥革命后，由陆徵祥领衔，曾联合驻外使臣联名电请清帝退位。民国元年三月，徵祥返国出任唐内阁之外交总长。六月，任国务总理，九月去职。被聘为总统府高等外交顾问。十一月十五日，再任外交总长。二年九月辞职。

民国四年一月二十七日，复再被任命为外交总长，与日本办理二十一条交涉事宜，至五月二十五日签字。十月二十六日，继徐世昌暂兼代"国务卿"。十二月二十一日真除，仍兼外交总长，至袁世凯帝制失败为止。此后又历任段祺瑞、王士珍、钱能训、靳云鹏等内阁之外交总长。

民国八年一月十八日，巴黎和会揭幕。北政府派陆徵祥、顾维钧、王正廷、施肇基、魏宸组等五人，为全权代表，以徵祥为首席代表。及我国在和会失败消息传至国内，舆情沸腾，出席和会代表拒绝签字。至九年二月，辞去外长职。十一年六月，奉派为驻瑞士公使。十二年九月十五日，北京摄政内阁高凌霨派其为国际保护劳工会委员。十六年五月因其妻得病而请辞职。陆妻比利时人名培德（Berthe Bovy），在瑞士任所病逝。徵祥无子女，乃护送其妻灵柩到比京安葬，悲痛之余，看破尘世，赴比利时布鲁琪进本笃会的圣安德隐院为修士。经多年苦修，并通过拉丁文考试，晋升为神父。三十五年五月，受任为刚城圣伯铎禄隐院荣誉院长。民国三十八年一月十五日病逝该院。（参考：罗光《陆徵祥传》。）

梅光迪 （1890—1945）

梅光迪，字迪生，一字觐庄，清光绪十六年一月二日生，安徽宣城人，清初历算家梅文鼎为其远祖。十二岁应童子试，十八岁肄业安徽高等学堂，宣统三年（一九一一）考取清华官费，赴美国入西北大学，继入哈佛大学研究院，专攻文学，受业于人文主义（Humanism）之倡道者白璧德（Irving Babbitt）。胡适倡文学革命，主废文言，用白话，光迪则谓白话可用，而文言断不可废，相与辩难。民国九年返国，任南开大学英文系主任。十年，任东南大学西洋文学系主任，聘哈佛同学吴宓归任教授，创刊《学衡》杂志，致力迻译或介绍欧西古代重要学术文艺，及近世学者论学论文之作，以反对"五四"新文学发扬中国文化自任。十三年再度赴美，授学于哈佛大学。十六年归任国立中央大学代理文学院长。旋又往哈佛，为汉文副教授。二十五年回国，国立浙江大学校长竺可桢聘为文理学院副院长，兼外国文学系主任。二十七年，选任为国民参政会参政员。二十八年，浙江大学文学院独立，任院长。自抗战军兴，浙江大学转徙万里，僻居黔北，风气阻塞，而物价腾涌，故师生生计艰窘。三十三年冬，突患心脏病，三十四年春赴重庆休养，六月归遵义，入秋病复剧，于十二月二十七日殁于贵阳，享年五十六岁。

光迪博窥群籍，于中西文化均能洞见阃奥，详悉其源流正变异同修短。其中英文撰著，散见于中美各学术杂志中，辑印者有《梅光迪文录》一册。（参考：郭斌和《梅迪生先生传略》。）

梅贻琦 （1889—1962）

梅贻琦，号月涵，河北天津人，清光绪十五年十二月生。幼经庚子之乱，曾避地保定。光绪三十年，入张伯苓在津创办之南开学堂（初名敬业中学）就读，为第一班学生，三十四年卒业，保送保定高等学堂。宣统元年（一九〇九）应第一批庚款留美学生考试，获录取，十月，赴美入吴士脱工科大学（Worcester Polytechnic Institute）攻读电机工程，民国三年毕业，获工学士学位回国，翌年入清华学校任教，此后几终身为清华服务。十年八月休假，由校资助赴美进修。次年七月返校，任物理系主任。十四年，清华改大学。十五年，继张彭春为兼任教务长。十七年九月，清华改名国立清华大学。十一月，赴美任清华留美学生监督。二十年十二月，任清华大学校长。二十六年七七事变起，平津先陷，八月，政府命清华、北大、南开三校在长沙合组国立长沙临时大学，与蒋梦麟、张伯苓任校务委员会常务委员，共同负责校务。二十七年，长沙临大复迁昆明，改称国立西南联合大学，兼任西南联大校务委员会常委兼主席。经常驻校办公。二十九年，接受美国吴士脱工科大学赠送工科博士学位。三十五年五月四日，西南联大结束，三校复员。贻琦仍返平主持清华大学。三十七年十二月，中共进围北平，贻琦逃出危城飞赴南京，后奉命任教育部长，惟未就职，由陈雪屏代理部务。三十八年六月飞巴黎参加联教组织科学会议。九月，参加联教组织大会，任中国代表团首席代表。十二月飞纽约与中华教育文化基金会会商清华基金保管及运用事宜。一九五〇年任华美协进社常务董事。一九五一年，组清华大学在美文化事业顾问委员会，开始以清华基金利息协助在美学人研究。一九五五年十一月，奉召返台筹办清华原子科学研究所。翌年在新竹筹建第一座原子炉。招考清华首届原子科学研究生。并恢复"国立"清华大学。一九五八年任"教育部长"。一九五九年兼任"国家长期发展科学委员会"副主席，仍兼新竹清华大学校长，兴建核子科学馆、放射性同位素实验室等，翌年完工。一九六一年二月，辞"教育部长"，仍兼"行政院"原子能委员会主任委员。一九六二年二月当选为中央研究院院士，五月十九日病逝，享年七十三岁。综其一生，计服务清华大学近五十年，而主持清华校政长达三十年之久。（参考：赵赓飏《梅校长月涵博士年谱纪要及与清华有关事迹》。）

郭秉文（1879—1967）

郭秉文，字鸿声，江苏江浦人，清光绪五年生于青浦，长于上海。清末赴美深造，获沪斯特大学理学士。复入哥伦比亚大学师范学院，得硕士学位。民国三年，以《中国教育制度沿革史》的论文，获哥大哲学博士，于八月间学成返国。在留美期间，曾任中国留美学生联合会会长，并主编留美学生联合会会刊。

民国三年八月三十一日，江苏巡按使韩国钧采纳江宁各省立学校校长联合建议，将前清署理两江总督张之洞手创之东南最高学府，以三江高等师范为前身的两江优级师范学校，改办南京高等师范学校。首任校长为江谦（易园），礼聘秉文为教务主任。四年秋，正式开学。江校长因年事已高，不胜繁剧，校务均责成秉文办理。七年三月，江谦因病请假，即代理校长职务，八年九月真除。九年四月，向北京政府提出南高师筹备设立大学案。十二月，被委兼充国立东南大学筹备员，十年十月，东南大学正式成立，被任为校长。十一年十二月，将南高师并入东南大学。十四年一月，被执政府免东南大学校长职，引起严重风潮，卒由蒋维乔代理。直至十六年国民政府奠都南京，改东南大学为国立中央大学，始正式卸职。

秉文于民三返国后，曾被商务印书馆聘代该馆设计编译韦氏大字典，并被推为总编辑。

十四年离东大后不久，应美国芝加哥大学之聘，担任哈里斯基金会讲座，其讲稿由芝大辑印成书，题名《东方人心目中之远东问题》。曾代表我国出席历届世界教育会议。且连任四届副会长。

自民六起，秉文即倡议促请美国退回庚子赔款余额，并于巴黎和会时期，游说凡有庚款各国，退回赔款供我国作教育用途。十三年九月十三日，奉派为保管美国庚款华籍董事之一，组织中华教育文化基金董事会。又于十五年在美创办华美协进社（China Institute in America）借以宣扬中华文化，联系中国留学生，任首任社长达五年之久。二十年，应中枢之邀，返国从政，出任工商部国际贸易局局长，同时加入银行界。二十五年，担任我国币制代表团代表，赴美访问。抗战军兴，奉派驻英，以财政部次长兼任中英贸易协会主任。并曾代表我国出席善后救济预备会议及世界粮农会议。战后，联合国救济总署成立，被推为副署长兼秘书长。三十六年退休，息影美京。一九五四年，"教育部"成立"在美教育文化事业顾问委员会"，应邀担任委员，嗣继梅贻琦出任主任委员。一九五七年，在美组设中美文化协会，为会长，经常举行学术演讲，艺术展览及音乐演奏等会。一九六七年八月二十九日病逝，享年八十九岁。（参考：《中华今代名人传》、程其保《六十年教育生涯》。）

过探先（1887—1929）

过探先，江苏无锡人，清光绪十三年生。少孤，由母氏扶育长大。性敏慧，刻苦力学，九岁毕五经，不溺于章句之学，独旁及艺术诸书，尤注意专门学术。年二十二，入上海中等商业学堂，旋改入苏州英文专修馆，专攻英文，约二年，转入南洋公学，数月后，考取出洋留学，时年二十五岁。先入美国威斯康辛大学，后转康奈尔大学，专习农学，曾被举为该校名誉学会会员。民国三年六月，与任鸿隽、赵元任、胡适、杨铨、胡明复等发起组织中国科学社，发刊《科学》杂志。毕业后得学士学位，又以研究育种有成绩，旋得硕士学位。民国四年，学成归国，即受江苏省当局委任调查苏省农业教育；因其报告具有卓见，遂被任为江苏省立第一农业学校校长，除尽力校务外，复于民国四年冬发起江苏省教育团体公有林，为全省教育之基产，中国之有大规模造林，自此始。民国五年，奉命筹备省立第一造林场。七年，发起中华农学会。时中国科学社新由美国移至南京，社务未臻发达，探先勉设临时办事处于三牌楼寓所，独力撑持。八年，应华商纱厂联合会聘，主持棉作事，于南京洪武门外开辟植棉总场，输入新种，改良栽培，遂辞农校长职。十年，东南大学农科成立，被聘为该科教授，仍主持棉作事宜，继又兼农艺系主任。十二年，复兼任农科副主任。十三年，再兼推广部主任。十三年秋，江浙战争，松太一带靡烂不堪，被聘为善后会议赈务处委员，筹备农民借贷局。十四年，辞东大教职，改任金陵大学农科主任。十六年，北伐军入京，探先被举为校务委员会主席。自十七年以后，兼任江苏银行总经理，教育部大学委员会委员，农矿部设计委员，江苏教育厅委员，中山陵园计划委员，国府禁烟会委员，江苏农矿厅农林事业推广委员会委员，并连选为科学社理事，中华农学会干事等职。自留美回国后十余年间，致力发展农业。十八年三月二十三日病逝，年仅四十三岁。（参考：谢家声《过探先传略》。）

劳乃宣（1843—1921）

劳乃宣，字季瑄，号玉初，别署矩齐，晚号韧叟。浙江桐乡县人。清道光二十三年九月二十三日生于河北广平府。幼沐家教，好学出自天性。同治四年（一八六五）赴杭州应乡试，中式第六十三名。十年成进士，先后补直隶南皮、完县、吴桥知县，又摄篆临榆、蠡县及清苑，兼理保定府同知。勤政爱民，屡荐卓异。一生笃学博览，于经史性理礼制刑法历算教育，以逮中外时事大势，靡不究心，多所通晓。提倡普及教育，见王照之创官话合声字母，以拼字方法简便，为普及教育之利器，深致推挹。顾原谱专用官音，不能通行于南方，乃修改王氏之法，为简字书五种，设简字学堂，欲使极贫无力入塾读书之幼童，人人能识简字。民国以来，教育部之厘定注音符号，推源穷始，则王、劳两氏，实导夫先路也。光绪二十七年至二十九年间，先后任浙江大学堂（原名求是书院，后改浙江高等学堂）监院、总理、监督凡三年。宣统二年，授江宁提学使。三年，授京师大学堂总监督，兼署学部副大臣。革命军兴，清帝逊位，遂隐居涞水，设塾授徒，颜曰括囊私塾。民国二年，移家青岛，时清末遗老多卜居于此。常与德国学者卫礼贤讲论经义，在青岛设尊孔文社及书院。张勋复辟，曾预其事，盖自以为事清室，不改其节，不免为识者所诟病。民国十年七月二十日卒于青岛，年七十有九。其著作多散佚，所存者有：《遗安录》一卷、《古筹算考释》六卷、续编八卷、《筹算浅释》二卷、《垛积筹法》二卷、

《衍元小草》二卷、《筹算蒙课》一卷、《分法浅释》一卷、《约章纂要》八卷、《义和拳教源流考》一卷、《等韵一得》三卷、《归来吟》二卷、《简字谱录》五种五卷、《读音简字通谱》一卷,《韧庵老人自订年谱》及诗文若干卷。(参考:陈训慈《桐乡劳玉初先生小传》及《韧庵老人自订年谱》。)

焦易堂(1880—1950)

　　焦易堂,原名希孟,字易堂,后以字行。陕西武功人。清光绪六年(一八八○)二月十日生。族有定例:非长子不得读书。易堂居次,故至十四岁始得入学。及长,愤清政不纲,参加同盟会,从事秘密工作。辛亥(一九一一)九月,陕西响应武昌起义,宣布独立,任都督府参谋。民国元年,陕西省议会成立,当选为省议员。同年十一月,当选为参议院议员,民二春,赴北京就职。国会甫成立,袁世凯即违法进行善后大借款,国民党籍议员纷起斥责,易堂反对尤力。二次革命失败,袁将拘捕国民党籍反袁最力之议员,以夤夜化装南下得脱。六年,随国父南下护法,供职大元帅府任参议。七年陕西靖国军起义护法,国父任为陕西劳军使,赴陕宣慰。十一年秋,国会在北京复会,前往出席。十二年,曹锟贿选,不屈,复离北京南下。十五年,国民革命军北伐,蒋总司令任为宣慰使,奔驰南北,宣扬革命主义,北方各军闻风来归者颇不乏人。十七年,立法院成立,任首届立法委员,兼法制委员会委员长,历时八年。并与蒋宋美龄、何应钦、王用宾、彭养光等创办女子法政讲习所于南京，附设女子中学，培养妇女法政人才，先后毕业者数百人。十九年，兼任考试院考选委员，复获选为中国国民党中央执行委员。二十年，兼任国医馆馆长。二十四年，出任最高法院院长，凡五年。二十六年抗日战起，随政府入川。三十一年，膺选为国民政府委员。三十二年，任国民政府顾问。三十四年抗战胜利，获授大绶采玉勋章及胜利勋章。三十六年，当选第一届国民大会代表。三十七年冬，徐蚌会战失利，疏散至沪。三十八年，遄返西北晤胡宗南、马步芳等将领，筹商确保关中大计。及西安被占领，乃走西宁、兰州、酒泉，间关至成都。谒蒋总统，面陈西北情势。十二月，川局突变，乃随"政府"撤退来台，任"总统府""国策顾问"。一九五〇年十月二十八日，病逝台北。享年七十有一。著有《释总理钱币革命》、《樱山文存》等稿，惜均已佚失。（李云汉稿。参考：《焦易堂先生哀思录》。）

汤　睿（1878—1916）

　　汤睿，字觉顿，祖籍浙江诸暨。父世雄，宦广东，因家焉，故为番禺人。生于清光绪四年。年十七，受业于康有为，从事治身经世之学。戊戌变作，急师友之难，走日本，与同门梁启超相依为命者十余年，研治当世学术政闻，尤邃经济理财之学。庚子秋，唐才常起义汉口，睿常往来港、沪间策应一切。事败，仅以身免。嗣仍返日本，继续所学，著述论列十数万言。尝以"明水"笔名，发表于当时之国风报。"明水"，盖"汤"字之分解也。民国元年返国，任政府财政顾问，颇思对国家财政有所擘画。二年九月，任中国银行总裁。当时国中能治银行者鲜，睿一切草创经画，不遗余力。扩充总管理处组织，成立各地分支机构。一年有奇，颇具规模。简拔人才尤众，后多分散于国内金融机构，各有树立。民国三、四年之交，袁世凯叛国之迹日露，睿遂毅然弃职，奉母隐居天津。及帝制议起，因与梁启超、蔡锷共谋讨袁。寻偕启超先入广西，说陆荣廷独立起兵，响应滇军，与蔡锷军犄角。时龙济光据广东，受伪命为亲王。睿知广东不定，则倒袁难成。因只身赴广州，向济光陈说利害一昼夜，卒挟粤独立。惟龙部属颜启汉等不慊于睿，已蓄阴谋。次日粤军将领议善后于海珠。济光以其众衷甲示威，睿无所蒇。力排纷难，辞甚苦。会议未及半，而难作。颜启汉首实弹狙睿，中颅，死焉。同时相继遇害者，有王广龄（龂吉）、谭学夔（典虞）。时为民国五年四月十二日。睿年三十有九。

睿有至性，事母孝，趋朋友之急若其私。自奉刻苦，取与綦严。治事综核大体，治学好为绵邈之思。善属文，尤工笔札。所作小词，常写幽怨，旋作旋弃。护国之役，志节卓荦才智瑰特之士，以身殉者十数辈，睿罹难最先，亦最烈。民国十一年十二月，粤人士始克以礼葬之于广州郊原。梁启超铭其墓，辞曰："包胥力能复楚，鲁连义不帝秦。功在天下，而灾逮其身。是之谓志士仁人无求生以害仁。百世之下，将亦有感于斯文。"（姚崧龄稿。参考：梁启超撰《番禺汤公略传》、《番禺汤公墓志铭》。）

冯国璋（1859—1919）

冯国璋，字华甫，一作华符，河北河间人，清咸丰八年十二月四日（一八五九年一月七日）生。家贫废学，二十七岁始肄业保定莲池书院。旋投身行伍。适李鸿章在天津创设武备学堂，因识字被保送入步兵科，毕业后，供职于聂士成之武卫军，渐露头角。光绪二十一年，袁世凯在小站练兵时，以陆军大臣荫昌之推荐，与王士珍、段祺瑞（三人后被称为"北洋三杰"）同入袁幕，在督操营务处。二十五年，袁任山东巡抚，国璋随之到鲁，负责全省督操事宜。拳乱发生，扼守与河北交界之德州，义和团不得入山东。二十八年五月，袁任直隶总督，国璋任军政司（后改督练公所）教练处总办。三十一年秋，与徐绍桢等赴日本参观陆军特别大演习。十二月，以副都统任贵胄学堂总办。三十二年九月，署理蒙古正白旗副都统。彰德秋操，兵部尚书铁良及袁世凯为阅兵大臣，国璋为南军审判长。三十三年，任军谘处正使。三十四年九月，以镶白旗汉军副都统衔任禁卫军军统。宣统三年八月，直隶永平秋操，任东军总统。适武昌起义，国璋任第一军军统，沿京汉线向武汉进军，攻下汉口，清廷授二等男爵。时袁世凯复起为钦差大臣，节制水陆各军，为操纵议和及谋夺政权计，调国璋为禁卫军军统。民国元年九月八日，任直隶都督，仍兼禁卫军军统。二年七月二十三日，以第二军军统兼江淮宣抚使，时二次革命已起，乃与张勋率兵南下，攻占南京，被任为宣武上将军。十二月十六日，继张勋任江苏都督。

四年，帝制议起，国璋表示反对，曾进京谏劝。护国军起，主张和平解决。五年六月，袁死，黎元洪继任大总统，七月六日，任国璋为江苏督军。十月三十日，国会补选副总统，国璋当选。六年七月，张勋复辟，黎元洪逃往日本使馆，国璋乃由南京北上代行大总统职权。时北洋系已告分裂，国璋为直系领袖，段祺瑞则为皖系领袖。七年八月十二日，国璋以代总统任期届满，通电表示无意恋栈及竞选。九月四日，北京新国会选举徐世昌为大总统，于十月十日就职。八年十二月二十八日，国璋在北京帽儿胡同本宅病卒，年六十二岁。（参考：刘凤翰《新建陆军》及《民国大事日志》。）

傅斯年（1896—1950）

傅斯年，字孟真，山东聊城人。清光绪二十二年二月十三日生于邑之北门内祖宅。天赋异禀，有神童之目。六岁入私塾，十岁入东昌府立小学堂，十一岁即读毕十三经。光绪三十四年冬，随侯延塽（雪舫）进士至天津。翌年春，考入天津府立中学堂。民国二年夏，考入国立北京大学预科。五年秋，升入文本科国文门。其时，胡适在《新青年》发表《文学改良刍议》等文，提倡白话文学；斯年尝著《文学革新申义》等文响应之。七年夏，与同学罗家伦、毛准（子水）等组织新潮社；编印《新潮》月刊，宣扬新文学，提倡新思潮。八年夏卒业后，考取山东省官费留学。冬，赴英国，先至爱丁堡，嗣入伦敦大学，研究实验心理及生理，兼治数学。十二年夏，由英赴德，入柏林大学哲学院研究。十五年冬，应国立中山大学之聘归国。翌年春，就任该校教授，兼国文、历史两学系主任，嗣更兼文学院长。其年夏，在该校创立语言历史学研究所。十七年春，国立中央研究院蔡元培院长聘其筹设历史语言研究所。同年十一月九日，国民政府公布国立中央研究院组织法，历史语言研究所旋告成立，以专任研究员兼任所长。在担任所长期间，先后兼任国立北京大学教授、社会科学研究所所长、国立中央博物院筹备主任、国民参政会参政员、国立中央研究院总干事、政治协商会议委员、国立北京大学代理校长及国立台湾大学校长等职；三十七年春，复当选国立中央研究院院士及立法委员；然其毕生心力，则大部尽瘁于史所。在其主持史语所二十三年中，所征聘及造就研究人才，先后在所研究历史、语言、考古、人类诸学之学人近百，刊行专书七十余种，发表论文五百余篇。为研究所充实经费及扩张研究设备，中外图书入藏者达四十余万册，语音实验、古物发掘、人体测量及民族调查之仪器达百余种。皆其领导及擘划之功。不仅此也，其于中央研究院，则襄赞蔡故院长筹划院务，尤不遗余力。凡院内一切制度之确立，各种规章之订定，亦多所贡献。二十九年秋，朱家骅继蔡元培为院长，斯年任总干事；虽在职不久，然其于院务之发展与扩充，以及院士制度之成功，襄赞之力实多。因被誉为我国学术界能治学又能治事之稀见领袖全才。

三十八年一月二十日，就任国立台湾大学校长。夙夜忧勤，力谋改进，校务蒸蒸日上，深受师生之爱戴。一九五〇年十二月二十日，以脑溢血病逝于台湾省参议会议场，享年五十五岁。

其著作已刊行专书者有《东北史纲》第一卷及《性命古训辨证》三卷，稿本则有《古代中国与民族》及《古代文学史》

等。论文百余篇。卒后，由台湾大学辑印为《傅孟真先生集》六册。（参考：傅乐成《傅孟真先生年谱》。）

辜汤生（1857—1928）

辜汤生，字鸿铭，别署汉滨读易者，福建同安人，清咸丰七年出生于侨居地英属马来亚之槟榔屿。民国十七年四月三十日卒于北京，享年七十二岁。

辜氏早岁游学英国，入爱丁堡大学专攻英国文学，一八七七年得文学硕士学位。旋往德国莱比锡大学，改习工科，得土木工程学文凭。一八八〇年返槟榔屿，在新加坡英国殖民地政府任职。未几，马建忠过新，辜氏往谒，闻马氏道及中土文物盛况，顿生向慕祖国文化之心，翌日即辞职，蓄发易服，买舟返国，研习华学。

光绪十一年（一八八五），入张之洞幕府，自此为张氏担任英文译述工作，逾二十年之久。所通语言至博，人莫测高深，遇有所用，辄出西学以折西人，西人且服且惊。是时列强横行中国，引起国人反感，因之教案迭起，国际舆论反指国人不是，辜氏激于爱国心，以英文撰写专论，投寄上海字林西报，指摘若干教士态度之不当，引起西人普遍重视，渐对我国寄予同情。庚子拳乱事起，更撰论文多篇，力言中国以礼教立国，呼吁列强以道德及公理处理义和团问题。

张之洞奇其才，待以国士之礼，迭予重用。光绪三十年出任黄浦江浚治局督办，卅四年复出任外务部员外郎，晋郎中，擢左丞。曾应诏上陈，力主"修邦交"重于"讲武备"。

辜氏目之洞为儒臣，以道义相期待。宣统二年，之洞去世后，辜氏感怀知遇，撰为《中国的牛津运动》（The Story of a Chinese Oxford Movement）一书。翌年，德国名汉学家卫礼贤（Richard Wilhelm）译为德文，名曰《中国反对欧洲观念之理由》，指定为哥廷根大学哲学系学生必读之参考书。民国四年，又以英文写成《原华》（The Spirit of the Chiness People）一书，一名《春秋大义》。力言中国文化之博大精深，兼论西洋汉学家之弊病。其中文著述有：（一）《读易草堂文集》；（二）《张文襄幕府纪闻》；（三）《辑蒙养弦歌》等。

民国后，辜氏任教北京大学，被目为守旧分子。其一生最大之成就在译学，传译经典，以播中华文化于世界，有论语、中庸之英译本，皆阐扬微言，光大教泽。译文虽未尽善，但其开风气之功，实不可没。一九五六年，适为辜氏百年诞辰，其孙能以，应海内外学术界人士之请，将其英文译著多种，重行刊印行世，以为纪念。（参考：《碑传集补》。）

曾　琦（1892—1951）

曾琦，原名昭琮，字锡璜，及长，慕韩琦之为人，更名琦，字慕韩，号愚公。四川隆昌县人。清光绪十八年八月初五日（一八九二年九月二十五日）生。家世富农，代有科名，不废耕读。七岁入家塾读书，父广益（友三）亲授识字。母宋氏，亦能诗。十四岁，入广西宁明州高等小学堂。读梁启超著《中国魂》，爱不忍释，国家思想，遂导源于是。复喜阅顾炎武、黄梨洲、王船山诸家文集，排满思想，于以发端。光绪三十四年（一九〇八）春，以第一名考入桂林中学堂。是年冬，扶父母灵柩回原籍。宣统元年（一九〇九）春，转入成都高等学堂分设中学肄业，与王光祈、魏嗣銮、周太玄、李劼人等订交，并组织诗社，相与唱酬。翌年因家道中落，辍学自修。三年，考入官班法政学堂，课余为报章撰述评论，文笔锐利，成都商报聘为主笔。民国肇建前后，曾执笔于成都商会公报、四川公报，并创办民国新报、群报于重庆。民国二年，改入共和大学。三年，拟赴法留学，出川至沪，暂入震旦学院习法文，与同学左舜生、李璜、陈登恪订交。旋至北京。五年春，赴日本，先入东京东亚高等预备学校补习日文，秋后入中央大学习宪法及行政法，获交陈愚生、雷眉生、张梦九等。七年，罢学归国，组织留日学生救国团，要求废止中日军事密约。六月，与王光祈、周太玄等发起少年中国学会。嗣自京去沪，主救国日报笔政。五四运动发生，专程北上慰问。时李璜、周太玄在法创办巴黎通信社，劝赴法，欲以社务相属，乃乘轮西行。抵法后，入蒙达尔尼一中学补习法文。九年秋，移居巴黎，入法兰西语学校，并至巴黎社会学院听讲。复受上海新闻报聘为驻欧特派员，每月撰稿八篇。十一年移居德国，十二年返法，因恐中国共产党将为大祸于中国，非另组新革命党，不足以阻遏逆流，乃与李璜、何鲁之等于十二月二日在巴黎近郊创组中国青年党。十三年，中青之先声周报与中共之赤光半月刊，常有笔战。七月杪，偕李璜、张梦九等返国，与左舜生、陈启天、余家菊等创办醒狮周报（十月十日出版），鼓吹国家主义。除主编周报外，复兼任同济、法政、大夏、学艺各大学讲席，并与中共展开激烈斗争。十五年夏，青年党召开第一届全国代表大会于沪，被推为中央执行委员会委员长。二十年九一八变作，力主政党休战，共赴国难。二十六年一月六日，偕左舜生、李璜往奉化谒蒋委员长，对国事多所建议，是为青年党与国民党化除党见奠定合作之基础。七七事变前夕，应邀出席庐山谈话会。八一三全面抗战爆发，被聘为国防参议院参政员。二十七年，膺聘为国民参政会参政员。三十五年，任制宪国民大会代表。明年四月，政府改组，与国民党蒋总裁、民社党主席张君劢、社会贤达莫德惠、王云五共同签订施政纲领，三党联合政府成立，被选为国府委员。是年冬，当选四川隆昌县国民大会代表。三十七年五月，聘任为总统府资政。十月，赴美医病，兼从事国民外交。三十八年，协助我国出席联合国代表，提出控苏案，复倡超党派救亡运动。一九五〇年，自美漫游欧洲法、比、西、葡、意诸国，力促民主国际之成立。以精力不支，返美输血。一九五一年五月七日病逝，享年六十岁。"政府"明命褒扬。其遗著诗文、函电、日记、家训等，经青年党中央执行委员会编印为《曾慕韩先生遗著》出版。（参考：沈云龙《曾琦》。）

程德全（1860—1930）

程德全，字雪楼，号本良，四川云阳人，咸丰十年（一八六〇）生。前清廪生。光绪十四年入都，应顺天乡试不遇。瑷珲文副都统聘入幕，遂赴黑龙江。庚子拳乱发生后，俄军来犯，黑龙江将军寿山委为行营处，令前往督师。不久，寿山因兵败自戕，德全折服俄军，卒成和议，黑省得免糜烂。光绪卅一年四月，奉特旨钦命为黑龙江将军，打破清廷汉人不授将军之祖制。翌年，黑省官制改定，改署黑龙江巡抚。卅四年二月，以足疾奏请开缺，到沪就医。宣统元年，奉调署奉天巡抚，同年六月真除。二年三月，调任江苏巡抚。三年八月，武昌革命爆发，九月，在苏州宣布独立，被推为江苏临时都督。民国元年，南京临时政府成立，任内务总长，仍兼江苏都督。五月，进步党在北京成立，黎元洪为理事长，德全及张謇、章炳麟等为理事。二年三月，宋教仁被刺于上海，凶手被捕，德全以军帅自驻沪按之，频以供证通电全国，袁世凯甚恶之。七月二次革命起，黄兴至南京，欲举兵响应李烈钧，乃宣布独立，然畏兵事，即托故离宁赴沪。二次革命失败，与江苏民政长应德闳通电，声明独立非己意，袁仍任张勋以代其任。自是隐居沪上，不复问时事，日惟诵经礼佛，十余年不稍懈。十九年四月廿九日病殁，年七十一岁，葬苏州寒山寺侧。（参考：云阳县志《程德全传》。）

贺国光（1885—1969）

贺国光，字元靖，湖北蒲圻人，生于清光绪十一年（一八八五）十月二十四日，幼读诗书，负笈沪滨广方言馆。十九岁考入四川陆军速成学校。继入高级班深造。毕业后分发新军任排长队官等职。辛亥之役，结纳同志，鼓动风潮，促成四川之起义。返鄂后任陆军第四旅营附，民国二年考入陆军大学第四期，毕业后仍分发鄂军。

十年夏任第二旅团长，参加湘鄂战役，奉命撤离武汉，而旅长未随军行动，致军心动摇，另一团亦多逃散，乃当机立断，赶往蒲圻车站，勉官兵以集结自保，遂收容成军，保存完整实力，代为统率，后果为湖北当局所借重而屡获升迁。

十四年冬移师河南，以陆军第十五军军长兼开封警备司令。翌年秋，国民革命军会师武汉，乃适时响应，策动中原义师，参加革命行列，所部受编为国民革命军新编第四军，仍由其统率。十六年秋任军事委员会陆军处处长兼武汉卫戍副司令，后调京任军委会高级参谋，因处理要公，无一不适合机宜，蒙常务委员何应钦擢荐，遂受知于军事委员会委员长蒋公，从此感深知遇，鞠躬尽瘁。

十七年春随军北伐，八月任军委会办公厅主任，嗣改任训练总监部步兵监。十八年三月随总司令蒋公西征，受任参谋长；四月任武汉行营参谋长兼第一纵队司令，五月奉命兼湖北省政府委员。十八年冬任第一路军总指挥部参谋长。十九年秋郑州之役，奉调漯河兼任"命令传达所长"。并奉谕："以本总司令名义指挥何雪竹（成濬）、刘经扶（峙）两路总指挥，时间许可，先行请示；否则直接下令，再行具报！"

十九年十二月至二十三年十一月，国军对赣南进行五次"围剿"，受任南昌行营参谋长，作战厅厅长，均参与最高决策，并建议采用碉堡战术，得蒙采纳。

二十年十二月任训练总监部副监兼首都警备副司命。二十一年四月，任赣粤闽湘四省"剿共"总部参谋长，七月间代行总司令职权。

二十三年十二月任委员长参谋团主任，奉令入川策划指挥康滇黔"剿共"事宜，并督导川康军政；二十四年一月十二日率团到达重庆，当时川局极为混乱，军队对内各据地盘，互相仇视，外则态度暧昧，任务极为艰巨，幸其秉承委员长指示，正直无私；深思熟虑，与川中将领刘湘等以同学之谊，折冲其间，卒能达成废除防区与整编军队、安川任务之完成，实川省作为抗日根据地之前提。

二十四年十月任重庆行营参谋长兼第一厅厅长及"川康军事整理委员会"委员兼秘书长，二十六年三月任重庆行营副主任兼代主任，二十八年一月任成都行营主任，从事巩固后方。同年五月兼任重庆市长、防空司命、卫戍副总司令。十一月，委员长俯兼四川省主席，以之为省府委员兼秘书长代行川政。三十年一月任宪兵司令；三十三年三月，再奉调军委会办公厅主任；主办策反及海军复兴事宜。三十五年二月任西昌行辕主任，旋改任西昌警备总司令及川康滇黔边区边务设计委员会主任委员。嗣局势日非，蒋总统于卅八年一月引退。同年秋，任西南军政副长官兼西昌警备总司令。一九四九年底，因西康省政府主席刘文辉投共，继任康省主席。

一九五〇年三月廿六日，中国军队以优势兵力围攻西昌，奉令撤离孤城，廿八日转由海口抵台，任"国策顾问"。

一九六九年四月廿一日，以脑溢血症卒于台北，享年八十五岁。"总统"蒋公令以隆重军礼安葬，并明令褒扬。著有《八十自述》。（贺德旺稿。采自《贺元靖先生纪念集》。）

黄　郛（1880—1936）

　　黄郛，字膺白，初名绍麟，号昭甫，别字天生，笔名以太。清光绪六年正月二十八日生于浙江绍兴，著籍浙江杭县。七岁丧父，随母移家杭州，家贫，至地方善团所设义塾同善堂读书。十七岁，补钱塘县学生。光绪三十年，考入浙江武备学堂，名列榜首。翌年夏，派赴日本留学，入东京振武学校。是年秋，加入中国革命同盟会，并联络同志组织"丈夫团"，以孟子"富贵不能淫，贫贱不能移，威武不能屈"之义相砥砺。三十四年，蒋中正东渡，肄业振武学校，两人从此订交，并共创刊《军声杂志》于东京。是年，郛在振武毕业，以性喜数理，乃升入日本参谋部设立之陆军测量部地形科肄业。宣统二年（一九一〇）归国，供职北京军谘府，结纳北方豪俊，筹办军事官报。译述日人樱井忠温《旅顺实战记》一书为中文，用其另名《肉弹》刊行，以惕励国人。辛亥革命爆发，赴沪协助陈其美策动上海起义。上海光复，陈被推为都督，郛任陈之参谋长兼第二师（后改第二十三师）师长，时蒋中正亦自日本回沪，三人意气相投，肝胆相照，遂结为异性昆弟。

　　民元，临时政府成立，孙大总统命兼任兵站总监。临时政府北迁，转任江苏都督府参谋长。是年冬卸职，奉令出国考察军事，未成行而宋教仁被刺案起，二次革命猝发。事败，袁政府下令通缉，乃于二年八月亡命日本。三年，赴新加坡。四年春，经日本赴美国，考察研究国际政治变化。洪宪称帝，由美返国，参与浙江加入护国军之举。事定，移家天津，潜心著述。民国七、八两年，成《欧战之教训与中国之将来》及《战后之世界》两书，欲以世界新趋势新潮流启发国人，资为警惕。九年十月，徐世昌《战后之中国》一书出版，系由郭代笔。十年二月，赴美考察战后经济。九月，被聘为中国出席华盛顿会议代表团顾问。十二月，辞职赴欧。十一年秋返国。汪大燮组阁，任督办全国财政会议事宜及将军府著威将军。十二年一月，张绍曾组阁，请郭署外交总长，四月辞职。六月，高凌霨摄阁，九月，任郭为教育总长，十三年一月辞职。九月，颜惠庆组阁，乃重长教育。十月，国民军之首都革命，郭只身当枢纽之任，迎之于高丽营，亲为改草通电稿。嗣组摄政内阁，修正清室优待条件，以故宫为博物院。摄阁一月，因段祺瑞莅京任临时执政而辞职。十六年一月南下，与蒋总司令筹商北伐大计，然后赴沪密为布置，并沟通南京与冯玉祥、阎锡山间之意见。七月，就任上海特别市市长。八月，蒋总司令下野，遂同时引退。十七年二月，任外交部长。五三惨案起，力主绕道北伐，事毕引咎辞职，移家莫干山，筹设莫干小学。二十一年六月，组织新中国建设会，任理事长，二十二年五月，发表为行政院驻平政务整理委员会委员长，北上与日方拟就塘沽协定草案，不仅稳定了华北危局，且为国家争取到数年充实国力的时间，因被誉为"今之寇准"。二十四年六月，因病体不支，政整会委员长由王克敏代理，八月底正式撤消。二十五年十二月六日，以肝癌绝症与世长辞，享年五十七岁。

郭初娶于吴，嗣离异，民国元年继娶沈亦云，一直为其贤内助与政务助手。郭卒后，亦云搜集其日记及有关文件资料，分类编辑，三十年后撰成《亦云回忆》一书，于一九六八年由"传记文学社"出版。（参考：沈亦云《黄膺白先生家传》。）

黄　兴　（1874—1916）

　　黄兴，原名轸，字杞园，一字廑午，又作近午，庆武，一九〇四年改名兴，字克强。湖南善化人。清同治十三年（一八七四）九月十六日生。幼从父筱村公读诗书，旋入塾学。一八八八年，入长沙岳麓书院就读。一八九三年应县试获中。一八九八年，由岳麓书院保送至武昌两湖书院，历时四年。至一九〇二年五月，以湖北官费赴日本留学，进东京宏文学院，攻习教育，愤清廷腐败，决心革命。与陈天华等创办湖南《游学译编》杂志，提倡民族主义。一九〇三年四月，愤俄军进占东三省，与留东学生组织"拒俄义勇队"，旋改称"学生军"，实行拒俄革命。五月，组织"军国民教育会"，并自日本回国实行革命。同年十一月，创立"华兴会"于长沙，被推为会长。另设"同仇会"以结纳会党，是为湖南有革命团体之始。一九〇四年十月，谋起事于长沙，事泄，脱险赴沪。复以万福华刺王之春事，牵连被捕。获释后东渡。一九〇五年八月，中国同盟会成立于东京，推国父为总理，兴任庶务部长，实居副总理地位。同年十一月，离日去港，旋化名张守正，入桂林郭人漳营，说郭革命，不成，返日。一九〇六年十二月，湖南会党在萍浏醴地区起事，实资助之。是冬，与国父共同编订革命方略。一九〇七年三月，随国父南赴河内，旋入钦州郭人漳营。七月，王和顺起义于王光山，迫钦州，谋内应不成。十月，与国父发动镇南关之役。一九〇八年二月，率革命军进攻钦廉，所向无敌，声威大振。五月，受任云南国民军总司令，督师河口。旋在老街为法警拘留，被解出境，返东京整顿党务。组体育会于大森，研习军事。一九〇九年创勤学舍于东京，力斥章炳麟、陶成章诋毁国父。十二月，应同盟会南方支部之邀，赴香港主持军事，于是有庚戌（一九一〇）正月广州新军之役。一九一〇年十月，与国父会于庇能，决在广州大举，于是有辛亥三月二十九日（一九一一年四月二十七日）广州之役，悲壮激烈，惊天动地，革命风潮因之弥漫于全国。同年八月，武昌起义。立即自香港前往武汉督战，任民军总司令，鏖战近四十日，各省因以响应。各省代表在沪举为大元帅，不就。国父回国当选中华民国临时大总统，组织临时政府于南京，任陆军总长兼参谋总长，并任同盟会协理。四月，国父解职，改任南京留守，六月辞职赴沪。八月，国民党成立，当选理事。九月，应袁世凯之邀赴北京访问，订孙黄袁黎八大政纲。袁授上将，弗受。二年三月，宋案发生，主法律解决。七月，起讨袁军于南京，不幸败绩。八月，赴日。创浩然庐与政法学校，培植干部。国父创中华革命党于东京，未参加。三年七月，离日赴美。至五年五月，始自美归国，力赞讨袁。十月三十一日，病逝上海。年四十三岁。中央党史会编有：《黄克强先生全集》及《黄克强先生书翰墨迹》。（李云汉稿。参考：《黄克强先生年谱》。）

黄纯青（1875—1956）

黄纯青，原名炳南，幼名丙丁，字纯青，后以字行，晚号晴园老人。清光绪元年正月二十四日生。祖籍河南光州固始县，后徙居福建泉州南安县黄龙茵后乡。清仁宗嘉庆六年（一八〇一），祖考元隆只身来台，居今之台北县树林镇，娶罗金为室，遂世为台人，称树林黄氏。

纯青幼聪颖，年十二，即崭然见头角，能作八股文成篇，名噪一时。

十八岁，应小试，突破府县一考五覆十二难关，名列前茅，院考正场，又合格，不意次覆名落孙山。

光绪二十一年（一八九五）四月，马关和议成立，清廷割台与日本，乃绝意仕途，集资筹创树林造酒公司，后改为树林红酒株式会社，其出品之红酒，驰名全台，家境亦因之日致丰饶。

日人闻其贤，劝之仕，婉拒得免，但如事关地方自治及民众公意，则当仁不让。历任桃园厅树林区长及台北州海山郡莺歌庄长三十三年，树林信用组合长及畜产组合长二十五年，台湾畜产协会理事十年，桃园水利组合评议员八年，台湾总督府评议会员十年，台湾新民报社顾问十一年。终日据之期，虽膺任公职一百余类，彰功达三十六次之多，但平日非因争取地方民众公益，未尝入台湾总督之室。民国十七年，台湾总督以其多年连任公职，对地方自治、农村振兴，及教育施设有功，奏请叙勋六等，授瑞宝章。

民国二十年，日本连年丰收，决定限制台米之进口，全台哗然，纯青起而组织"反对限制台米移入内地期成同盟会"，并于九月前往东京，历访斋藤首相、后藤农相、永井拓相、及各府党领袖，代表台民表明反对意见。日人终于收回成命。

民国三十年，辞去公职，举家移居台北，卜宅圆山之阳，榜曰晴园。三十四年秋，台湾光复，被选任省农会理事长，省参议员，土地银行监察人，合作金库监察人，大同中学校董会董事长，台湾文化协进会监事，国语日报社董事，台湾新生报设计委员会委员，于宣扬民族文化与为民众谋福利，无不全力以赴。三十七年四月，省参议会组织京沪考察团，当团长之选，回祖国观光，对于胜利之祖国，得到更深之认识。

同年六月，台湾省通志馆成立，应聘为顾问委员会主任委员，指导台省文献工作。旋于三十八年七月，改组为台湾省文献委员会，于次年三月任该会主任委员。至一九五四年辞职。

纯青年少时，激于世变，因深造于墨，顾实宗儒，曾著《孔墨并尊论》，《作兼爱非无父辨》，并工吟咏。日据时期，参与发起募捐，兴建台北孔子庙，兼任崇圣会副会长，更与同好创立脉霓吟社，后改瀛社，为台北诗社之防。光复后，创立薇阁诗社，首倡全国诗人大会，开骚坛风气之先。其诗崇香山、随园，最重性灵，而必言之有物，绝不作无病呻吟，尤善于咏怀。

一九五四年，任联合国文教组织中国委员会委员，"内政部"礼俗委员会委员，及省政府顾问。仍孜孜不倦，终成《晴园年谱》三卷，《晴园诗草》四卷，《晴园文存》二卷，《八十自述》一卷。一九五六年十二月十七日逝世，年八十有二。（参考：福建文献六卷二期《黄纯青先生略传》。）

黄宾虹（1864—1955）

黄宾虹，原名质，字朴存，又署朴丞，别字朴人，号宾虹。民国后，以号行。别署有大千、予向、宾公、滨公、滨虹、虹庐、滨虹生、滨虹散人、黄山山中人等。清同治三年（一八六四）生于安徽歙县。年六七岁，随父寓浙东金华山，延塾师启蒙，并向萧山书画家倪炳烈、倪逸甫习书画之法，嗣又先后从李国柽、李国桌、应芷宾、陈春帆、郑珊、陈崇光等学画。年十三，应童子试，十五，学击剑，弱冠时已游学金华及扬州，其后北行，干禄以养亲。庚子后，感国事蜩螗，郁郁归，退耕家乡近十年，成熟田数千亩，频年收获之利，尽以购古今金石书画，悉心研究，考其优拙。

逊清之季，士大夫竞谈新政，办报兴学。宾虹亦游南京、芜湖，并应友招，襄理安徽公学，任各校教员。时有议废弃中国文字，宾虹尝与力争，由是而专意保存文艺之志愈笃，乃至沪，参加海上题襟金石书画会，会员有吴昌硕、朱祖谋、诸宗元、潘飞声等。嗣后历任：国学丛书、国粹学报编辑；商务印书馆编辑；与邓实、黄节等为神州国光社编印神州国光集、神州大览、美术丛书；为有正书局主编中国名画集；神州日报、时报之编辑及美术主任；文艺学院院长；留美预备学校教员等。宣统元年冬，陈去病、高天梅、柳亚子等发起组织"南社"，以诗文鼓吹革命，宾虹亦为社友之一。其后又与易孺编华南新业特刊，专载有关金石碑版书画文物，并发起组织中国金石书画学会，编辑艺观杂志。

鼎革以还，先后任教上海美专、昌明艺专、中国艺专、新华艺专、西湖艺专，及暨南大学艺术系讲席。民国十八年在沪与经亨颐、陈树人、谢公展、徐悲鸿、张善孖、张大千、郑午昌等创寒之友社，廿一年应四川南宁美术专门学院聘任教授，翌年归沪，任暨大文学院国画研究会导师，与同道发起创立百川书画社，其后，任上海市博物馆董事及故宫古物鉴定委员。廿四年春，应北平艺专之聘，移居北平，任绘画科国画组专任教员，后并兼图书馆主任，抗战胜利后，始南归，任杭州艺专教授。晚年迁居栖霞岭，至一九五五年去世，年九十二岁。

宾虹性喜研金石书画，所作山水力追宋元诸家。著作有：《古画微》、《画谈》、《画学篇》、《画学篇释义》、《中国画学史纲》、《古文字释》、《宾虹杂著》、《画法要旨》、《宾虹画语录》、《宾虹诗草》、《黄山画家源流考》、《庚辰降生之画家》、《宾虹草堂钵印释文》。编有《中国画家人名大辞典》（与俞剑华编辑，由孙皥公补成），《美术丛画》（四集，二百五十七种）、《续编美术丛画》（四集，二百八十六种），后二种系与邓实等合编，由神州国光社出版。（秦贤次稿。参考：黄宾虹《自叙》；林建同、林纪凯《当代中国画人名录》黄宾虹条。）

黄庐隐（1898—1934）

黄庐隐，本名黄英，庐隐为其笔名，寓"隐去庐山真面目"之意。清光绪二十四年生于福建闽侯。毕业于教会学校慕贞女中后，应同学安庆省立安徽女师附小校长舒畹荪女士之邀，任体育教员，与苏小梅（雪林）同事。

民国八年秋，与苏雪林同入北京女高师为国文系旁听生，时校长为毛邦伟，系主任为陈钟凡。半年后因国文程度为系主任所激赏，即改为正科生，十二年毕业，时校长为许寿裳（季茀）。同班同学有研究戏曲的冯淑兰（沅君），及小说家石汝璧（评梅）。

五四运动后，郭梦良肄业北京大学，因常出席学生联合会，与庐隐相识，郭坦承已婚，但系父母作主，无情趣可言。最后庐隐与其未婚夫解除婚约，毅然与郭同居。郭梦良原名弼藩，梦良系其表字，与庐隐同乡，当时与徐六几同为研究系中介绍基尔特社会主义到中国来的两员大将。婚后生有一女微萱，郭于十四年因肺病去世。

《海滨故人》小说集系庐隐处女作，十四年由商务印书馆出版，为"文学研究会丛书"之一。其中《海滨故人》一篇即系庐隐前半生的自叙传，露沙写其本人，梓青则指郭。郭死后，庐隐极度感到人生的幻灭，终日在苦酒香烟中寻求刺激。十六年《曼丽》小说集由北平文化学社出版，全书充满悲哀的调子，但对人生的感觉则较《海滨故人》为深切。

十五年秋，庐隐由同乡欧元怀介绍，在上海大夏大学任女生指导员（舍监）兼大夏附中国文教员，时校长为马君武。在校时曾加入周蜀云、范英叒、陆德吾等发起组织的"妇女励志会"，十六年春，辞去大夏职务赴北平，任教于北师大附中。据《庐隐自传》，她曾任北平某教会编辑，某中学校长及某大学讲师教授。

在北平时，加入中国青年党，但很少参加实际党务工作。十七年秋冬之际，曾计划到巴黎留学，终因经济问题无法解决而打消原意。

李唯建，笔名四郎，以译济慈《夜莺歌》而著名，后于二十三年九月在中华书局出有《英国近代诗歌选译》一书，当时正肄业于清华大学，年龄小庐隐十几岁，两人因研讨文学之问题，由通信而恋爱，庐隐还将唯建写来的情书发表在当时由谢冰莹与陆晶清合编的北平民国日报副刊上，后来两人合出一本《云鸥情书集》，二十年由神州国光社出版。十九年，庐隐与李唯建结婚，婚后到日本度蜜月。李当时在中华书局任编辑之职，庐隐则任教于上海工部局女中。生活美满。二十三年五月十三日，不幸因产后患病，死于上海大华医院，年仅三十七岁。

庐隐的作品，除上述外，另有：《归雁》（小说，十九年六月，神州）、《灵海潮汐》（短篇，二十年一月，开明）、《象牙戒指》（长篇，二十一年，商务）、《玫瑰的刺》（散文，二十二年三月，中华）、《女人的心》（长篇，二十二年，上海四社）、《庐隐自传》（二十三年，第一出版社）、《庐隐短篇小说选》（二十四年，女子书店）、《东京小品》（二十四年九月，北新）、《火焰》（长篇，二十三年连载于上海华安月刊，未出单行本）。（秦贤次稿。参考：周蜀云《忆早期女作家黄庐隐》及张秀亚《海滨故人》）

溥　儒（1896—1963）

溥儒，字心畬，号西山逸士。清光绪二十二年七月廿五日生。系出清宣宗（道光）皇帝；祖恭忠亲王奕䜣，宣宗第六子，为咸丰、同治、光绪三朝之重臣。氏幼而岐嶷，英华外发，所为诗文，每惊耆宿。宣统三年入贵胄法政学堂，民元归并清河大学，嗣又并入北京法政大学，毕业后，游学德国，毕业于柏林大学。返国省亲，成婚礼，再赴德读研究院，获天文学博士归，时年廿七。太夫人教之曰，汝以为今日读书已有成耶，须知此初步耳，更须积学博闻，多下利物济人功夫，或立言以垂诸世。于是奉亲隐居于宛平西山界台，绝交游，谢征辟，泛览百家，穷研今古，并一一会通之。又以天潢贵胄，家藏书画多宋元名迹，心领目受，弄笔临摹，皆能得其神理。如是者十年，然后出就北京师范大学及艺术专门学校教授。七七事变起，日寇踞旧京，建伪府，欲罗致之，坚卧不起。日酋径造其居，奉巨金求画，亦拒之，酋强留金以去，终斥还之。日寇降，膺遴选为满族国民大会代表。三十八年播迁来台湾，居陋巷，萧然若寒素，以鬻文与书画自给。著有《四书经义集证》、《尔雅释书经证》、《寒玉堂千文》、《经籍择言》、《寒玉堂论画》，以及诗文集若干卷。至如《陶文考略》、《慈训纂证》，则为昔年隐居大鞍山时所作。其为诗，古体宗汉魏，近体擅盛唐，以身经丧乱，苍凉勃郁，往往如杜少陵蜀中诸作。文则出入汉魏六朝，谨严闳肆，诔丽典则。其于绘事，精研六法，师诸造化，北宋风格衰废者殆数百年，至是独起而振之，以是举世宗仰，而学术文章，几为之掩。一九六三年十一月十八日，卒于台北，享寿六十有八。（参考：《溥心畬先生事略》、《心畬学历自述》。）

叶楚伧（1887—1946）

叶楚伧，笔名小凤，又名龙公，江苏吴江人。寄居吴县周庄镇。清光绪十三年丁亥八月二十八日（一八八七年十月十二日）生。

少负才名，夙怀大志。早岁肄业于苏州高等学堂时，即秘密参加同盟会而为校方所摈。离校后为鼓吹革命，因从事新闻事业，清末民初，曾历主汕头之《中华新报》，上海之《民立报》与《太平洋报》之笔政，并与陈去病、柳弃疾同为江南文学团体"南社"之中坚。其后在沪又主编《生活日报》与《民国日报》；尤以对于《民国日报》负责最久而贡献最大，狄君武说："当年的民国日报，家无隔宿之粮，全靠他一力支撑；文章出自他胸中；钱要靠他奔走；捕房来找麻烦，还要他去吃官司。"

北伐军底定江南后，历任江苏省政府主席、中国国民党中央宣传部长、秘书长、中央政治会议秘书长，立法院副院长等要职，除以谦冲态度，对中央人事与政策为鼎鼐之调和外，以其具有书生本色与诗人气质，亦从未放弃文教工作，如创办大型《文艺月刊》，编印《文艺丛书》、《新生活丛书》及《读书杂志》等。抗战胜利，奉派为江苏宣抚使，抵沪即病，旋以视察各方，不遑宁处，终于三十五年二月十五日逝世。享年六十岁。（参考：《历代名人年里碑传总表》。）

詹天佑（1861—1919）

　　詹天佑，字眷诚，原籍安徽婺源，寄籍广东南海。清咸丰十一年（一八六一）三月十七日生于广东南海。七岁入塾，对机器极感兴趣，尝用泥土制成模型玩具。十一岁在香港考取容闳所招之出洋留学生技艺门，翌年赴美，为我国第一批留美官费生。十三岁入康省威士哈芬（West Haven, Conn.）之 SeasideInstitute for Boys 肄业，课余仍读中文。十六岁考入纽海芬中学。十八岁考入耶鲁大学工学院，习土木及铁路工程。十九岁、二十岁连获数学成绩优异奖。二十一岁（一八八一）毕业，得土木工科学士学位回国，即被派赴福州水师学堂习驾驶。次年以肄习名列第一，调派赴扬武兵舰服务。二十四岁任广东博学馆教习，兼广东海图水师学堂教习。二十六岁完成测绘广东沿海险要图。二十七岁与谭女士结婚。二十八岁（一八八八）任铁路公司工程师，主持塘沽天津段之铺轨工作。卅二岁主持滦河铁桥工作。卅四岁被选为英国土木工程师会会员，为我国工程师被选入此会之第一人。卅五岁调任津芦段工程师。卅八岁调至锦州任总段工程师。四十岁南下主持萍乡至醴陵之铁路工作。翌年仍回京奉铁路任事。四十二岁返粤奔父丧，并往汕头策划潮汕铁路，过沪又为沪宁铁路邀任顾问工程师。四十三岁奉派往豫查勘道清铁路账目及工程。四十四岁（一九〇四）查勘京张铁路，事毕提出报告，大凡工程之巨，沿线资源，均予缜密分析。四十五岁，京张路开工，为会办兼总工程师。四十六岁主编《中华工学词汇》。四十七岁升任总办，仍兼总工程师。四十八岁居庸关山洞八达岭隧道相继完工。四十九岁（一九〇九）京张路全线通车，于南口车站行通车典礼，中外来宾数逾万人，金谓青龙桥等处，节省洞工，实为绝技。得清廷工科进士第一名。被选为美国工程师会正会员，为入此会之中国工程师之第一人。五十岁除任张绥路总办兼总工程师，又任沪宁、洛潼等路工程顾问，粤汉路总理兼总工程师，川汉路总工程师等职。五十二岁（民国元年），国父视察京张路，对其伟绩，赞不绝口。广州组织"中华工程师会"，被推为会长。二年，任交通部技监，驻汉口专办路事。三年，被派为汉粤川铁路督办，旋获二等嘉禾章。五年，耶鲁大学授以荣誉硕士学位，香港大学授以荣誉法学博士学位。六年，交通部设立铁路技术委员会，拟订国有铁路标准，特派其为会长，主持其事。八年，奉派参加协约国西伯利亚铁路监管会，并为技术部中国代表，会于海参崴、哈尔滨。时北地苦寒，冰雪载道，昼日莅事，夜治文书，操劳过度，且饮食不调，乃患痢疾，因病势渐形严重，即回汉口入仁济医院疗疾，四月二十四日逝世，享年五十九岁。著有《铁路名词表》、《京张铁路工程纪略》及《图制》等行世。政府立传于国史馆，并于八达岭建像与立碑，以示追念贤劳之至意焉！（林汉楼稿。参考：凌鸿勋《詹天佑先生年谱》。）

杨　圻（1875—1941）

　　杨圻，字云史，江苏常熟人，清光绪元年（一八七五）生。父崇伊，字莘伯，为光绪六年庚辰翰林，后以御史外放汉中府知府。母曾太夫人，是曾孟朴的姑母。妻李道清，为李鸿章的长孙女，李伯行的大女儿。可谓世代华胄。云史幼曾肄业同文馆，学习外国语文。少年得意，二十余岁，在北闱乡试中式第二名——南元。与同邑翁之润、江阴何鬯威、长沙章华等四人，有四公子之雅誉。裘马清狂，名动京邑，加以天资学力，宜乎吐属与众不同。曾官至邮传部郎中，后因对官场中干请征逐之风失望，适外舅李伯行奉命出使英国，乃随轺西行，旋奉派为驻新加坡领事，在任内曾劝阻凶手行刺在新加坡从事排满运动的孙中山先生。宣统二年（一九一〇）夏，一度乞假回国省亲，不久仍携眷南下。在海行途中，经台湾海峡，想起先人开辟宝岛的艰苦，如今竟割让日本，感触之余，因写成《台湾诗》一篇，预言台湾一定会仍回祖国怀抱，果然应验。辛亥革命，清帝退位后，即自新弃职归国，决心不再问世事。在新时，曾经营大利树胶公司，结果失败，由曾太夫人鬻产为之了结。回国后，家居数年，后来一度在江西陈光远军中，因遭嫉于民国十年辞职。旋经同年潘毓桂介绍，访吴佩孚，礼延入幕，先为副秘书长，后为秘书长，言听计从，极宾主之欢。十三年吴军榆关失败，自秦皇岛返抵上海，又间关到豫，追随佩孚，直到佩孚入川，始返江南。二十一年，又到北平，重遇吴佩孚，亦见张学良，二人均挽共事，实则顾问等闲职而已。及抗战爆发，北平沦陷后，不受敌伪笼络，化名叶思霞，经天津逃至香港，时常发表诗歌，鼓吹抗战，发扬士气。行政院副院长孔祥熙聘为行政院参议，生活勉可维持。卅年七月十五日病逝，享年六十七岁。

云史之诗词，成名甚早，其十八岁时的作品，即已驰誉京师。张百熙评他的诗是"江东独步"，康有为评他的词是"绝代江山"。其作品散见于天津的《国闻周报》、上海的《青鹤杂志》和苏州的《卫星杂志》。其遗著刊行者有《江山万里楼诗钞》上下卷二册，其诗文因战乱散轶者甚多。云史世受清禄，其辛亥革命后咏史之作，不免寄托感慨，以尽其忠；但并非顽固的遗老，在中华民族奋起抵抗日寇侵略时，仍不忘尽其炎黄子孙一分子的责任。九一八事变那年，曾写过一本《打开天窗说亮话》的小册子，分析田中奏折所列侵华各点，以促起国人警觉。迨民国二十八年，抗战在最艰苦的时候，又抱病集易林句成《攘夷颂》一篇，献于领导抗战之蒋委员长。全诗凡一百三十八句，在颂前有千余字的长序，文辞渊雅，为一伟大史篇，也是抗战期间一重要文献。（参考：李猷《追忆先师杨云史先生》、吴相湘《杨云史江东独步》。）

杨　铨（1893—1933）

杨铨，字杏佛。清光绪十九年生于江西玉山县（原籍系清江县）。六岁，读书私塾；稍长，入上海中国公学肄业；愤清政窳败，从事革命运动，入同盟会为会员。辛亥光复，曾与其役。民元南京政府肇建，任总统府秘书。民国二年，以赞助革命有功，由稽勋局派赴美国入康乃耳大学习机械工程。留美时，与同志胡明复辈十数人组织中国科学社以促进国内科学工作为事。毕业康乃耳后，复入哈佛大学研究工商管理。七年归国，入汉冶萍煤铁公司负改进会计制度之责。嗣任南京高等师范学校教授兼商科主任，旋改任工科教授及工厂管理。师范学校改东南大学后，仍任工科教授。旋因主张改派校长事去职。贿选政府崩溃后，随国父北上，任秘书。国父逝世后，任国父葬事筹备处总干事。斯时江南一隅，尚在军阀势力之下，虽筹划陵墓事，仍努力于秘密革命工作；北伐军在上海成功之速，其预备工作与有力焉。国民政府成立后，任上海政治分会委员。当是时各方势力冲突无宁日，赖其调停其间，革命之基础卒得巩固。十六年，大学院院长蔡元培聘为教育行政处主任，旋改任副院长。十七年，中央研究院成立，蔡元培为院长，聘为总干事。六年之中，为院事竭智尽忠，备尝艰苦。二十一年春，十九路军抗日于淞沪。铨发起技术合作委员会，辅军队准备后方工作。二十二年六月十八日清晨，方偕长子出游，遇暴徒狙击于中央研究院国际出版品交换处门前，旋即弃世。享年四十一岁。有《杏佛文存》及《杨杏佛讲演集》行世；诗词及其他文字多未刊。（节录《安阳发掘报告》第四期。）

杨树达 （1884—1956）

杨树达，字遇夫，号积微，晚更号耐林翁，湖南长沙人，生于清光绪十年，卒于一九五六年，享年七十三岁。

树达笃好高邮王念孙、王引之父子之学，钻仰既久，乃于经史诸子文字音韵之研究，卓有所成。尝编著《积微居小学金石论丛》、《积微居小学述林》、《积微居文录》、《积微居金文说》、《积微居读书记》、《汉书管窥》、《高等国文法》、《词诠》、《古声韵讨论集》诸书，骎骎然超迈二王，蜚声于时。

民国二十三年八月，在天津大公报发表《读商承祚君殷契佚存》一文，是为其攻研甲骨文字而有著述之始。后此二十年，专致力于此。其对甲骨文之钻研，范围至广，举凡说字、考史、评论、杂著，均所包涵。在这方面所撰专著，有：《积微居甲文说》、《卜辞琐记》、《耐林廎甲文说》、《卜辞求义》四种，另有论文一百三十三篇，被誉为甲骨学研究中最努力之一人。（参考：何广棪《杨树达先生甲骨文论著编年目录》。）

邹　鲁（1885—1954）

邹鲁，原名澄生，字海滨，笔名亚苏，广东大埔人。生于清光绪十一年正月初六（一八八五年二月二十日）。先世居安徽当涂，唐贞元间迁江西，又迁福建，宋末元兵南下，遂走广东。祖业商，父为缝工，三代皆单传，家境寒微，母性情和蔼，勤俭耐劳，常教以孔孟故事，故自幼知克苦，学圣贤。八岁入塾，十四岁，识夷夏之辨。十五岁，自觉天资鲁钝，改名曰"鲁"，塾师以"海滨"为之号。十九岁，因不满新式学堂，创办乐君中学。二十一岁，为革命救国，加入尤列之中和堂。二十二岁，以师范学堂少，在广州创办潮嘉师范。夜则在理化研究所上课，旋考入法政学堂。二十三岁，协同朱执信等在广州暗集同志，运动革命。次年，主持巡防营发难，以发会票而败。二十五岁，赴潮汕运动民军响应新军起义，未成而新军已败。二十七岁，在广州办《可报》，鼓吹革命排满。及三二九之役，与策动新军于嘉应会馆，旋走香港。十月，武昌首义，驻香港接济各江义师。广东光复，组织北伐军，任兵站总监，筹划军需。遂有固镇、南宿州、徐州之捷，促成清帝退位，民国成立。民元，当选国会众议院议员。次年北上出席国会，对宋教仁被刺及擅借外债两案，纠弹袁世凯，振振有声。七月袁遣人追捕，乃走天津赴上海，奉国父命回粤讨袁。不成，赴日本。时国父重组中华革命党，创办民国杂志，与朱执信等任编辑。民三年八月，欧战爆发，奉命回港策动讨袁。旋赴南洋筹款。民五袁世凯卒，国会重开，提出逐龙济光，禁贿，查办张勋，质问段内阁之种种失职等案。民六，国会被解散，乃南下护法。莫擎明叛，国父委为潮梅总司令讨伐之。民十一，陈炯明叛，受国父命以特派员名义联络各军，从事讨伐。民十二年元月，陈炯明遁惠州，国父电令与胡汉民等全权代行大总统职权。五月，任广州财政厅长，十一月，任国立广东高等师范校长。民十三，中国国民党改组，当选中央执行委员，兼青年部长。六月，任国立广东大学校长。国父讲演三民主义，负校读之责。十四年十一月，与谢持、林森等在北京西山集会反共，为清党先声。北伐完成，历任国民政府委员，特别委员会委员，西南政务委员会委员，西南执行委员会委员，国立中山大学校长，国防最高委员会委员，中央评议委员，总统府资政，监察院监察委员等职。对启发民智，发展教育，特具深心，对抗日、"戡乱"，亦多所献替。于一九五〇年来台，一九五四年二月十三日卒，享年七十岁。

其重要著作有：《中国国民党史稿》、《三月二十九日革命史》、《中国国民党史略》、《中国国民党概史》、《中国革命史》（原称《中国国民党党史纪要》第一辑）、《红花岗四烈士传记》、《日本对华经济侵略史》、《二十九国游记》、《旧游新感》、《太原约法草案说明》、《邹鲁文存》、《我对于教育之今昔意见》、《抗建和平之我见》、《回顾录》、《澄庐诗集》、《澄庐文集》、《澄庐文选》等。（陈哲三稿。参考：张镜影《邹海滨先生传》、《邹鲁襟怀高朗》及陈哲三《邹海滨先生年谱》。）

贾景德 (1880—1960)

贾景德，字煜如，号韬园，生于清光绪六年七月二十三日。山西省沁水县端氏镇人。世称望族，诗书继美。幼读书，过目成诵。光绪二十九年癸卯科中举人，次岁登进士第，殿选知县，筮仕山左，入课吏馆，清名干才动一时。任发审员，以明敏正直惊同僚。初署招远县事，属登州府，实心任事，不避权要，绝贿赂，平冤狱。又筹经费，创学校，开民智，上官奇其能，奏补郯城县知事。宣统三年，丁内艰，黑龙江巡抚周树模，函招前往任抚署民政吏治总办，成绩甚佳。民国肇兴，山西都督阎锡山礼聘回晋为都督府秘书监。旋任山西北路观察使，兼晋北军政执法处长。民国三年调任山东济宁道尹。五年帝制议起，解组返晋，仍任秘书监。六年兼任全省警务处长。嗣阎锡山兼任山西省长，乃改任政务厅长。夙夜宣勤，无间寒暑，公尔忘私，以身作则，百僚敬而化之。山西本贫瘠之区，当全国遍地干戈扰攘，民不聊生，独能保境安民，行新政，修武备，兴学校，宏制造，致小康，中外人士誉为世外桃源，其献替与有力焉。继而兼任正太铁路局长，同成铁路督办。北伐军兴，阎锡山奉国民政府令任国民革命军第三集团军总司令，景德任秘书长。十七年夏克复平津，阎兼领平津卫戍总司令，景德亦兼任秘书长。二十一年太原设绥靖公署，阎任主任，景德任同上将秘书长，致全力于省政建设，实行兵工修筑同蒲铁路，景德任会办，五年间成干支线一千一百余公里。时外患正急，与阎金认抗战终不可免，战则山西必首当其冲，亟须因应环境，预作部署。迨中日战起，山西为第二战区，阎任司令长官，景德任秘书长。后平汉路失利，娘子关、太原不守，率绥靖公署省政府后方人员退平阳，继渡河徙三原。二十八年冬正当兵源饷源俱竭之时，新军又复叛变，乃向中枢沥陈利害，请予援助。今"总统"蒋公统筹全局，眷顾北方，毅然决定援晋保陕之策，为与阎密切联系，乃任景德为党政考核委员会委员，行政院顾问，常川驻渝。三十一年任铨叙部长。三十七年行宪后，升任考试院副院长。三十八年，大局糜烂，何应钦组阁，挽任副院长，以捍大难。四月中共军队渡江，中枢迁穗。六月阎锡山膺行政院长，景德自请改任秘书长以赴其难。其冬中共军队迫华南，政府由穗而渝，而蓉，而台，每次转徙，辄躬自殿后。一九五一、一九五二两年，任来台后第二、第三届"全国性公务人员高等考试"普通考试典试委员长，亲阅试卷，为国抢才。一九五二年出任"考试院"院长，至一九五四任期届满辞职，受聘为"总统府"资政。又先后曾任"制宪国民大会"代表，第一届"国民大会"代表，中国国民党中央监察委员，中国国民党中央评议委员。历受"政府"颁发纪念勋章、胜利勋章。平日治事之余，游心于艺，扬挖风雅，自著《韬园诗集》，誉为诗坛盟主。曾由上海中华书局出版四册，续集与《韬园文集》待印中。又尝以目击论孟代薪，六经束阁，乃提倡读经，冀使人知为学立人之本。筹建明伦堂于台北文庙，欲以明人伦而启世运，达人雅意。不幸于一九六〇年十月二十日以心脏病发作与世长辞。享年八十一岁。（参考：《贾景德先生事略》。）

董作宾（1895—1963）

　　董作宾，原名作仁，字彦堂，号平庐，河南南阳人。光绪二十一年（一八九五）二月二十四日生。父士魁，经商。母王氏。六岁入塾受业。稍长，课余助父事生产：印衣袖、刻印章。年十六，入元宗小学高级班肄业。明年，承父命，废学经商，则以余暑设馆授徒，自课进修，未尝中辍。民国四年春，入县立师范讲习所肄业。毕业后留校任教员。民国七年，游学开封，考入河南育才馆。从时经训受商简，始知甲骨文。十一年赴北京，识北京大学教授同乡徐炳昶。翌年入北京大学研究所国学门，习甲骨文，并为歌谣周刊任编校。十四年春至福州，任福建协和大学国文系教授。期年返里，改任中州大学文学院讲师。十六年复回北京大学研究所国学门任干事，管方言室。未几南下至广州，任中山大学副教授。时傅斯年长文学院，二人共事自此始。冬，以母病返里。十七年，国立中央研究院历史语言研究所筹备处成立于广州，受聘为通讯员，调查殷墟甲骨文字出土情形。以其敏锐之观察，知宝藏犹未尽，始有发掘殷墟之决定。嗣后十五次殷墟发掘之辉煌成就，胥肇基于此。秋，史语所正式成立，聘为编辑员，主持殷墟第一次发掘工作。二十一年改聘为专任研究员。自后殷墟发掘，皆与其事。其他田野考古工作，如山东城子崖、滕县之发掘；考察调查工作，如苏州故城基址，登封周公测量台古迹，龙门造像，杭州黑陶遗址等，莫不足履其地，躬亲其事。二十三年，中央古物保管委员会成立于南京，任委员。七七事变，抗战军兴，随史语所迁长沙而桂林。明年，复由桂林取道安南而昆明。二十九年冬，史语所复迁四川南溪，寓李庄之板栗坳。卅二年秋，手写《殷历谱》付石印，书无成稿，且撰且写，日尽一页，至三十四年四月全书完成，积十年之力而成此不朽巨著。三十六年应美国芝加哥大学中国考古学客座教授聘，授甲骨金文于彼邦。三十七年被选为中央研究院院士。冬，由美返国。三十八年一月，随史语所迁台湾，并膺国立台湾大学文学院教授聘，授古文字学、殷商史及古史年代学。

一九五〇年创办《大陆杂志》为发行人。冬，傅斯年逝世，继任为中央研究院历史语言研究所所长。时史语所在杨梅镇，遂与故院长朱家骅、胡适等筹建中央研究院新址于南港。一九五二年，美国东方学会选为荣誉会员。一九五三年冬赴菲律宾，参加太平洋科学会议第八次会议。一九五四年，获"教育部"举办第一次国家学术奖金。是年冬，迁史语所于南港新址。一九五五年五月赴大韩民国汉城讲学；接受汉城大学研究院文学博士学位。七月，史语所大楼落成，辞所长职，任香港大学东方文化研究院研究员及香港大学荣誉史学教授，从事《中国年历总谱》之编著。越五年而全书出版。居港日复兼任崇基、新亚、珠海等书院教授。一九五七年冬，赴泰国参加太平洋科学会议第九次会议。一九五八年返台，任史语所甲骨文研究室主任。

一九五九年，六十五岁，史语所为征文刊行庆祝纪念论文集，海内外故旧门生撰著专文者四十有六篇。一九六〇年马来亚大学聘为校外考试委员，三月乃赴新加坡、马来亚。八月，由"国立"台湾大学遴选为甲骨学研究讲座教授，率及门弟子，专力古文字研究，主编《中国文字》十二期。一九六三年十一月二十三日，病逝台大医院，享年六十九岁。

综其一生所撰学术论文，二百余篇，初从事于方言民俗之调查，歌谣之整理，使下里巴音跻于学术之林。自参预殷墟发掘工作以后，而甲骨文之研究，乃及于地下；见发掘地区不同，出土甲骨遂异，知有时代可征；迨发见大龟四版，首创贞人之说，凿破混沌，而有甲骨断代分期十标准之建立。一九六一年，世界书局辑其学术论文印为《董作宾学术论著》两册，一九六三年，艺文印书馆又集其所撰杂文，印为《平庐文存》两册。（参考：《大陆杂志》第二十八卷第三期附录《董作宾先生事略》、金祥恒《董作宾》。）

经亨颐（1877—1938）

经亨颐，字子渊，号石禅，别署听秋，晚署颐渊，浙江上虞人，清光绪三年生。性亢直，守正不阿。光绪二十五年，从父元善任上海电报局总办，集同志多人，联名电西太后争废立，元善领衔，亨颐列末，触怒被缉，偕遁澳门，得免。庚子乱作，乃还。旋往日本留学，专攻教育，先后留日八年，卒业于东京高等师范学校物理科。归国后，适浙省创设两级师范学堂于杭州贡院旧址，被聘为教务长，擘画周详，规模宏远。民国元年，任校长。旋改学制，易称浙江省立第一师范学校，仍任校长。八年，兼任浙江省教育会会长。同年秋，被推为浙省代表，往太原出席全国教育会议。九年初，被迫离校长职，学生挽留，曾引起学潮。民十，到北京任国立高等师范学校总务长。去职后返浙。十二、十三年间，劝本乡富绅陈春澜捐资兴学，就白马湖滨创私立春晖图书馆，以造就贫民子弟，兼提倡新文化，被推为校长。十四年，又奉令兼任宁波省立第四中学校长，不久辞去。开始习画。本擅书法，又善治印，故能移笔作画，自是在沪上结合同道，常为雅集，命名曰"寒之友社"。

十五年，被选为国民党第二届中央执行委员，赴粤参加革命工作。十六年，国府定都南京后，被举为中央训练部常务委员及浙江省政府委员。尝建议普及教育之策，凡儿童必入学，入学不须钱，以全国盐税充作全民教育经费，既富裕，又普遍，且平均，是曰国本教育。

十七年，被推为国民政府委员。十八年三月，国民党第三届全国代表大会，选为候补中央执行委员，以接近粤派委员，未就职。十九年阎、冯背叛中央，在北平组织中央党部扩大会议，被推为组织部委员。阎、冯失败，被中央党部开除党籍。二十年五月，粤变起，以二届中委之资格参加广州国民政府之组织。十二月，四届一中全会，选任为国民政府委员。从政之余，尤工诗画，二十六年，重逢花甲，影印篆刻及诗书画墨迹成一函，曰《颐渊篆刻诗书画集》，凡三册，行世。抗战军兴，被困于沪市租界寓内，忧愤疾作，于二十七年九月十五日逝于广慈医院，年六十有二。（参考：姜丹书《记经亨颐先生》，见"子曰丛刊"第三辑。）

赵恒惕（1880—1971）

赵恒惕，字夷午、彝五，号炎午，湖南衡山人。湖北方言学堂暨日本陆军士官学校第六期炮科毕业。清末返国后，随蔡锷主持广西陆军干部学校，并督练新兵。辛亥，武昌义师起，时任广西新军协统，而同时毕业士官学校之唐继尧、李根源则任云南新军标统，阎锡山任山西新军标统，李烈钧任江西新军标统。恒惕留学日本时，入籍同盟会，闻武昌首义，即统率新军拥广西巡抚沈秉堃宣布独立。旋图北伐，率师屯桂林。清军南下，武汉危急，即率师徒步驰援，初戍武昌，继驻孝感，当最前线与清军对峙。湖北都督黎元洪任其为左翼军司令。民国元年，临时政府陆军总长黄兴任之为第十六旅旅长。旋返湘，助都督谭延闿整编部伍。二次革命起，受任总指挥，率师攻鄂，已克蒲圻，会赣、宁兵败，袁世凯命汤芗铭率海、陆军入湘，乃为汤所获。拘送京师，判刑十年。在狱读易诵佛。四年，世凯图称帝，颁赦令，释之出狱。五年，潜返湖南，招集旧部，策动反袁，遂驱汤芗铭。谭延闿返湘，恒惕任第一师师长。冬，奉命代理督军。六年，与刘建藩首义护法，与北军鏖战四载。九年，光复湘省。冬，谭辞职，以军事付恒惕。十年，冬，任湖南省省长兼湘军总司令。敦聘王正廷、蒋方震、汤漪、李剑农、钟才宏、吴景鸿等创制省宪，勤求法治。旋出师援鄂自治，已大败王占元及孙传芳等军，直抵汀泗桥，武昌指日可克。乃吴佩孚挟直、鲁、豫三省兵力南下，遣海军袭岳阳。川军应援失期，乃亲访佩孚于岳阳，劝撤兵北返。即宣布省宪。旋依法当选省长，任职四年。省刑罚，薄赋敛，整军伍，废防区，并创立湖南大学，扩展国民教育，筑公路，建工业，湖南之政，遂为全国之冠。十四年，吴佩孚受迫，为各方所不容，以电迎之。十五年，部属某携贰，遂命其代理省长。过武汉，吴佩孚欲以武力助其返任，婉谢之。十六年，国民革命军师兴，道出湖南，所育翼之三湘劲旅，悉数参加。于是革命军由南而北，卒收统一之功。廿六年，抗日战起，蒋委员长起任恒惕为国民政府军事委员会上将军事参议官，及湖南省临时参议会议长。抗日胜利，政府颁授胜利勋章。联任湖南省议会议长十年。卅五年，当选国民大会代表。一九五一年，受聘为"总统府"资政。平居以翰墨自娱，擅行、隶。一九七一年，卒于台北，享寿九十有三。（参考：《衡山赵公传略》。）

赵家骧（1910—1958）

赵家骧，字大伟，清宣统二年九月二十二日生，河南汲县人（原籍浙江绍兴）。初卒业于汲县两等小学校，升入开封武昌中华大学河南分校中学部，肄业二年，转入省立第二中学。适吴佩孚在洛阳招幼年兵，报名应考，是为入伍之始。民国十三年第二次直奉战争后，入东北讲武堂九期步科。十八年抗俄之役，满洲里守将梁忠甲电调为上尉参谋。休战后重入武校，以第四名卒业后，分发东北军二十旅任连长，旋调升至北平二十七师少校营长。十九年改编隶三十二军商震部，历充参谋、营长、副团长等职。二十四年一月调升四十七师上校参谋主任。二十五年考入陆军大学十四期，二十七年秋毕业，奉派任一八四师少将参谋长。旋调第二军少将参谋长，兼十一军团（军团长为李延年）部参谋处长。未几，武汉保卫战起，家骧指挥作战，迭创强敌，升任军团部参谋长。二十九年，入中央训练团党政班第十期受训。嗣奉调常德，改隶第二十集团军总司令商震，参加宜昌会战。三十二年春，调为军令部第三处处长，主持抗日全盘战略策划。是年，奉远征军司令长官陈诚电召赴滇，主持中美合办之驻滇干训团步兵大队，任少将大队长。三十三年春，步兵大队改组为作战人员研究训练班，召集高级军官及幕僚，授以美国参谋业务，家骧以副班主任主其事。九月，改任第五集团军少将参谋长，防守昆明，策应反攻，始将班务辞去。三十四年六月，升任昆明防守司令部中将参谋长。是年秋，东北保安司令长官部成立，受任参谋长，统大军自秦皇岛登陆，兼沈阳警备司令。指挥辽南会战、四平会战、吉长会战等。三十六年秋，调第六兵团副司令官兼第三训练处处长，驻辽西。东北"剿共"总司令部成立，奉令回任参谋长兼政务委员。东北全局既败，奉命任徐州"剿共"前进指挥所副主任。三十八年十月，至重庆，任国防部部员，旋来台。一九五一年任陆军副总司令代理参谋长。一九五二年二月，实任参谋长。一九五四年七月，调"国防部"战略计划研究委员会委员。一九五五年四月，任第一军副司令官兼参谋长。一九五七年六月，调任金门防卫司令部副司令官。一九五八年"八二三"炮战，与吉星文等中弹"殉国"。享年四十九岁。"总统"明令褒扬，追晋为陆军二级上将，入祀忠烈祠。其著作汇辑为《赵家骧将军诗文集》三卷，于其殉职二周年纪念日出版。（参考：赵家骧《自传》、《赵家骧、吉星文、章杰将军哀荣纪实》。）

赵尔巽 （1844—1927）

赵尔巽，字次珊，又名次山。奉天铁岭人（汉军旗人）。生于清道光二十四年（一八四四）。同治十三年（一八七四）甲戌科进士，任翰林院编修。又先后任安徽、陕西各省按察使，甘肃、新疆、山西布政使。光绪二十八年（一九〇二）十一月，奉命护理山西巡抚，旋于十二月调为湖南巡抚，至翌年始到任。三十年四月，内调署户部尚书。三十一年四月，复外调出任盛京将军，并在东北设督练公所，主持新军训练，自兼总办，实际上系由军事专家蒋方震（百里）负责主持。三十三年三月，奉调继岑春煊为四川总督，未就，乃由其弟赵尔丰代理。七月，又奉调湖广总督。三十四年二月，复调任四川总督。宣统三年（一九一一）三月，继锡良为东三省总督，并授钦差大臣，兼管三省军事。在各地任职期间，颇能扶持教育事业。

民国三年，清史馆成立，袁世凯聘为馆长。袁氏背叛民国，僭位称帝，尊为"嵩山四友"之一。十四年二月，北京临时执政府段祺瑞因反对孙中山先生所提召开国民大会，而另举行善后会议，推其为正议长。五月一日，段执政聘为临时参政院参政，并指定为参政院院长。赵自民国三年受任为清史馆馆长后，即独自北上主持《清史稿》之编纂工作，煞费苦心。民国十六年，全稿粗具，彼以时局多故，年老力衰，亟思告竣，议付刊。旋即病故北京，享年八十六岁。（采自田原祯次郎《清末民初中国官绅人名录》。）

赵戴文（1867—1943）

赵戴文，字次陇，晚号清凉山人，山西五台人，清同治六年十一月三日生。光绪十六年入晋阳学院肄业，十九年转入令德堂（山西大学堂前身）。卒业后，曾返籍组民团，后执教于山西大学堂及宁武中学。三十一年留学日本，入东京宏文学院，次年入同盟会。三十二年返晋，任教于农林学堂及晋阳中学堂，密与阎锡山等策动革命。民国元年任山西都督府秘书厅长，五年任山西督军公署参谋长，兼晋北镇守使及将校研究所所长。六年任陆军第四混成旅旅长，兼办山西育才馆、国民师范学校、洗心社等事。北伐前后，先后任第三集团军总参议兼政治训练部主任、察哈尔都统、太原政治分会委员、北平政治分会委员、内政部次长及部长。十八年任监察院院长。二十一年任国民政府委员、太原绥靖公署总参议。二十五年六月，任山西省政府主席。抗战军兴，兼第二战区长官部政治部主任、中国国民党省党部主任委员，随军转战于吕梁山地区。三十二年十二月十七日病逝吉县，享年七十七岁。著有《孟子学说足以救世界》一卷、《军事讲演录》一卷、《清凉山人文稿》二卷、《周易序卦说》一卷、《周易翼邵集》一卷，《禅静初谭》一卷，《唯识入门》一卷、《读藏录》二卷、《读经偶笔》二卷、《驭三式》一卷、《世界将来说》一卷、《梦游录》二十册、《音学沿革考》一卷、《宇宙缘起说》二卷，以及《小康时代之必要条件》、《洗心社讲演录》、《易学八法经验》、《明德图》、《将来观》等书。（张玉法稿。参考：《国史馆馆刊》二卷一期《赵公次陇传略》及《革命人物志》第七集《赵戴文传》。

闻一多（1899—1946）

闻一多，原名家骅，字友三。清光绪二十五年十月二十二日生于湖北省浠水县。民国元年考入清华，因前后各留级一年，故在清华十年，在课业上表现最突出的是图画，也经常有文学作品发于表清华周刊，喜作诗，擅长古诗排律之类，尤爱好新诗。曾参与五四运动，任文书工作。民国十一年二月和姨妹高孝贞女士在家乡结婚。同年七月十六日赴美，入芝加哥美术学院习画，后转往科罗拉多温泉一小大学艺术系及纽约艺术学院继续习画，然此后对图画渐生冷淡而对文学发生浓厚的兴趣。在美曾与罗隆基等组织"大江会"，提倡国家主义。民国十四年六月回国后，任北京国立艺术专门学校教务长。次年秋，至沪担任吴淞国立政治大学训导长职务。十六年暑假后任国立第四中山大学（中央大学前身）外文系教授兼主任。十七年任武汉大学文学院长兼中文系主任，从此开始专攻中国文学，尽去文学家自由欣赏自由创作的态度，而改取从事考证校订谨严深入的学究精神。旋因学潮辞职赴沪。嗣至青岛国立青岛大学任国文系主任及文学院院长。决心用科学方法，整理诗经，成《匡斋尺牍》一文，在诗经研究上，是一划时代的作品。再因学潮离职，赴北平任教清华中国文学系五年，是其一生中最安定的一段。二十六年七七事变后，南下任教国立长沙临时大学（国立西南联合大学前身），二十七年迁昆明。对日抗战的爆发，对一多是个重大的转捩点，他在昆明似乎变了一个人，于诗人学者之外，又成了一般人士所谓的"民主斗士"。当时，因家中人口众多，生活十分清苦，除薪水外，曾靠刻印的润利贴补家用。三十五年七月十五日，被人枪击死于非命，享年不足四十八岁。当时成为轰动中外的重大新闻。

其著作有：《红烛》、《冬夜、草儿评论》（与梁实秋合著）、《死水》、《匡斋尺牍》等多种。朱自清、吴晗、郭沫若、叶圣陶等曾为编印《闻一多全集》，由上海开明书店出版。（林洙莹稿。参考：梁实秋《谈闻一多》。）

廖　平（1852—1932）

廖平，字季平，初号四益，晚年更号五译，又更号六译，原名登廷，字勖哜，四川井研县人。家贫，父尝为人牧牛佣力。稍自给，乃设磨坊盐井湾，诸子助之。平独嗜学，寄僧舍，不能具膏火，其母每炊，辄撮一勺米，别置之，积至升，则献之师。年二十四，入县学为诸生，再越年食廪。时张之洞督蜀学，见其岁考课业，器之，以高材生调尊经书院。时王闿运主讲席，平师之；称高第弟子。光绪五年举于乡；十五年成进士，朝考三等，以知县用，依例须避本省，以亲老，乞教职，便迎养。十六年选授龙安府学教授，兼嘉定九峰书院山长。历绥定府学教授，资州艺风书院山长，尊经书院襄校，成都优级师范、法政学堂、存古学堂等校教员。民国二年，代表读音统一会赴北京。归任四川国学专门学校校长。十年，兼高等师范、华西大学教授。十三年，以七三高龄归于乡，不复出。民国二十一年，游嘉定，遘疾，六月五日卒于里门，寿八十一岁。所著书凡六十六种，兼及医术堪舆。平之学，邃于经，守今文家法，由庭除而堂奥，凡经六变，其后三变，杂取梵书及医经、刑法诸家，往往出儒术外，说详所著《经学四变记》、《六变记》。然世之知者甚尟，虽其及门，莫能赞一辞。其中心以申天人之说为主，而立论瑰奇，冥心孤诣，破空能驰，足以哗世。张之洞病其离也，遗书相戒，有"风疾马良，去道益远"之语。而平自信甚深，不恤群言。顾其学亦不乏戛戛独造之处。光绪十五年既捷礼闱，远走岭表，谒张之洞。以黄公度之介，与康有为相见于广雅书局，作竟夕谈，出所著《辟刘编》、《知圣编》，以示之。别后康寄书驳斥，劝以毁板；平以为此事要当面晓耳，未予深辩！未几而康氏《新学伪经考》、《孔子改制考》问世，即就《辟刘编》《知圣编》而引申以成者。（参考：夏敬观《廖平传》、章炳麟《清故龙安府学教授廖君墓志铭》。）

蔡元培（1868—1940）

蔡元培，字鹤卿，号孑庼，又字仲申、民友、孑民，曾化名蔡振、周子余。清同治六年十二月十七日（一八六八年一月十一日）生于浙江省绍兴县城内。全家数代经商，惟六叔铭恩（茗珊）乡试中式。六岁入塾。十一岁，父光普（耀山）见背，赖母周氏质衣饰抚养长大。十二岁，从六叔读书。十四岁，受业于八股文名家王懋脩（子庄）。十七岁补诸生。十八岁设塾授徒，为从事教育工作之始。二十岁至绍兴名藏书家徐树兰家校书、读书，得博览群书。二十三岁中举，翌年会试中式，为贡士。二十六岁补殿试，中光绪十八年（一八九二）壬辰科进士，授翰林院庶吉士，二十八岁升补编修。时中日甲午战败，朝士竞言西学，元培亦开始涉猎译本西书。戊戌政变发生，认康梁之所以失败，由于不先培养革新人才，故请假返里，委身教育，出任绍兴中西学堂监督。二十七年，代理上海澄衷学堂经理一月，嗣转任南洋公学特班总教习，并与友人黄宗仰等发起爱国女学校。廿八年，当选中国教育会会长，并助南洋公学退学生成立爱国学社，与苏报订约，由学社教员为苏报撰论说，苏报馆则每月资助学社银一百圆。二十九年，学社离教育会独立，愤走青岛，苏报案起，未被牵连。旅居青岛不足三月，返沪创俄事警闻日报，三十年改名警钟日报。是年秋，光复会成立，当选会长。卅一年加入同盟会。翌年赴北京任译学馆教习。卅三年赴德留学。卅四年入来比锡大学，研究哲学、文学、人类学、实验心理学及美学等。武昌起义，至柏林助宣传及募款，年底返国。民国元年，出任南北两临时政府教育总长，奠定新教育基础。七月，因不满袁世凯之擅专独断，辞职，携眷赴德，仍至来比锡大学听讲，并在世界文明研究所研究。二次革命将起，曾回国奔走调停，失败后，携眷赴法国。五年，当选华法教育会会长，年底回国，出任北京大学校长。首先改正学生观念，揭示大学为研究高深学问之机关，决非做官发财之捷径。又持兼容并包、思想自由宗旨，为北大创下学术自由的学风，影响深远。五四运动后，复秉有所不为精神，与北洋军阀政客奋斗，为国民革命作前驱。十六年，改教育行政委员会为中华民国大学院，以管理全国学术及教育行政事宜，奉派为院长，并仿法国教育制度，在江苏、浙江等地试行大学区制。十七年十月辞职，专任中央研究院院长，集中专门人才，分设各科研究所，使中国科学研究从此进入一新时代。二十五年冬，忽卧病，几度濒危。抗战军兴，移居香港医疗，研究院则迁至后方，因病后体弱，未能随往。二十九年三月三日，失足仆地，病势加剧，延至五日晨逝世，享年七十四岁。元培毕生从事学术与教育工作，先后出版著作甚多。一九六八年三月，台湾商务印书馆为纪念其百年冥诞，出版《蔡元培先生全集》一册，达一千七百余页。（参考：《蔡元培自述》。）

蒋方震（1882—1938）

蒋方震，字百里，笔名飞生，浙江海宁县峡石镇人。清光绪八年九月初二生。十三岁时，适逢中日甲午战争，即立志终身致力国防建设。是年，父死，家贫。十四岁，母病重，曾割臂肉治母病。十七岁，补郡学生员。十八岁，曾获桐乡县令观风试超等第一名。二十岁，得桐乡县令及杭州知府之助，赴日本留学，入士官学校。二十一岁，在日本主编《浙江潮》鼓吹革命。二十四岁，在士官学校以步兵科第一名毕业，例由日本天皇赐刀。二十五岁，在盛京将军赵尔巽处，为督练公所参议。因受旧军排挤，赴德国实习军事，在第七军团任实习连长；于二十九岁，随清驻德使廕昌返国。任禁卫军管带（营长）。三十岁，又回东三省任督练公所总参议。是年武昌起义，旧军将不利新军，遂南下至杭州，任浙江都督署总参议。民国元年，三十一岁，任保定陆军军官学校校长。三十二岁，因校政横被干涉，无法推动，自戕以谢员生，获救。三十三岁，与治伤之日女结婚，华名左梅。三十五岁，因袁世凯称帝，南下广州，任两广都司令部出师计划股主任。三十六岁，在北京任总统府顾问。三十七岁，随梁启超赴欧洲考察。三十九岁，回国。从事推进新文化运动，并当选浙江省议员。四十岁，主持浙江省制宪工作。后又往来北京与南方。四十二岁，曾在冯玉祥军中讲演。四十三岁，与胡适、徐志摩组织新月社。并与吴佩孚相晤。四十四岁，就任吴军总参谋长。四十五岁辞职。四十六岁，在南京与蒋总司令研讨时局。四十九岁，因受唐生智叛变之累，入狱。五十岁出狱，因而自号淡宁。五十一岁居上海，一二八战争发生，曾指导参战之军官战略。五十二岁，私人赴日本考察。回国后，拟定多种有关国防建设之计划。五十四岁，蒋委员长派为军事委员会高等顾问，于冬天出发赴欧考察总动员法。五十五岁访欧陆，经英美于十二月初回国。十二月十一日往西安晤蒋委员长。是夜，西安事变发生，同时蒙难。五十六岁，年初奉命视察南北及沿海防务，暑期，在庐山暑训班讲课。七七事变发生，奉派赴德意宣传，争取援助。十月抵意，十一月抵德，又到比京，协助中国代表团为九国公约签字国会议事宜。民国二十七年，五十七岁，转往法国考察，五月回国。出任陆军大学代理校长，由湖南桃源迁往贵州遵义。以操劳过度，于十一月四日病逝于广西宜山，十五日葬于宜山鹤岭。三十七年十一月三十日，改葬于杭州市西湖万松岭。方震学养湛深，见解敏锐，其著作如《国防论》、《欧洲文艺复兴史》及论文多篇，颇有先见之明，皆风行一时，传记文学杂志社为其编印"全集"六辑行世。（黄大受稿。参考：《蒋百里全集》第六辑蒋复璁撰《先叔百里公年表》。）

蒋廷黻（1895—1965）

蒋廷黻，湖南邵阳（宝庆）人，清光绪二十一年十月廿一日生。出生于一中等农家，六岁入私塾，伯父兰甫督促甚严。十岁入长沙明德小学，次年改入湘潭教会所办益智学堂，开始习英文。辛亥革命时，因学堂停办而辍学。民国元年春，赴美留学，入米苏里州派克学堂，三年毕业，转学俄亥俄州奥伯林学院，主修历史，得文学士学位。应基督教青年会征选至法国为华工服务。民国八年夏返美入哥伦比亚大学研究院，专攻历史，从名教授海斯（Carlton J. H. Hayes）研究，民国十二年得博士学位，其博士论文《劳工与帝国：关于英国劳工党，特别是劳工党国会议员，对于一八八〇年以后英国帝国主义的反应的研究》由哥大出版。随即归国，任天津南开大学历史系教授。从事中国外交史研究，并介绍西洋名著。曾与学生合译海斯所著《族国主义论丛》（*Essays on Nationalism*）。在南开任教六年，专心收集整理中国外交史资料，编成《中国近代外交史资料辑要》。十八年，任清华大学历史系教授兼系主任，仍在继续收集整理史料。九一八事变后，与胡适、丁文江等发起创办《独立评论》周刊，于二十一年五月二十二日出版，在该刊发表政论文字甚多。二十三年夏，利用清华大学休假机会赴欧考察，住莫斯科三个月，锐意观察苏联外交，并撰游俄文字发表。二十四年离开清华，出任行政院政务处长，是为从政之始。二十五年十一月，奉派驻苏俄大使，开始从事实际外交工作，至二十七年一月离职。归国后重任行政院政务处长，发起创办《新经济》半月刊，于是年十一月出版。三十三年十一月，出任联合国善后救济总署中国代表及行政院善后救济总署署长，三十五年十月一日解职。三十六年底，继郭泰祺为我驻联合国常任代表，在联合国外交战场上，折冲樽俎，如"控苏案"之提出，代表权的维护等，使国家的地位转危为安。一九五七年四月，当选中央研究院人文组院士。一九六一年冬，奉命调任"驻美大使"，仍兼"驻联合国常任代表"，一九六二年辞"常任代表"，一九六五年五月退休。退休后，原拟回台在中央研究院近代史研究所继续从事学术研究工作，不幸于是年十月九日病逝纽约，享年七十岁。

其重要著作有：《最近三百年东北外患史》、《中国近代史大纲》，散篇文字甚伙，多已收入传记文学社出版的《蒋廷黻选集》（六册）中。（参考：陈之迈《蒋廷黻的志事与平生》。）

蒋梦麟（1886—1964）

蒋梦麟，原名梦熊，字兆贤，又号孟邻。清光绪十一年十二月十六日（一八八六年一月二十日）生，浙江省余姚县人。六岁入塾，十二岁入绍兴中西学堂，相当高等小学。嗣蔡元培因戊戌政变（一八九八年）返里，担任该校监督（校长）年余，故二人有师生之谊。光绪二十五年，随家迁往上海，进天主教学校读英文。翌年，因庚子拳乱，全家又搬回余姚。二十七年，到杭州一教会学校习英文。二十八年，入浙江高等学堂肄业。二十九年，回绍兴参加郡试，中秀才，仍回学校读书。三十年，考入上海南洋公学。三十四年八月，乘轮赴美国旧金山。次年二月，以私费进加州大学农学院肄业。暑假后，转到社会科学学院，选教育为主科。并任旧金山大同日报主笔。民国元年，获教育学士学位。嗣至纽约进哥伦比亚大学研究院继续研究教育；六年六月，获得哲学博士学位，即归国。先至上海商务印书馆担任编辑。次年辞去编辑，旋创办《新教育》月刊（共出十卷）。五四运动后，代蔡元培回北京大学代理校务，及蔡氏回校，聘为教育学科教授兼总务长。十二年，蔡元培校长赴欧，正式代理校长。十六年五月，浙江省教育厅成立，以省府委员兼厅长，同时兼任浙江政治分会秘书长。六月，江、浙两省试行大学区制，被任命为国立第三中山大学校长。八月一日，大学区成立，以校长兼理全省教育行政事宜。十七年十月三日，继蔡元培为大学院院长。二十三日，废大学院，恢复教育部，改任教育部长。十九年四月十五日至二十五日，召开第二次全国教育会议。十二月四日，受命任北京大学校长。在胡适、傅斯年、丁文江等协助下，将北大转变为学术研究中心。抗战军兴，北大、清华与南开于二十六年十一月一日在湖南长沙组织国立长沙临时大学。二十七年五月初，又迁至云南昆明上课，改称国立西南联合大学，由三校校长组织常务委员会处理校务。日本投降，北大等三校分别复校北迁，西南联大遂于三十五年五月四日结束。三十四年六月二十五日，奉命转任行政院秘书长，北大校长由胡适继任，而由傅斯年代理主持复员工作。三十六年至三十七年，任国民政府委员及行政院善后事业保管委员会主任委员。一九四二年至一九五〇年，任"中国红十字会"会长。一九四八年八月，被任为中国农村复兴联合委员会委员。十月一日，该会在南京成立，被推为主任委员。一九四九年迁广州，一九五〇年迁来台湾，展开工作，改善农民生活，增进农民福利，协助政府推行土地政策，注意社会改革，提倡四健教育，推行家庭计划，大力提倡节育。为促进台湾地方建设，繁荣社会经济，复于一九五八年兼任石门水库建设委员会主任委员，作水利开发工作。同年，当选菲律宾政府所举办之麦塞塞奖金政府服务部门第一届得奖人，此为海外人士公认其多年贡献而给予之光荣。晚年，因续娶、婚变，精神不快，导致肝癌，于一九六四年六月九日病逝，享年七十八岁。

其著作有：《中国教育原理》（英文，后改名《教育与文化》）、《过渡时代之思想与教育》、《书法深源》、《西潮》（英文自传，后译为中文）、《孟邻文存》、《谈学问》、《文化的交流与思想的演进》、《新潮》及译《威尔逊参战演说》等。（参考：孙德中《梦麟先生的生平与志趣》、吴相湘《蒋梦麟振兴北大复兴农村》。）

刘 复（1891—1934）

刘君讳复，号半农，江苏省江阴县人，民国纪元前二十一年（光绪十七年，一八九一）五月二十七日生。四岁受父教识字。六岁就傅，能为诗。十三岁进翰墨林小学。十七岁进常州府中学。武昌义军起，君辍学参加革命运动。中华民国元年，君在上海任中华新报特约编辑员，及中华书局编辑员。五年以后，常为文发表于新青年杂志。六年任国立北京大学预科教授，益与新青年诸作者尽力于文学之革新。著有《我之文学改良观》、《诗与小说精神上之革新》等文，及《扬鞭》、《瓦釜》等诗集。君所为诗文，均以浅显词句达复杂思想，于精锐之中富诙谐之趣，使读者不能释手。然君不以此自足，决游学欧洲。九年，赴英吉利，进伦敦大学院。十年，赴法兰西，入巴黎大学，兼在法兰西学院听讲，专研究语音学。十四年，《汉语字声实验录》及《国语运动史》两论文，应法兰西国家文学博士试，受学位，被推为巴黎语言学会会员，受法兰西学院伏尔内语言学专奖。回国，返北京大学任中国文学系教授，兼研究所国学门导师，计划语音乐律实验室。二十年任北京大学文学院研究教授。君于是创制刘氏音鼓甲乙两种，乙二声调推断尺，四声摹拟器，审音鉴古准，以助语音与乐律之实验；作调查中国方音音标总表，以收蓄各地方音，为蓄音库之准备；仿汉日晷仪理意，制新日晷仪；草编纂《中国大字典》计划；参加西北科学考察团，任整理在居延海发见之汉文简牍。虽未能一一完成，然君尽瘁于科学之成绩已昭然可睹。而君仍不懈于文艺之述造。如《半农杂文》及其他笔记调查录等，所著凡数十册。旁及书法，摄影术，无不粹美。可谓有兼人之才者矣。（其著作多发表于中央研究院历史语言研究所集刊，计有：《声调之推断及声调推断尺之制造与用法》、《宋元以来俗字谱》〈与李家瑞合编〉、《中国俗曲总目》〈与李家瑞合编〉、《敦煌掇琐上辑》、《敦煌掇琐中辑》、《乙二声调推断尺》等。）君于二十三年六月赴绥远，考查方言及声调，染回归热症，返北平。七月十四日卒，年四十有四。妻朱惠、长女育厚、男育伦、次女育敦，葬君于北平西郊玉皇顶南冈。铭曰：

> 朴学隽文，同时并进；
>
> 朋辈多才，如君实仅；
>
> 甫及中年，身为学殉；
>
> 嗣音有人，流风无尽。

（蔡元培撰《故国立北京大学教授刘君碑铭》全文，括号内者系编者补注。）

刘　湘（1888—1936）

刘湘，字甫澄，四川大邑县人。清光绪十四年生。家贫，幼时肄业乡塾，于国学粗具根柢。清末，国事日非，乃投笔从戎，于光绪三十年考入四川陆军速成学校。毕业后参加部队，历经战役，至民国九年，已洊升至川军第二师师长。时北洋政府失轨，滇黔军在川大肆骚扰，川中将领逐走之，于十年一月宣布四川自治。同年七月，被推为四川各军总司令兼省长。十一年七月，川军第一、二两军冲突，湘调处无效，解职。至十二年九月再起，被北洋政府任命为四川善后督办，驻军重庆。十五年七月，国民政府北伐，同年十一月，川军将领通电声讨北洋军阀，国府明令发表湘为国民革命军第廿一军军长。十六年，升任第五路军总指挥。十七年北伐完成，全国统一，中枢整理四川军政，任其为川康裁编军队委员会主任委员，兼四川省府委员。十九年，北平成立扩大会议，反抗中央，川中军人刘文辉、邓锡侯等乘机响应，湘则坐镇重庆，竭诚拥护国策，川局赖以安定。二十年二月，国府派为四川善后督办，四川各军，归其全权调遣。廿二年七月，奉令出任四川"剿共"军总司令。廿三年十二月，中枢改组四川省政府，更任湘为主席，付以整理四川军政全责。廿四年二月，新省府在重庆成立。自此以后至抗战发生二三年间，举凡关于四川政治之改革，军队之整顿，交通之开发，与币制之统一等，均秉承意旨，贯彻实施。廿六年七七事变起，八月奉召入京，所部亦陆续出川，参加抗战行列，旋出任第七战区司令长官。不幸于廿七年一月廿日病逝汉口，享年五十岁。遗子世哲，女蔚文。国府嘉其忠烈，追赠一级上将，明令褒扬，并予国葬。（节录自周开庆《刘湘传》。）

刘大白 （1880—1932）

刘大白，原名金庆棪，字伯桢，后改姓刘，名靖裔，号大白，别号白屋，笔名有汉胄、白屋诗人等，以大白行。浙江绍兴人，生于清光绪六年（一八八〇）。少时受父师督责，苦习举业，曾膺拔贡，于入京谒选时，丁父忧，遂罢。以举业素非所愿，自此即弃绝功名，后更东渡游学日本，并曾加入同盟会。民国元年，主浙江《绍兴公报》笔政，民二，赣宁讨袁之役失败，公报被封，遂亡命日本。民四，因反对袁世凯与日本签订二十一条条约，受日警视厅歧视压迫，乃离日转赴南洋，为时一年有余。袁死后，自南洋回国，旋即出任浙江省议会秘书，时议长为沈定一（玄庐）。其后并任杭州省立一师教职，与夏丏尊等有一师四大金刚之称，时校长为经亨颐（子渊）。民六夏，蒋梦麟自美学成归国，二人始相识，此后自十六年至去世止，大白一直是蒋氏的好友及得力助手。

五四运动后，一师闹学潮，四大金刚及校长均先后离去，大白由杭至沪，任教于复旦大学中文系，系主任为叶楚伧（小凤）。大白此时受新文学运动影响，开始以白话作诗，常刊登于星期评论及民国日报"觉悟"栏。十年元月，"文学研究会"成立，上海、广州皆有分会，其后大白亦加入上海分会。十二年，其新诗集《旧梦》由商务出版，列为文学研究会丛书之一。

十一年十月，国民党上海执行部委员于右任、叶楚伧、邵力子等创办"上海大学"，以吸收革命分子，大白亦执教于该校中国文学系。十三年秋，大白继叶楚伧为中国文学系主任，其时并兼任复旦实验中学主任。十六年，国民革命军克复浙江，五月六日，浙省教育厅成立，蒋梦麟以省府委员兼任厅长，大白应蒋氏之邀约，辞卸复旦职务，回浙任教育厅秘书，自此后随蒋氏而国立浙江大学秘书长，而教育部政务次长，以迄蒋氏于十九年十二月因得罪元老辞卸教育部长，而随同离去，计历时凡三年又七个月。

其间，刘氏与浙大同事徐蔚南同为上海世界书局编辑，大白与朱剑芒合编有《初中世界活叶文选》，共五十册，后曾汇编为摹状文、记叙文、发抒文、说解文、论难文、写景诗、叙事诗、抒情诗共八册，为中学生优良的课外读物。

大白自离教育部后即回杭，二十一年二月十三日，因肺病逝于住所，享寿五十三岁。

大白幼习八股试帖之学，旧学精邃，尤长于韵文及小品，及为白话诗，难脱旧诗词气息，朱自清则赞其能融旧诗之音节入白话，又能利用旧诗情景表现新意。

其主要著作除《旧梦》外，有：《邮吻》（诗集，十五年十二月，开明版）、《再造》（十八年九月，开明版）、《卖布谣》（十八年十一月，开明版）、《丁宁》（十八年十一月，开明版）、《秋之泪》（十九年一月，开明版）、《白屋遗诗》（二十四年，开明版）、《旧诗新话》（十七年，开明版）、《白屋说诗》（十八年，开明版）、《白屋文话》（十八年，世界版）、《白屋诗话》、《白屋联话》（二十年连载于杨哲明主编的《世界杂志》上）、《中国文学史》（二十二年一月，大江书铺版）、《文字学概论》（大江版）、《五十世纪中国历代年表》（十八年，商务版）、《白话书信》（徐蔚南辑，世界版）、《故事的坛子》（民间故事，黎明版）、《中诗外形律详说》（共六册，三十三年，开明版）。其中《再造》、《卖布谣》、《丁宁》、《秋之泪》四集，系《旧梦》一集之分册重印。（秦贤次稿。）

刘文岛 （1893—1967）

刘文岛，字尘苏，湖北省广济县人。清光绪十九年癸巳二月十七日（一八九三年四月三日）生。幼读私塾，十岁报名入伍从军，以身不及枪长被拒。十三岁用友人胡荣桢证件考入湖北陆军小学，旋被识破，获准恢复原姓名。在校成绩优良，得升入武昌陆军第三中学。一九〇九年入保定军校入伍生队，一年后升第一期步科。辛亥革命爆发，南下至沪见都督陈其美，被派为连长。民元，各军校复学，仍回保定。民二，蒋方震校长自杀明志，文岛深受感动，弃学随蒋离校，东渡日本入早稻田大学政治经济学部。民五毕业回国，将其所撰《政党政治论》原稿送梁启超，受赏识，因拜梁为师。七年十二月，随梁及蒋方震游欧洲，入巴黎大学。十一年夏，以在法费用无着，乃购甲板船票乘法轮回国，途中以仅余之五法郎购得一盘一刀一叉，向厨房乞食。到沪后，得银行家徐新六助以十银元，北上谒梁。再至湖南访其军中同学，历述乞食归国筹学费之意，获广大同情，不半月各方捐集二万银元。湖北督军萧耀南亦助银元一万元，文岛乃再回巴黎安心攻读。十四年，与其妻廖世劭同获博士学位。是年夏回国，受聘为中华大学教授，旋南游广东，黄埔军校蒋校长留其在粤工作，并介绍加入中国国民党。十五年，任国民革命军第八军党代表兼前敌总指挥部政治部主任。十六年五月，奉派为国民革命军总司令部总政治部副主任。主任吴敬恒未就职，由文岛代理。八月，蒋总司令下野，文岛义同进退，亦卸职居上海。迨北伐军平定武汉，奉派兼任汉口市市长。十七年春，讨伐桂系军事结束，复任汉口特别市市长。二十年九月十六日，任驻德全权公使。二十二年九月十三日调为驻意公使。二十三年十月十七日，升任驻意全权大使。二十六年十一月八日，意大利承认伪"满洲国"，文岛乃下旗归国。抗战胜利后，任华中宣慰大员，分赴湘鄂赣各省，慰问遭受战祸同胞。三十六年任闽台清查团团长。三十七年当选立法委员，大陆形势逆转，随立法院来台。一九六七年六月十一日病逝台北。享年七十五岁。遗著有：《行业组合论》、《行业组合与近代思潮》、《意大利史地》。（参考：吴相湘《刘文岛内交外务》。）

刘伯明（1887—1923）

刘经庶，字伯明，以字行。世为山东某县人，后移居南京，遂为南京人。幼学于汇文书院，精通中西文，卒业，得文学士学位。东游日本，充中国留学青年会干事。并与章太炎游，治说文及诸子。故于国学，至有根柢。尝入同盟会与闻革命之谋。英占片马，留学生组织国民公会，伯明草英文宣言，慷慨激昂。宣统三年，自费赴美留学，入西北大学研究院，攻哲学及教育。民国二年，著

《华人心性论》，得硕士学位；越二年，著《老子哲学》，为劳威尔教授所激赏，得博士学位。自美归国，决从事教育工作。时汇文书院已改称金陵大学，应校长包文邀为国文部主任，教授哲学及哲学史、文学、教育学等。同时，南京高等师范学校校长江谦，亦延请兼教伦理、哲学、语言学诸课。民国八年，辞金陵大学教席，专任南高训育主任及文史地主任。时郭秉文继江谦为校长，规复校事，奔走不遑，校事悉付伯明。十年，南高改为东南大学，伯明任校长办公处主任，复兼任文理科主任，行政委员会主任，介绍部主任，哲学教授。十一年，《学衡》杂志创刊，以"阐扬旧学，灌输新知"为职志。伯明为创办人之一。十二年夏，又代理校务，兼授暑期学校课。秋初，赴湖南讲学，归后，意气颓丧，于十一月廿四日，以脑膜炎卒，年三十七岁。伯明于西洋文字，以英文功力最深，兼治法、德、希腊及梵文。其于哲学家言，无所不览，尤嗜柏拉图及斯宾诺莎之学说，力持人文主义，以救实用主义之弊。译有《思维术》（杜威原著）一卷，著有《西洋古代中世哲学史大纲》、《近代西洋哲学史大纲》等，其他文章，散见于《学衡》、《新教育》及《少年中国》诸杂志中。

伯明自少寒素，留美之学费，系向友人借贷，在美时刻苦自励，终岁闭户修学，谢绝一切应酬。归国后，生计渐裕，遇贫苦力学之士，辄尽力扶植。又尝捐南高哲学教员之俸金，为金陵大学购图书之费。卒后，东南大学就南高院旧大会堂改名"伯明堂"，借资纪念。（参考：郭秉文《刘伯明先生事略》、张其昀《刘伯明先生逝世纪念日》。）

刘师培 (1884—1919)

　　君名师培，申叔其字也。又名光汉，别号左盦，江苏仪征人。〔生于光绪十年（一八八四）五月初二日〕曾祖文淇，祖毓嵩，伯父寿曾，均以治春秋左氏传有声于时；父贵曾，亦以经术名。君幼慧，年十二，即读毕四子书及五经。初习为试帖诗，一夜，月色皎然，讽诵之顷，恍然有悟，遂喜为诗赋。曾作水仙花赋，又穷一二日之力，成凤仙花诗一百首。其读他书，勤奋亦如是，博学强记，出语恒惊其长老。年十八，补县学生员。十九，领乡荐。二十，赴京会试，归途，滞上海，晤章君炳麟及其他爱国学社诸同志，遂赞成革命，时民国纪元前九年也。归娶，旋偕其妻何班至上海，何班进爱国女学肄业，而君则改名光汉，著《攘书》，昌言排满复汉矣。前八年，与林君獬主持警钟日报社。冬，与万君福华等谋刺王之春，未遂。前七年春，君时作文，揭载于国粹学报。未几，警钟日报被封，君与陈仲甫、章士钊诸君在芜湖之皖江中学任教员，并发行白话报。前五年，亡命日本，何班偕往，改名震，时为民报撰文，与炳麟甚相得。夏，君创天义报。秋，与张君继设社会主义讲习会。前四年，又创衡报。此两报皆言社会主义与无政府主义者也。是年，君忽与炳麟龃龉，有小人乘间运动何震，劫持君为端方用。君于是年冬归国，依端方于江南。前一年，随端方至四川。端方死，君幸而免，盖在四川国学院讲学，然长江下游不易知君踪迹，炳麟不念旧恶，甚思君，乃约余共登一广告于上海各报，劝君东下。民国二年，君赴山西。三年，赴北京。四年，君忽为杨度等所勾引，加入筹安会。袁世凯死，君留滞天津。余长北京大学后，聘君任教授。君是时病瘵已深，不能高声讲演，然所编讲义，元元本本，甚为学生所欢迎。八年十一月二十日，君卒〔于北京〕。年三十有六。所著书，经其弟子陈钟凡、刘文典诸君所搜辑，其友钱君玄同所整理，南君桂馨聘郑君裕孚所校印者，凡关于论群经及小学者二十二种，论学术及文辞者十三种，群书校释二十四种，诗文集四种，读书记五种，学校教本六种。除诗文集外，率皆民元前九年以后十五年中所作，其勤敏可惊也。向使君委身学术，不为外缘所扰，以康强其身而尽瘁于著述，其所成就宁可限量？惜哉！（蔡元培撰《刘君申叔事略》全文。方括号内系编者补注。）

乐嘉藻（1870—1941）

乐嘉藻，字彩臣，贵州黄平人，生于民国纪元前四十年。先世以懋迁起家，经营木材桐油出口于湖南洪江，号称素封，光绪十五年己丑，举于乡。旋受知贵州学使严修，并与学署幕宾李福田研究算术，颇多心得。光绪二十一年乙未赴京师，参加十八省举人松筠庵会议，联署上书论国事，请变法。是即所谓公车上书。寻自费赴日本游历，考查学务。归时斥资数千金，购置图书标本仪器，运回贵阳，与友人日夕究讨新学。光绪三十年甲辰，联省绅于德楷合资创办蒙学堂于贵阳资善堂，是为贵州有新式学校之始。次年复创立实质学堂于贵阳正新街。光绪三十三年丁未，与省绅于德楷、唐尔铺、周培艺等，发行《黔报》，并担任笔政，鼓吹立宪，速开国会。宣统元年己酉，贵州谘议局成立，嘉藻被举为议长，先后三次赴京，参加速开国会请愿运动。辛亥武昌起义，复与谘议局议员谭西庚、黄德铣等劝导黔抚沈瑜庆，维持地方秩序，宣布独立。贵州光复后，任军政府枢密院枢密员。迨滇军入黔戡乱，遂离省赴北京。民国二年，任天津工商品陈列所所长，兼办中国参加巴拿马国际博览会赛会事宜。寻以委员资格，赴旧金山出席博览会，遍游全美，认为乃毕生快事。归国后，著有参加博览会详细报告，嗣调补农商部主事，主管统计编制事务。仕隐都门十五年，循份供职，不事营求，未升一阶，淡如也。退职后，蛰居旧京，日以读书，习字，作画遣兴。民国三十年病逝，享年七十一岁。

嘉藻天性纯厚，明敏好学，喜美术，擅长书画。对于中国建筑营造术，时加考求，曾著有关论文多篇，未尝出以示人。乡人朱启钤创办中国营造学社于北京，促其发表所作文字，始终未予同意。其矜慎可知。（姚崧龄稿。参考：张朋园著《立宪派与辛亥革命》。）

黎烈文（1904—1972）

黎烈文，湖南湘潭县人，清光绪三十年五月十八日生。少时就读于故乡。民国十三年前后任职于商务印书馆编辑部，十四年秋赴法国留学，十八年夏毕业于法国地雄大学文学院，二十年夏，得法国巴黎大学研究院文学硕士。留法期间，任申报馆特约撰稿者，并为商务印书馆翻译法国文学名著。二十一年春回国，任法国哈瓦斯通讯社上海分社法文编辑。二十四年任申报馆副刊主笔。二十六年冬，离沪返湘。二十七年春，赴闽就任福建省教育厅中等学校国文科视导员。二十八年，福建省政府在战时省会永安创办改进出版社，任社长，编印适应抗战需要的丛书及杂志，供应省内外读者，三十五年春辞职。来台任新生报副社长。同年秋，改任台湾省训练团高级班国文讲师。三十六年，应台湾大学之聘，任文学院外国语言文学系教授，历二十余载。一九六九年冬，因高血压而引起脑血管阻塞，自是缠绵病榻，一九七二年十月三十一日长逝，享年六十九岁。

烈文为我国译介法国文学之权威，文笔优美，态度忠诚而谨严，信达雅兼而有之，译著甚丰。主要著作有：《西洋文学史》、《法国文学巡礼》、《崇高的女性》（散文集）、《舟中》、《艺文谈片》等。翻译的文学名著及其他作品有：《红与黑》、《河童》、《乡下医生》、《伊尔的美神》、《双重误会》、《屋顶间的哲学家——爱的哲学》、《魔沼》、《企鹅岛》、《脂肪球》、《两兄弟》、《冰岛渔夫》、《拉曼邱的恋爱》、《红萝卜须》、《医学的胜利》、《妒误》、《法国短篇小说选》、《炼狱之魂》、《亚尔维的秘密》、《台湾岛之历史与地志》、《法军侵台始末》、《失鸣鸟》等多种。（参考：《黎烈文教授简略年表》。）

郑观应（1841—1923）

郑观应，又名官应，字陶斋，广东香山人。父文瑞，授徒为生，尝著《训俗良规》。有子女十七人。观应为第二子，生于清道光二十一年（一八四一）。少时随父读书，研究八股。咸丰七年（一八五七），英法联军陷广州，目击时艰，遂弃举业。

十七岁，由广州北上沪滨，先从英教士傅兰雅学习英文不久，即在沪经商，时与泰西各国洋商往来，对于中外贸易之经验，日益丰富。三十二岁，受聘英商太古轮船公司为经理兼管栈房。又受李鸿章委托主办上海电报局，并创办机器织布厂造纸厂等。三十九岁，始由太古轮船公司转入官督商办之上海招商局任帮办之职，并代表该局赴南洋各地考察商务。次年（一八八一）中法越南战起，去国外采购新式军械并侦探法越军情。

观应本其不断与西方朝野接触之经验，对于西方国家富强之本，深具心得，其改造中国之方略，一一书于文章之中。同治十年（一八七一），汇集文三十六篇，定名《易言》，于香港出版，传至日本、朝鲜，均有翻印。嗣又删并为二十篇，仍名《易言》，于光绪元年（一八七五）出版。光绪十八年，增订改名为《盛世危言》，在上海出版。其著作除《盛世危言》各篇外，尚著有《陶斋志果》、《诗草》、《海行日记》及序刻道书多种。民国十二年卒于澳门，享寿八十有三。（参考：胡秋原《郑观应生平及其思想》。）

钱玄同（1887—1939）

　　钱玄同，原名夏，以字行，晚复名夏；少字德潜，改掇献，又字季中，号疑古。中岁自废姓名，称疑古玄同，晚号逸谷，一署逸叟。晚年所署别号甚多，如籀暗、肆籀、觚叟、籀庵居士、逸谷老人、忆菰翁、鲍山犷叟等。年五十，又复姓名，自称饼斋。浙江吴兴人。清光绪十三年（一八八七）生。父振常，光绪举人，年六十始生玄同。兄徇（念劬）长玄同三十岁，清末任驻日本及法、义等国使馆参赞及公使。玄同幼岐嶷而谨愿，六岁从塾师读经，老父因其兄不第，故属望殷，督责严。十岁毕五经，涉猎史汉，于众前背诵太史公文，每终篇不遗一字。父殁，随兄幕游，仍延师课读。年十八，丧母。弱冠，兄为成婚。赴日本留学，习师范，因从章炳麟（太炎）专治国故，精文字音韵之学，又得与革命党人往还。宣统三年（一九一一）归国，任浙江中学教员。民国元年，任浙江教育司科员视学职。二年，赴北京，任国立北京高等师范学校及附属中学国文教员，旋兼国立北京大学教授，主讲"说文""声韵"各课，承太炎之说，证以黄侃（季刚）之言，并以科学方法，参考新获资料，遂卓然为当代名师。六年，投稿新青年杂志，赞倡文学革命，并入中华民国国语研究会为会员。七年，轮值为新青年编辑人，鼓吹新文学及新文化运动最力；又与国语研究会诸人致力国语运动。五四运动起，其言论丰采，震烁一时。是年兼任教育部国语统一筹备会常驻干事，自是于国语、国音、注音符号、国语罗马字、简体字等制作推行，悉心参划，亘二十年，其效甚溥。十七年，教育部改常驻干事称常务委员，并于会中设中国大辞典编纂处，廿四年，复改会名为国语推行委员会，始终任其职。十二年，北京高师改为国立北京师范大学，仍任教授，十七年，北京改名北平，任国文系主任，兼授说文研究、经学史略、周至唐及清代思想概要、先秦古书真伪略说诸科目，皆能以历史眼光，整理、评判，以求真为主，力矫从来泥古与当时蔑古之弊。二十三年，患血管硬化症，神经极度衰弱；七七事变起，北平陷敌，不克随校南迁，蛰居养疴，拒绝伪聘。二十八年一月十七日病逝北平德国医院，享年五十三岁。

玄同术业专一而识解宏通，议论激昂而持躬谨介。著有《文字学音篇》、《音韵学》及《国音沿革讲义》，并论文、杂说、函牍若干篇行于世。（参考：黎锦熙《钱玄同先生传》、周作人《北大感旧录》。）

钱永铭（1885—1958）

钱永铭，字新之，晚号北监老人。浙江吴兴人。幼颖异。九岁毕诸经，能擘窠书及刻印。年十二，入沪儒王培孙先生之育才书塾攻读，育才书塾者，南洋中学之权舆也。凡四载毕业。居沪一载，乃辞家北行，入北洋大学研究财政经济。旋归沪，随马相伯、李叔同创沪学会，公开讲演，办补习学校，提倡体育。翌年东渡。以优异得官费，入神户高等商业学校，续研财政经济，并专心银行之学。清宣统元年归国。应留学生归国考试，丁父忧南归。二年，应南京高等商业专校之聘，始任教职。民国肇建，应先烈同邑陈英士先生之约，往北平接收旧农工商部，任会计科长。期年辞归。在沪注籍南社。民国四年，膺筹备中国实业银行之聘，赴东北考察。中国银行审其才，聘为无锡分行经理。未往。六年，交通银行以受政局影响，与中国银行同受挤兑，是时全国流通钞票，惟两行是给，关系至巨，而上海为全国经济枢纽，动关国本，遂延任上海分行副理。八年，任经理。明年任上海银行公会会长。创立公会，并创议各银行发行证券，并建筑公会会址。十一年，交通银行总处，因历年积亏，且承停兑风潮之后，业务不振。前经理梁士诒罢职南归。主持无人，危岌万状。股东集议，请南通张謇为总理，永铭为协理，实持其事。永铭之接任也，中兴煤矿，愿为支援，假以值一百万元之煤斤名单，俾其营运，不数月存款激增，信誉重振。十四年，梁士诒复任总理。张謇罢，永铭以义须同进退，遂南归。十五年二月佐吴鼎昌任四行储蓄会副主任，兼上海分会经理。十六年国府定都南京，以古应芬为财政部长，延永铭为次长。应芬赴粤，代理部长。初，国民革命军由武汉顺流而下，储糈之供，永铭效力为多。而都邑新定，财政措施，关系全国，实赖永铭为理焉。时有议废北京政府之旧公债者，永铭力争，以为新公债之购主，即旧公债之持有人，同属国民，义无厚薄，国家用财之际，岂可废旧债而自隳其债信，绝人民报国之源。于是旧债维持不变，续还本付息。而江海关二五库券及续发之二五库券，得以推行。先后发行将一亿元，国府军政之需，颇赖挹注。十七年，张静江任浙江省政府主席。以永铭为府委员兼财政厅长，于厘卡税务，规划整顿，壁垒一新。复以省库，军政节余，商教育厅，于全省各中学及图书馆，各置万有文库一部，以惠来学。十八年，辞谢政务，任中兴煤矿总经理。不逾年产量突增。煤矿本有轮船为运煤之用，至是成立中兴轮船公司，任董事长。十九年，政府派任中法银行中国董事会主席。旋有驻法公使之命，辞不获，然以国内事殷，未赴任。二十年，九一八事变起。永铭以财经人员，不娴折冲，遂辞职。二十一年，日本势逼华北。时段祺瑞尚在天津。永铭衔今"总统"蒋公命，迎段南下，不为敌用。明年，四行储蓄会建国际大厦于上海南京路，楼高二十二层，为东方冠；设国际饭店，驰誉四海。二十四年，参加赴日经济考察团。于睦交通商之中，寓观察考查之意。永铭夙留学日本，于是晤其友好政要，晓以中国不可轻侮。二十六年，抗战军兴。永铭与杜镛等在沪，组地方后援会。上海既陷，间道至香港，而武汉，而巴蜀，不遑宁处。二十七年，膺国民参政员之命。八月，任交通银行董事长，增设设计处，负责开发西南各省之经济，网罗经济工矿专才，计划发展。盖交通银行负发展全国实业之使命，诸如长期资金之筹划，资本市场之建立，实业债券之发行，皆所借意。于是云南昆明之裕滇纱厂，贵州贵阳之贵州企业公司，湖南长沙之裕湘纺织厂等数十事业，相继观成。而后方工业，由交行扶植者，不可胜数。永铭之居参政会也，全会小组皆出席。其虑事也精，其操行也危，未尝多言，然言必中。平时所量理机关或团体公私财帑，何止万万，抗战期中，从不肯因币值低降，以国币易外币，而弋厚利。不惟私人为然，即公益团体，在无人知亦无人见之中，亦绝不肯忍以损及国家。其清恪也如是。上海复旦大学迁至重庆北碚，永铭以董事长兼任校长，重振黉舍，弗令失学。三十年冬。太平洋战作，交行总机构陷港。永铭收拾整顿，仍能于西南西北，增设分支行处，弗使萎缩，以配合国家使命。又创办太平洋保险公司以为企业界之保障。三十四年，胜利复员，半年之内，尽复沿江沿海以及内陆各大都市之机构，无虑百余。翌年组复兴航业公司成，任董事长。同年膺选"行宪国民大会"第一届代表，并任上海新闻报及闸北水电公司、中国盐业公司等机构董事长。京沪战起，遂抵香港。因病先后辞去交通银行及复兴航业公司董事长之职。一九五四年第一届"国民大会"第二次会议在台北举行，遂先期来台而定居焉。以一九五八年六月十九日卒。年七十四。（李猷稿。）

卢　前（1905—1951）

卢前，原名正绅，字冀野，慕庐挚（疏斋）以散曲名，自号小疏，别号饮虹，别署有江南才子、饮虹簃主人等。清光绪三十一年（一九〇五）三月生于江宁。民国十年投考南京东南大学，虽中文成绩优异，惟数学零分，未取；翌年再考，学校终以特别生名义录取，入国文系。在校时受教于词曲大师吴梅（瞿安），与任讷（字中敏，号二北，江都人，九年北大文科国文门毕业）同为吴门高弟，一传其词，一传其曲，当时，吴梅、王玉章及卢、任等人有"曲学社"之组织。

十五年毕业后至二十六年七七抗战，卢前曾先后任教于南京金陵大学、上海光华大学、四川成都大学及成都师范大学、开封河南大学、南京中央大学、上海中国公学、广州中山大学研究所、上海暨南大学。二十六年七月首届国民参政会在汉口成立，卢前以才名受聘为参政员。二十九年全家迁成都，任国立四川大学教授，时校长为程天放。三十年赴福建永安任国立音乐专科学校校长，翌年回渝。三十三年于右任在渝发起"中华乐府"，约卢前、张庚由、庆深庵、刘延涛为编辑。

三十五年十一月南京市政府初设"通志馆"，聘卢前为馆长。三十七年一月，"南京市文献委员会"成立，通志馆改隶该会。卢前曾编《南京小志》一册。三十八年，大陆易手，卢前因老母在堂，兼家累重，滞留南京，至一九五一年四月十七日，因高血压、糖尿病、肾脏炎一并发作，死于南京医院，享年四十七岁。

卢前除早期曾写作小说、新诗外，一生皆致力于词曲的研究，对于罕见精版的刻印尤不遗余力。其著作编注校刻之书如下：

（一）著作：《三弦》（小说，十七年，泰东）、《春雨》（新诗，十九年五月，开明）、《绿帘》（同上）、《红冰词集》、《何谓文学》（十九年，大东）、《酒边集》（二十三年，会文堂）、《中兴鼓吹》、《南北曲溯源》、《明清戏曲史》（二十二年，钟山）、《中国戏剧概论》（二十三年三月，世界）、《中国散曲概论》（世界）、《词曲研究》（二十三年十二月，中华）、《广中原音韵小令定格》（二十五年，中华）、《曲韵举隅》（中华）、《八股文小史》（二十六年五月，商务）、《读曲小识》（二十九年，商务）、《乐府古辞考》、《唐代歌舞考证》、《短剧论》（稿本）等。（二）编注：《曲话十种》、《曲话丛钞》、《元明散曲选》（商务）、《明杂剧选》（商务）、《元清杂剧选》（商务）、《元曲别裁集》（开明）、《论曲绝句》（成都大学）、《乐章选》（福建音专）、《唐诗绝句补注》、《梨园特试乐新声》（河南大学）等。（三）校刻：《元人杂剧全集》（上海杂志公司）、《戏曲丛刊》（中华）、《散曲集丛》（商务）、《饮虹簃所刻曲》（家刻）、《校印清散曲二十种》（成都大学）、《饮虹乐府》（家刻）、《饮虹五种》（渭南严氏）、《明代妇人散曲集》（中华）等。（秦贤次稿。参考：李立明《江南才子卢冀野》及谢冰莹《作家印象记》。）

欧阳渐（1872—1944）

　　欧阳渐，字竟无，江西宜黄人。清同治十一年（一作同治十年）生。早岁刻苦力学；年二十入泮，遂薄举业不为，由曾、胡、程、朱诸家言，而上溯经史百家，兼工天算，时称得风气之先。甲午战启，国事日非，慨杂学无济，专治陆王，欲以补救时弊。年三十四，以优贡赴廷试，南归后，创正志学堂，自编课本授之。年三十六，生母汪太夫人病逝，哀痛逾恒，即于母逝日断肉食，绝色欲，杜仕进，归心佛法，以救人救世为志。翌年赴宁，从杨文会（仁山）游。又东渡日本数月，访遗籍。返任两广优级师范讲席。因病辞职。嗣营农业，又大病濒死，乃决心舍身为法，不复治家计。再赴江宁依杨仁山。宣统三年（一九一一），杨氏卒，乃继主金陵刻经处。民国十一年，复创设支那内学院，讲学与刻经并进，四方从游者日众，如梁启超、梁漱溟、黄忏华、汤用彤等，均入座听讲，恭执弟子礼。越二年，增办法相大学，初分三处十一系。十六年，以经费困难而停办。抗战军兴，著文激励忠愤，及敌寇深入，乃内迁四川，设支那内学院蜀院于江津，时陈独秀、高语罕蛰居江津，始与抗礼为友，终亦从之受业。三十三年二月二十三日，逝于江津内学院，年七十有三。国民政府明令褒扬，并特恤。

竟无天资过人，读书极勤，内学院藏书二百万卷，多经其亲手校勘。其于佛法，初宏法相唯识之学，既通此学，进穷般若；既穷般若，复阐涅槃。佛法之真精神，至是重放光明。二十五年春，泰戈尔访华，久慕其名，一夕晤谈，惊佩不置，以为印度丧失二千年之国魂，不意于中国觅获。

其生平著作，多以播迁散佚，晚年手订所存者为《竟无内外学》。其目曰：《内院院训释》、《大般若经叙》、《瑜珈师地论叙》、《大涅槃经叙》、《俱舍论叙》、《藏要经叙》、《藏要论叙》、《法相诸论叙》、《五分般若读》、《心经读》、《唯识抉择谈》、《唯识研究次第》、《内学杂著》、《中庸传》、《孔学杂著》、《诗文》、《小品》、《楞伽疏决》、《解节经真谛义》、《在家必读内典》、《经论断章读》、《四书读》、《论孟课》、《毛诗课》、《词品甲》、《词品乙》，凡二十六种，三十余卷，悉由蜀院刊行，学者尊称为宜黄大师。（参考：周邦道、章斗航合著《欧阳渐》。）

谢洪赉（1873—1916）

谢洪赉，字鬯侯，别号寄尘，晚自署庐隐，清同治十二年

（一八七三）四月十二日（阳历五月九日），生于浙江慈溪之长和市。父元芳本基督教长老会牧师，尝宣教于余姚及慈溪乡间，洪赍自幼习闻基督教义，信仰天成。五六岁时，随父母赴礼拜堂，视为乐事。清光绪九年（一八八三），年十一岁，以天资聪颖，由绍兴本乡选送苏州博习书院（后为东吴大学）肄业。入博习之前，在家入蒙学，对于四书、诗经，多能背诵。在博习时，以学行优异，国文教员宝山朱鼎卿对之深为器重。年未二十，即有以著述为教会干城之志。年二十二，始习英文，二十六岁时兼习日文。用志既专，自修复勤，其后来之译著事业，得益于英日文字者，至多至宏。

光绪十八年夏，毕业博习书院，协助院长美国潘慎文博士编辑三角、代数、几何等教科书，并与潘夫人合译《动物学新编》。光绪二十一年，潘博士改任上海中西书院院长，洪赍随赴中西，任图书管理员，仍协助编辑事宜。时与通人学士接触，广读中外新出书报，学识猛进，次年升任书院教授。除与潘博士继续译著《格物质学》、《八线备旨》，《代形合参》、《旧约注释》诸书外，并为商务印书馆编辑中小学教科书十余种。其中如《瀛环全志》、《华英初阶》、《英文进阶》、《中英文典》等，均为甲午前后讲新学者，所必读之书。当时商务印书馆草创伊始，编辑之事，悉以委之洪赍，虽不必居总编辑之名，而任其实。

洪赍对教会宗派，毫无门户之见。年二十三，始在监理会领受进教礼。然未尝领圣职，任牧师。其服务教会精神，崇实践，不尚形式。光绪二十八年（一九○二），湖南发生辰州教案，举国哗然。洪赍因趁机与同志筹议，创立"中国基督教自主会"，不分宗派，不借外力，惟集国人力量，自行传道。发行《基督徒报》，任主笔，鼓吹"自主"传教，各地响应。北京、天津、济南、长沙、香港各大埠，皆有"中华基督教会"成立，推动自主传教。

光绪二十四年（一八九八），鉴于美国教士来会理在华北创立基督教青年会之成功，洪赍因在上海中西书院首先组织"幼徒会"，嗣改称"青年会"，宗旨为指导青年进德修业，及改进社会风气。复与美教士来会理、路易等在上海各大学成立青年分会。翌年组织"全国青年会协会"，创刊《青年会报》，任副主笔，编辑丛书七十余种，启迪后学。所编《德育故事》、《名牧遗徽》、《免痨神方》等，曾风行一时。

洪赍禀赋，原非壮健。服务社会，编译撰述，鞠躬尽瘁，终于三十六岁时，罹致肺疾，病情严重。光绪三十四年（一九○八）冬，获美友资助，赴美国科罗拉多州之登埠疗养一年，逐渐康复。宣统元年秋返国，寄居庐山牯岭静养。终以继续写作，不时参与青年会各种活动，且常赴各学校演讲，病势日剧。民国五年九月二日逝世，年仅四十四岁。

民国九年（一九二○）冬，杭州基督教青年会特于杭州青年会会址，建立"谢公钟塔"，并立纪念碑。其文曰："先生浙江绍兴人，生平以学问道德为中西人士所景仰，其著作等身，皆发明真道，勖励后进，为国家社会造福甚大。我国青年会，基督教会，咸倚如长城，殁后其嘉言懿范，深感人心，爰为发起建此钟塔，以资矜式，用垂永久。"（谢文秋稿。参考：胡玉峰《谢庐隐先生传略》。）

薛仙舟（1877—1927）

薛颂瀛，字仙舟，嗣愤日本侵略我国，因废颂瀛之名，以字行；广东中山人，生于民国纪元前三十四年。四岁丧父，依母陈氏居江苏江都，九岁丧母，依长兄三镛居上海。年十一，随兄北上，就学天津中西书院。年十六，入北洋大学。既毕业，获官费，将游美升学，正值庚子拳乱，唐才常创富有票，谋革命于湘汉间。氏愤国家多难，清政不纲，因效乞儿，潜入内地，参加起义。汉口之役，事败被捕，官方怜其年少有才，阴释之。一九〇一年，仍借官费赴美，入加里福尼亚州立大学。同时北洋大学同学赴美游学者，有陈锦涛、王宠惠、王宠佑三人，既系好友，且同隶粤籍，因相约各择一业肄习，以便学成报国。陈选习财政，二王分选法律、采矿，氏则选习银行。会留学官费，以汉口案除名，氏遂日以面包清水度日。二年毕业获学士学位。一九〇三年返抵广州，创办"会计学堂"，训练银行干部。一九〇五年任留德学生监督，同时入柏林大学为研究生，并实习银行业务。刻苦耐劳，不倦不厌。辛亥光复，离欧返国，经南京临时政府派充上海中国银行副监督。惟雅不愿任政府官吏，因佐张静江经营通运公司。寻联络上海钱庄主人江某发起中华实业银行，兼任复旦公学教务长。对于合作事业，生平最具兴趣，无时不预筹实行。民国七年，为上海工商银行赴海外集股，即就便在美考查合作制度，颇多心得。逾年归，在上海创立上海国民合作储蓄银行，发行平民周刊，宣传合作主义。民国九年，任工商银行总理，同时与陈果夫等共同组织上海合作同志社。民国十六年，中央政府聘其计划全国合作银行，章则已大致草订，正谋加强上海合作同志社之组织，作有力之推动，不幸染病不治，于是年九月十四日，卒于上海，年仅五十岁。

薛氏崇尚秩序，嗜清洁，砥廉隅，爱才嫉恶，任事勇往不苟，视功名利禄淡如也。国父开府广州，一度挽其担任财政部长，则表示只做事，不作官，恳辞不就。氏博学强记，通英、德、法、意、西等国文字，正拟习日、俄文，因病不果。公余喜音乐美术，谓可陶养性情，善奏笙箫等管乐，兼擅绘事。（姚嵩龄稿。参考：沈恩孚著《薛君仙舟行述》。）

戴　戡（1879—1917）

戴戡，字循若，号锡九，贵州贵定人，生于清光绪五年。光绪季年，以县学附生赴日本留学，习师范。光绪三十四年归国，乡人陈国祥（敬民）时任河南法政学堂监督，邀任该堂庶务，任事精干。宣统元年，李经羲（仲轩）任云贵总督，闻其能，檄往黔省襄理矿务。赴黔之前，特至湖南水口山锑矿局实地考察。短衣草履，背负干粮，杂矿工中，共同生活者月余。忍苦耐劳，为一般文人所不能及。正拟输出铜仁之水银，水城之锑矿，会辛亥革命，所谋停顿。贵州光复后，省内秩序混乱，省绅因举其赴滇，乞师于云南都督蔡锷。因于民国元年冬，随唐继尧所率北伐滇军入黔戡乱。唐继尧既任贵州都督，戡亦任都督府左参赞。民国二年秋，由中央政府任命为贵州省长。民国三年，改称巡按使。长黔三年，调和客军，整理财政，铲除鸦片，颇著政绩。民国四年，解职入京，被任为参政院参政。帝制议起，在京津与梁启超、蔡锷、寨念益（季常）等，密商发动滇黔武力讨袁，随继蔡锷离京。经滇返黔，率黔军第一梯团出四川綦江，与蔡锷所率之滇军掎角蹙敌。事平，蔡锷去蜀，政府任戡为四川省长，旋兼督军。惟所辖之滇黔军队，颇受川军排挤，时起冲突。复辟变作，蜀将有受伪巡抚命者，纠合川军数万，围攻成都。戡所部黔军驻城内者仅八营，众寡不敌，困守城内十三昼夜，力竭城陷，死于乱军之中，时为民国六年七月十八日，年仅三十八岁。（姚崧龄稿。参考：梁启超撰《贵定戴公略传》。）

戴传贤（1890—1949）

戴传贤，字季陶，晚号孝园。先世自安徽休宁迁浙江吴兴，乾隆末由浙入川，寄籍汉州。民前二十二年生。天资明敏，智慧超人，才气纵横，性情热烈，英年跅弛不羁，迨膺重任，敛才就范。于中国载籍无所不窥，泛及外国译述，专研法律政治外，凡天文、地理、经济、财政、教育，乃至农林、生物、物理、医药、工程诸学，皆得其窍要。年十四考入川省客籍学堂高等科，誓倒满清。年十六留学日本，精日文日语。年二十毕业日本大学法科，回国任江苏地方自治研究所主任教官，未几去职，入言论界，以议论文章与国人相见，署名天仇，名满天下。民前一年天铎报文字狱兴，亡命日本，旋至南洋槟榔屿主光华报编辑，加入同盟会，武昌首义后归，从事实际革命工作。民元创办民权报，受知国父，任机要秘书，甫二十三岁。二十八岁长大元帅府法制委员会，旋兼帅府秘书长、外交部次长。三十五岁任国民党中央执行委员、政治委员、宣传部长，为反共之先锋。三十七岁任中山大学委员长后改为校长。三十九岁任考试院长，达二十年，建立考试制度。虽以从政之身，仍始终致力教育事业，如童子军、中央政治学校、西北农林专科学校，及军警各学校，罔不念兹在兹。生平下笔成文，著述甚富，除散佚无法搜辑外，经出版者，有文存及文存续编、再续编，约二百余万言。其中曾印单行本者，如《孙文主义哲学的基础》、《国民革命与中国国民党》，为国民党理论权威。如《青年之路》，为指导学生正确认识，最能深中青年心理，使之感动奋发。如《日本论》，为知己知彼者所应有事。如《学礼录》，则为晚年寝馈礼经之作，不独克绳祖武，亦现代言制礼作乐者不应忽视。三十八年二月十二日，在广州逝世，年六十岁。四月国葬于成都。（参考：《戴季陶先生逝世二周年纪念特刊》。）

钟宪鬯 （1867—1940）

钟宪鬯，字观光，浙江镇海人，清同治六年生。早岁攻习国学，兼长理化。光绪二十八年，任教于江阴南菁高等学堂，时留沪革命志士蔡元培、蒋智由（观云）、林獬（少泉）、叶瀚（浩吾）、王季同（小徐）、汪德渊（允宗）、乌目山僧（黄宗仰）等集议发起中国教育会，表面办理教育，暗中鼓吹革命，电约参加，乃与武进蒋维乔（竹庄）、常熟丁芝孙、无锡黄子年，一同加入。那时他已倾向革命思想，在南菁课余，常与一般学生密谈革命大义。同年十月，中国教育会协助南洋公学退学生成立"爱国学社"，即回沪担任教课。当时学社方面，教文学的有章炳麟、蒋维乔、蔡元培等，教理化的有他和他的弟弟钟衡臧（观诰）、寿孝天、马相伯等。一时人才济济，气象蓬勃。

自光绪三十一年同盟会成立后，杨笃生、苏凤初等决意从暗杀下手，狙击满廷亲贵，以摇动人心，促速革命的实现。到上海与蔡元培组设机关，秘密制造炸弹。蔡氏因他精研理化，而且可以向中国科学仪器馆购办药品，便邀他参加小组。他和同志数人，天天研究炸药的制造，弹力的试验，煞费苦心。

民国六年蔡元培出任北京大学校长，被聘前往任教。只因北大生物系成立较迟，他在那方面的功课很少，只是埋头做他的研究工作。奉张入关后，北平环境恶劣，各校教授纷纷散去，北大生物系主任谭熙鸿改就浙江大学农学院长，请他去办理植物园。十六年中央研究院成立，聘为研究员。十八年秋，北平研究院成立，院长李石曾约其赴平，专任植物研究所研究员，直到七七事变发生，该院迁滇，因年迈体弱，不耐奔波，遄返镇海故里休养。民国二十九年九月病逝，享年七十四岁。

其治学，崇尚实际，不事空谈，在清末我国科学尚在启蒙时期，研究科学者不多，而专治植物学者更少，而其生平用力最勤者，则为中国植物的分类研究。全世界高等植物已发现者约二百八十多科，其中产于中国的，便有二百二十科之多。他用科学方法，研究植物分类，先从采集标本入手，亲往云南采集，涉水登山，不辞艰辛，继又赴山西、河北、浙江、福建各省，不以为苦。经他亲手采集的植物标本，为数颇多，我国植物书中的中文学名，大都由他选译订定，可以说是植物学的开山人物。他搜集世界植物学典籍既丰富，对我国古书也读得烂熟，凡是《本草纲目》、《尔雅》、《诗经》以及诸子百家中的花草竹木的名词、性质、应属那科那类，都有详细的考证，成稿数十巨册，统未付印。

他是现代中国植物学界承先启后，继往开来的人物。一生刻苦耐劳，不骛虚名，沉默地工作了几十年，虽然淡然不求人知，可是其工作成绩，却享誉世界。民国十二年，菲律宾大学植物学教授（后曾任美国哈佛大学植物系主任）E. D. Merrill，根据他所采集的标本定出一个新的种属 Tsoongia，属马鞭草科植物，即为纪念其发现的劳绩。（胡霁林稿。节录自陆曼炎《自然科学者的钟宪鬯》，收入《时贤别纪》一书中。）

苏曼殊（1884—1918）

苏曼殊，幼名子谷，削发后更名元瑛，或作玄瑛，法名博经，号曼殊，世称曼殊上人，广东中山县人，清光绪十年八月十日生于日本横滨。

曼殊身世，扑朔迷离，故其至友柳亚子为之作传，亦三易其说。据其同学冯自由云：曼殊父名杰生，香山县（今中山县）人，在横滨英商茶行任买办；母曰亚仙，横滨人。中日甲午战起，随父母返粤。逾四年，家道中落，随母东渡，依其亲属林氏以居，时年仅十四岁。翌年（一八九九）入横滨大同学校乙级，一九〇〇年春升甲级，兼习英文。一九〇一年入东京早稻田大学高等预科，翌年转学振武学校（成城学校改名），习初级陆军，并加入留学界最初之革命团体——青年会。一九〇三年，青年会发起组织拒俄义勇队，卒为清使馆干涉而止。曼殊遂至香港见陈少白。为逃婚，削发于广州慧龙寺，易名曼殊。旋至上海与革命志士游，并在国民日日报中任撰小品文字。自是奔走于苏州、长沙、芜湖、江宁各地，迭任教职，交结革命豪俊。一九〇六复至东京，与章太炎及刘师培夫妇同居。民国成立后，曾发表宣言反对袁世凯称帝。

曼殊因身世飘零，故生活亦多反常，遂至不寿。民国七年五月二日卒于上海广慈医院，年仅三十五岁。陈去病为营葬于杭州西湖孤山。

曼殊通英文、日文及梵文，长于文艺，亦工绘事，译作尤佳。著作及译述颇多，有：《梵文典》八卷、《梵书摩多体文》、《沙昆多逻》、《法显佛国记》、《惠生使西域记地名今译及旅程图》、《泰西群芳名义录》、《埃及古教考》、《粤英辞典》、《汉英辞典》、《无题诗三百首》、《人鬼记》、《英译燕子笺》、《曼殊画谱》、《女子发髻百图》、《岑海幽光录》、《燕子龛随笔》、《悲惨世界》、《婆罗海滨逊迹记》、《潮音》，《断鸿零雁记》、《天涯红泪记》、《绛纱记》、《焚剑记》、《碎簪记》、《兆梦记》、《文学因缘》、《拜仑诗选》、《海潮音》、《淡英三味集》。后人又掇拾其作品，编有小说集，诗文集，画集等十余种。而以"苏曼殊诗文集"行世最广。（参考：冯自由《革命逸史》初集、卢克彰《方外志士——曼殊上人》〔中央月刊四卷十二期〕及林汉楼稿。）

严　修（1860—1929）

严修，字范孙。原籍浙江慈溪，先世移居天津。世为盐商，家资甚丰。清咸丰十年（一八六〇）生于直隶三河县。光绪九年癸未科（一八八三）二甲第十名进士，散馆后授翰林院编修。廿年十二月，授贵州学政，至廿三年止。卅年任直隶学务处总办，综理全省学政。卅一年，清廷设学部，被任为右侍郎，翌年改任左侍郎。在部四年余，对于学制，建树甚多。宣统三年（一九一一）被任命为度支部大臣，未就。

氏与袁世凯有深交，但淡泊禄位，只以兴学育才为职志，及袁被黜，一时显贵，均不敢与之交往，独于袁离北京时，亲送至卢沟桥，袁甚感激。民国成立后，袁屡请出山，均不应；及袁将称帝，驰书反对，屡阻不果，知其事之不可成，乃携袁之第三、四两子赴美、德留学，以保全其后人。

氏喜读书，有远见，能接受新思想，对西方教育制度颇为欣赏。慨于中国科学不兴，于光绪廿三年首倡废科举，设学校之议。创经世学堂，授学生以数学。可见其对培养人材及社会、民生经济之认识。甲午战败，国人之有识者已看出非振兴教育不可。光绪廿四年，乃倡办新教育，请志同道合之张寿春（伯苓）教其子侄五人，以英、数、理化为主要科目，号严馆，可谓南开学校之先声。光绪卅年，偕伯苓游日本，考察教育，并购置图书、仪器多种。二人返国后，于同年九月八日创办敬业中学于天津，旋改名私立第一中学，即南开学校之前身。民国七年，又偕范源廉赴美，与原在美之张伯苓会合，考察美国高等教育组织，回国后筹办南开大学，捐金达五万二千余元；又将所藏中国史乘书籍，尽数捐赠南开图书馆，约计三万余卷。晚年得糖尿病，迭经中西医诊治，体益衰老，惟以吟咏自娱。民国十八年三月十四日殁于天津，享年七十岁。（采自孙彦民编《张伯苓先生传》及《教育大辞书》。）

严　复（1854—1921）

　　严复，初名体乾，入马江船政学堂，易名宗光，字又陵，又字几道，登仕始改今名。晚号愈野老人。别署：天演宗哲学家，又别号尊疑尺盦。清咸丰三年十二月初十日（一八五四年一月八日）生于福建侯官（今闽侯县）。七岁始就外傅。十一岁从黄昌彝治经，饫闻宋元明儒先学行。十四岁丧父，家贫无力继续从事。适沈葆桢初创福州船政学堂，往投考，获榜首。于同治五年十二月初一日

（一八六七年一月五日）开学，是为中国近代海军学校之发轫。修业五年，主修驾驶管轮。既卒业，从军舰练习，周历南洋黄海。同治十二年（一八七三），日本窥台湾，沈葆桢奉命筹边，絜同东渡，诇敌勘量各海口。光绪三年（一八七七）派赴英国海军学校，肄习战术及炮台建筑诸学。五年八月，奉调回国。翌年，任天津水师学堂总教习，二十五年任会办，二十六年升总办。因与李鸿章隔阂，不预机要，奉职而已。庚子拳乱祸作，避居上海七年。初以学不见用，殚心著述，所译名著，力求信达雅，风行海内。光绪二十三年夏，与夏曾佑等创国闻报于天津，鼓吹变法。宣统元年（一九〇九），海军部立，特授协都统。寻赐文科进士出身，充学部名词馆总纂。以硕学通儒，征为资政院议员。民国元年，出任北京大学校长。旋充顾问、参政及约法议员。四年，帝制议起，杨度等组筹安会，未征其同意即强列名发起人，惟有杜门不出。袁死黎继，国会要求惩办祸首及筹安会六君子，避地天津。五四运动发生，深不以学生干预国政为然。晚年气喘肺病时作，九年八月返回故里。十年秋，病更增剧，手书遗后人，大旨谓中国必不灭，旧法可损益，而必不可叛；人生宜励业益知，轻己重群。十月二十七日（阴历九月二十七日）殁，享年六十九岁。其于学无所不窥，举中外治术学理，靡不究极原委，抉其得失，证明而会通之。甲午战后，大声疾呼开民智、新民德、鼓民力、兴教育、重科学为救国强种之根本，译刊西洋名著，介绍西洋哲学、政治、社会、经济思想，以开扩国人心胸，改变保守观念，对于中国近代化运动发生巨大影响。所译赫胥黎《天演论》、亚丹斯密《原富》、约翰穆勒《自繇论》（后改名《群己权界论》）与《名学》、斯宾塞《群学肄言》、甄克思《社会通诠》、孟德斯鸠《法意》、耶芳斯《名学浅说》等八大名著，商务印书馆辑印为《严译名著丛刊》。有关时事、短篇论文及其他著作，先后辑印者有《林琴南严几道文合钞》、《严几道诗文钞》、《严几道先生遗著》及《愈野堂诗集》等。所评点之《老子》、《庄子》、《王荆公诗》，亦有朱墨套印本行世。

穆湘玥（1876—1943）

穆湘玥，字藕初，上海人，清光绪二年（一八七六）生。幼读于私塾，年十四，奉父命为棉花行学徒，年廿二，始学习英文。光绪廿六年，考取江海关服务。卅二年，任上海龙门师范学监，翌年任苏路警务处长。尝以未留学欧美为憾，宣统元年（一九〇九），遂自费赴美。初入威斯康辛大学习农科，二年后转伊里诺大学，民国二年毕业，得农学士学位，复入德克萨斯农工专校习棉业，次年毕业，得农学硕士学位。是年夏返国，首译美国戴乐尔之《科学管理法》，同时着手改良及推广植棉事业。又译美国克拉克之《日本的棉业》一书，定名《中国花纱布业指南》，斥资印行，以作借鉴。并集资廿万金，创设德大纱厂，于民国四年开工，用英机纺纱，中国棉纱之有四十二支纱，自德大始。又为改良棉种起见，设立试验厂，专种美棉，广散种子，自上海推而至于南通、南京、郑州、保定、唐山各地。自是美棉盛行于中土。五年，在上海创设厚生纱厂，资本二百万。八年，又在郑州创办豫丰纱厂，资本如厚生之数。九年，创设中华劝工银行，资本百万。又为平准市价起见，于同年创办上海华商纱布交易所，被推为理事长，连任六次。此皆其建树于中国企业界之卓卓者。十七年，南京国民政府任之为工商部常务次长（部长为孔祥熙），对制定工商法规，多所贡献。次年冬，工商、农矿两部改组为实业部，改任中央农业实验所筹备主任，奠定农业技术研究之基础，而于稻麦棉种之改良，尤著伟绩。廿七年，任行政院农产促进委员会主任委员，专任推广各省农业生产及手工业生产，并确立农业推广制度。又指导改进手工纺纱，定名为七七棉纺机，推行各省市县，抗战军兴以来，全国纱厂多因战事而毁坏或停顿，后方棉纱甚为缺乏，卒赖七七棉纺机增加生产，以适应迫切之需要。卅年，被任农本局总经理，以调整后方花纱布之购销供应为任务，成效卓著，裨益后方军民衣被甚巨，因被誉为吾国棉业大王。

藕初生平对于社会公益事业，无不热心赞助。如民国十七年，河南战事剧烈，而医护阙如，与孔祥熙、王正廷等募集巨资，创设救护伤兵协济会，购备大批医药器材，驰赴陇海线实施救护。廿一年上海一二八之役，复与杜月笙等组地方维持会，尽力募捐，供应军需。廿六年八一三之变，任上海救济委员会给养组主任，筹供难民给养，备极操劳，遂致积劳致疾，影响健康。及卅一年冬，解除农本局总经理职务后，专在该会任委员，同时草拟战后棉业建设计划，苦心擘画，备极辛劳。讵料忽患肠瘴，医治罔效，于民国卅二年九月十九日逝世，享年六十八岁。著有《藕初五十自述》。遗子四女五。（采自毕云程《穆藕初》及杨家骆《民国名人图鉴》。）

罗家伦（1897—1969）

罗家伦，字志希，笔名毅。原籍浙江绍兴，清光绪二十三年十一月二十八日（一八九七年十二月二十一日）生于江西进贤县。父传珍为进贤县知县。九岁丧母，由父教读。民国三年，入上海复旦公学肄业。六年，考入北京大学文科，主修外国文学，与同学傅斯年、顾颉刚、段锡朋等过从甚密。时"文学革命"、"新文学运动"之浪潮澎湃，乃与傅斯年、康白情等创办《新潮》月刊，于八年元旦出版，用新标准估量旧文化，用新文学表现新人生，用新态度促进新社会，风行一时。五四运动发生，被推为三代表之一到各使馆送递意见书，被誉为五四时代健将之一。九年，金融巨子穆藕初捐款指定北大学生赴美留学，被选派留美。入普林斯登大学研究历史学与哲学。一年后转入哥伦比亚大学。在留美前后，曾将英史家Bury 的《思想自由史》（History of Freedom of Thought）译为中文于十六年六月出版。十一年，由美赴英入伦敦大学，十二年，由英至德入柏林大学研究院。二年后又由德至法，入巴黎大学，仍以历史学与哲学为主修。并主张有计划地收辑中外史料：研究中国近代历史。十五年返国，参加革命工作，蒋总司令任其为参议，旋出任总司令部编辑委员会委员长。十六年，国民党决创办中央党务学校，被任命为副主任，协助蒋校长筹备，八月初开学。十七年三月，总司令部设战地政务委员会，被任为委员之一，并兼任教育处处长，随北伐军北进。五三惨案发生，奉派与熊式辉前往与日军师团长福田彦助交涉。八月十七日，清华学校改为国立清华大学，被任命为校长，九月十八日就职，宣布停止旧制全部毕业生派遣留美办法，代之以公开考试，选拔成绩优良者赴美深造；并将清华教育基金移交中华教育文化基金董事会代管。同时使清华直接受教育部管辖，在行政系统上纳入国立大学的正轨，不再由教育部外交部共同管理。十九年五月辞职，任武汉大学历史系教授。二十年一月，调任中央政治学校（由中央党务学校改组而成）教务主任兼代教育长。二十一年八月，被任命为国立中央大学校长。抗战军兴，迁校于重庆沙坪坝。三十年九月辞职。十月，奉命为滇黔考察团团长，宣抚西南民众。三十二年三月，任新疆监察使兼西北考察团团长，六月由重庆首途，翌年三月，完成大西北建设计划及报告十四帙。三十四年十月赴伦敦参加联合国筹设"文化教育科学组织"会议。国府还都南京后，出任国民党中央党史编纂委员会副主任委员，协助主委张继从事中国革命史实的搜集与编纂工作。三十六年二月，奉派首任驻印度大使，五月一日离京赴任。三十八年十二月三十日，印度宣布承认中共，翌年一月二十五日离新德里返国，定居台北，担任中国国民党中央党史会主任委员。一九五二年兼任"考试院"副院长。一九五七年辞"考试院"职，改任"国史馆"馆长，先后编印"中华民国开国五十年文献"及《国父百年诞辰纪念丛书》。一九五九年，被推为"中华民国"笔会会长。一九六八年，因病请假休养，其"国史馆"馆长及党史会主任委员二职，均由黄季陆继任。一九六九年十二月二十五日，以脑血管硬化及肺炎并发症谢世，享年七十三岁。其著作有：《新人生观》、《新民族观》、《文化教育与青年》、《科学与玄学》、《中山先生伦敦蒙难史料考订》、《逝者如斯集》等及诗集多种。（陶英惠稿。）

罗师杨（1866—1931）

罗师杨，字幼山，广东兴宁人。学者称之为希山先生。清同治五年生，民国二十年卒，年六十有六。

少从邑儒罗孝博献修游。时科举未废，学子专事帖括，独肆力经史百家诗古文词，尤嗜班、马、刘、郑，下及黄梨洲、章实斋诸家史学。及年逾弱冠，始于经史之外，稍稍兼为时文。光绪十五年（一八八九），补博士弟子员，二十八年食饩，援例入贡。会中法、中日诸役，相继败衄，痛外侮日亟，乃究心时务，于故乡倡办新学，以革命学说，启瀹青年，及门多英伟之士。宣统三年，应聘为广州两广方言学堂教习，专授东亚各国史，与中国近代史，为国人言亚洲史与外交史者之先导。民国成立，被选为广东临时省议会议员。旋与韩人金复等，密谋移民实边，为助韩独立计划。并迭次出宰巨邑，所至有声。惟天性淡宕，志不在此。民国十五年，退居故里，与族人纂修兴宁东门罗氏族谱，几经易稿，始乃刊行。其取材严谨，义例精新，近世言谱学者，莫或能逾。晚岁复于讲贯之下，兼治音律词曲。又创客话剧本，倡导方言文学。综计生平著述，其已编次卷第者，有《国史概》四卷、《东亚各国史》二卷、《中国近代史》三卷、《革命先烈稽勋传》若干卷、《兴宁东门罗氏族谱》二十五卷、《赌海升沉》一卷、《宦场况味》一卷、《阋墙记》一卷、《洪承畴传奇》一卷、诗文集若干卷。民国二十五年，哲嗣罗香林，为刊行"希山丛箸"，其已收入印出者，有"山庐诗钞"一卷、《山庐文钞》五卷、《东亚各国史》二卷、《兴宁东门罗氏礼俗谱》一卷、附《年谱》一卷，合订八册，余仍待刊。（参考：《大陆杂志》第二十六卷第三期《罗师杨先生传略》。）

罗振玉 （1866—1940）

　　罗振玉，初名宝钰，应童子试时，改名振玉，字式如；又字叔蕴、叔言；其后自号雪堂，又以先世尝居浙江上虞三都之永丰乡，亦号永丰乡人，晚以清废帝溥仪书赠"贞心古松"匾额，因号贞松老人，亦号松翁。清同治五年（一八六六）生于江苏淮安。（曾祖游幕江淮，始定居淮安。）振玉不喜以淮安人自居，其后著书恒题"上虞罗振玉"。五岁入塾，从李岷江导源受学。七岁，已能略通文义，十三岁读毕诗、书、易三经。年十五，始志于学。是年应童子试，名列第七。光绪八年（一八八二）秋，应乡试。毕，纡道白下，因览书肆，见粤刻《皇清经解》，父为购之，如获至宝，乃以一岁之力，读之三遍；自谓得读书之门径，盖植基于此时。年十九，以平日读碑版之积稿，著为《读碑小笺》、《存拙斋札疏》各一卷，是为著书之始。其后，为童子师，授课之暇，辄以著书自遣；经史而外，渐及小学、目录、校勘、姓氏诸学。并留意时务。好读杜佑《通典》，顾炎武《日知录》；间阅兵家言及河防书。继思若世不我用，宜立一业以资事畜。三十后，遂有学农之志。读农家言，既服习齐民术、农政全书、授时通考等，又读西洋农书译本，惟憾其语焉不详，乃拟㧑农学社，以资移译西洋农书。光绪二十四年（一八九八）春，与蒋伯斧㧑学社于上海。先后历十年，所译农书百余种。二十六年，鄂督张之洞以所设农务局未臻理想，曾邀往总理农务，后以人事故，未克舒展抱负。二十五年，甲骨文出土于河南小屯。后三年，始见龟甲兽骨文字之墨本于刘鹗寓所。欲谋流传，遂尽墨刘氏所藏千余片，印成《铁云藏龟》，是为甲骨文字著录行世之权舆。三十二年，至北京任学部职，始搜求甲骨，迄宣统三年间，所得约二三万片，其后所撰述之甲骨文字，多取材于此。辛亥革命不久，与王国维及婿刘氏三家眷属二十人赴日。在日期间，著述颇多。宣统元年（一九〇九）十月，日人林泰辅作《清国河南汤阴县发现之龟甲兽骨》一文，以可疑不决者质诸振玉；翌年六月，遂著《殷商贞卜文字考》一卷以答之，自称于此学乃得门径。民国二十年，以关内紊乱，忽动"勤王"之想，及冬，遂迎溥仪由天津之旅顺；冬春间，病呃，先后兼旬，欲不就医以待命，溥仪亲往慰勉。民国二十一年，伪满僭号，随入伪都，拜"参议府参议"。上疏辞之，溥仪允其所请，而留之左右，以备咨询。未几被任为"临时赈务督办"。二十六年，请准辞居旅顺，闭门习静，著书自遣，或摩挲金石，评骘书画为笑乐。二十九年五月十四日病逝，年七十五。

振玉毕生殚力治学，著述等身，其于学术贡献最大者，厥有五事：其一曰：内阁大库明清史料之保存：大库所存无数重要史稿，经其悉力以争，得免毁灭，而能留于今世。其二曰：甲骨文字之考订与传播：唐立厂曰："卜辞研究，雪堂导夫先路，观堂（王国维）继以考史，彦堂（董作宾）区其时代，鼎堂（郭沫若）发其辞例，固已极一时之盛。"而振玉为甲骨学之开山祖师，厥功甚伟。

其三曰：敦煌文卷之整理。其四曰：汉晋木简之研究。其五曰：古明器研究之倡导。此外复编印《古锁图录》、《隋唐以来古官印集存》、《封泥集存》、《历代符牌录》、《四朝钞币图录》一、《地券征存》、《古器物范图录》、《古玺印姓氏征》诸书，传古之功，皆不可没也。综其一生，对中国文化之贡献至大，然晚节不保，永留骂名于青史，实可憾也。（参考：董作宾：《罗雪堂先生事略》、高明《罗振玉》。）

罗常培（1899—1958）

罗常培，初字心田，后改字莘田，一署辛田，号恬厂。北平满洲旗人，生于西元一八九九年（光绪二十五年）八月九日，卒于一九五八年十二月十三日，享年六十。

民前三年，常培入京师第二两等小学堂（高小），同学有日后成名的作家老舍，毕业后升入北京公立第三中学。民五秋考入北京大学文科国文门，八年夏毕业。同学有伍一比（叔傥）、孟寿椿、俞平伯、陈宝锷（剑修）、许德珩（楚苏）、傅斯年（孟真）、杨振声（金甫）等人。常培因父亲故世，家贫无力往国外留学，但因受当时新文化潮流激荡，求知欲强，乃再入哲学门攻读。两年后毕业。当时北大哲学系教授有胡适、梁漱溟、蒋梦麟、陶孟和、陈大齐、傅侗（佩青）等。

自十年到十五年间，常培曾三度担任中学国文教师：北京市立第一中学，天津私立南开中学，北京私立四存中学。

十五年秋，北方局势动荡不安，政府又拖欠教育经费，北方教授纷纷南下。林语堂为了服务桑梓，在厦门大学主持文科及国学院，聘前北大教授及毕业生如马裕藻（幼渔）、沈兼士、周树人（鲁迅）、张星烺、潘家洵、顾颉刚、孙伏园及常培等到厦大任教，一学期后，因厦大派系纠纷，常培与部分教授转至广州国立中山大学，时由傅斯年主持文学院。

十八年中央研究院历史语言研究所成立，常培在赵元任手下任研究员。二十三年秋继去世不久的刘复（半农）任北大中国文学系教授，不久又兼主任。抗战时，任国立西南联合大学教授及国文系主任。三十三年应聘赴美讲学，先在波蒙纳学院，后转到耶鲁大学。三十七年秋回北平，续任北京大学教授兼文科研究所所长。一九五八年底，因患高血压病逝北京。

常培为一语言学家，对汉语语法、音韵、方言、语言规范化及语言实验等，均有重要贡献与成就。其著作有：《厦门音系》（十九年，中央研究院）、《唐五代西北方言》（二十二年，同上）、《国音字母演进史》（二十三年再版，商务）、《十韵汇编》（二十四年，与刘复合编）、《临川音系》（二十九年十二月，商务）、《中国人与中国文》（三十二年，开明）、《恬厂语文论著甲集》、《蜀道难》（三十三年十一月，独立出版社）、《汉魏六朝专家文研究》（三十四年十一月，同上）、《苍洱之间》（三十六年九月，同上）、《语言与文化》（一九五〇年，北大）、《北京俗曲百种摘读》（一九五〇年十一月，来薰阁）、《莲山摆彝语文初采》（与邢庆兰合著，一九五〇年十二月，北大）、《汉语音韵学导论》（一九五六年，中华）、《孟日通语音学纲要》（与王均合著，一九五七年）、《汉魏晋南北朝韵部演变研究》第二册（与瞿祖谟合著，一九五八年十一月）、《罗常培语言学论文选集》（中华）。译有：《中国音韵学研究》（高本汉原著，与赵元任、李方桂合译，二十九年九月，商务）。（秦贤次稿。参考：龙门书店《中国人与中国文》之《出版说明》、哥伦比亚大学英文《民国名人辞典》之《罗常培》条。）

罗惇曧（1885—1924）

罗惇曧，字掞东，号瘿公，又号瘿庵，广东顺德人。光绪十一年生。父家劭为同治四年（一八六五）进士，翰林院编修。幼承家学，聪慧过人，有"顺德神童"之目；少时读书于广雅书院，后康有为在广州万木草堂讲学，曾从康游，与陈千秋、梁启超并称高弟。但与科第缘分太浅，中光绪二十九年癸卯副贡，后屡试不售，不得已以优贡官京曹。后任邮传部郎中。但才名藉甚，每有诗文，必传诵一时。宣统三年，与樊增祥、林纾等集为诗社，社集，必选胜地，林纾为画，众系以诗。清末政治风气败坏，贿赂公行，亲贵当道，惇曧徒有才名，而找不到好出路，穷困潦倒，故其诗作多流于摅愤抒怀，悲郁苍凉。乃寄情声色，流连歌场，力捧旦角贾璧云和梅兰芳，使之身价十倍。民国肇造，历任总统府秘书、参议、顾问、国务院秘书等职；又尝为袁克定师。二年，参与梁启超发起之万生园修禊会，易顺鼎、顾印愚、杨度、夏曾佑等皆与焉，极一时之盛。及帝制之议兴，与主立帝制者枘凿不合。四年袁氏称帝，虽与项城有旧，然不受其禄，时论多之。自此益纵情诗酒，流连戏园，既赏程砚秋于坐科之时，复为延师习艺于出科之后，所耗益多；其亲为程砚秋所编之戏，如《红拂传》、《孔雀东南飞》、《文姬归汉》、《锁麟囊》等，多悲郁苍凉，正是大诗人对现实生活不满的反映。又与陈三立、樊增祥、易顺鼎相友善，文酒之会恒年不衰。后以女死妻狂，贫病交迫，竟于民国十三年九月二十三日（农历甲子年八月二十五日）以肺疾卒于旧京东交民巷德国医院。年仅四十岁。病中身后诸事，悉由程砚秋亲自料理，出钱出力，博得"义伶"美誉。既殁，曾刚父为选存遗诗二百余篇，题作"瘿庵诗集"付梓传世。

其著述除诗集外，尚有《太平天国战记》、《中英滇案交涉本末》、《中俄伊犁交涉本末》、《中法兵事本末》、《中日兵事本末》、《威海卫焌师记》、《拳变余闻》、《藏事纪略》、《戊戌德宗之密诏》、《张文襄之自述》、《德宗继统私记》、《割台记》、《庚子国变记》、《菊部丛谭》及剧本《红拂传》、《文姬归汉》等十数种。（参考：关国暄《罗惇曧传》。）

图书在版编目(CIP)数据

民国人物小传.第一册/刘绍唐主编.—上海:上海三联书店,
2018.6重印
ISBN 978-7-5426-4869-3

Ⅰ.①民… Ⅱ.①刘… Ⅲ.①人物－列传－中国－民国
Ⅳ.①K820.6

中国版本图书馆 CIP 数据核字(2014)第 144556 号

民国人物小传(第一册)

主　　编／刘绍唐

责任编辑／黄　韬
特约编辑／张建一
装帧设计／鲁继德
监　　制／姚　军
责任校对／张大伟

出版发行／上海三联书店
　　　　　(201199)中国上海市都市路 4855 号 2 座 10 楼
邮购电话／021－22895557
印　　刷／上海展强印刷有限公司

版　　次／2014 年 8 月第 1 版
印　　次／2018 年 6 月第 2 次印刷
开　　本／889×1194　1/32
字　　数／250 千字
印　　张／10.125
书　　号／ISBN 978-7-5426-4869-3/K·284
定　　价／42.00 元(精)

敬启读者,如发现本书有印装质量问题,请与印刷厂联系 021－66510725